1일
1단어
1분으로 끝내는
지리공부

1일 1단어 1분으로 끝내는 지리공부

초판 1쇄 인쇄 2025년 2월 13일
초판 1쇄 발행 2025년 2월 25일

지은이 이윤지
펴낸이 김종길
펴낸 곳 글담출판사 **브랜드** 글담출판

기획편집 이경숙 · 김보라 **영업홍보** 김보미 · 김지수
디자인 손소정 **관리** 이현정

출판등록 1998년 12월 30일 제2013-000314호
주소 (04029) 서울시 마포구 월드컵로8길 41 (서교동 483-9)
전화 (02) 998-7030 **팩스** (02) 998-7924
블로그 blog.naver.com/geuldam4u **이메일** geuldam4u@geuldam.com

ISBN 979-11-91309-78-2 (44080)
      979-11-91309-15-7 (세트)

만든 사람들
책임편집 김보라 **디자인** 손소정 **교정교열** 상상벼리

글담출판에서는 참신한 발상, 따뜻한 시선을 가진 원고를 기다리고 있습니다.
원고는 아래의 투고용 이메일을 이용해 보내주세요. 여러분의 소중한 경험과 지식을 나누세요.
이메일 to_geuldam@geuldam.com

1일

1day

×

1단어

1Word
×

1분 으로 끝내는

×

지리공부

이윤지 지음

글담출판

지리공부는 세상에 대한 이해를 키움으로써
세상을 바라보는 안목을 넓히는 일입니다.

우리는 모든 순간 지리와 함께 살아갑니다. 여행을 준비하며 여행지의 기후와 볼거리, 먹을 거리를 탐색할 때, 친구와 만날 약속 장소를 찾아볼 때, 이번에 열리는 올림픽 개최지가 어떤 곳인지를 알아볼 때, 심지어는 집 근처 가까운 카페를 찾을 때조차도 무의식적으로 지리적 사고를 합니다.

지리는 단순히 지도를 읽는 기술이나 산과 강의 이름을 외우는 학문이 아닙니다. 지리공부는 우리가 살아가는 세상에 대한 이해를 키우고, 나아가 그 속에서 살아가는 우리가 세상을 바라보는 안목을 넓히는 일입니다. 오랫동안 저는 많은 학생들에게 수업을 통해 지리가 우리 일상에서 얼마나 가까이 존재하는지, 그리고 그것을 이해하는 일이 세상을 다채롭게 바라보는 데 얼마나 많은 도움을 주는지를 알려 주었습니다. 그리고 이제는 더 많은 사람들과 지리공부의 의미와 즐거움을 나누고자 이 책을 썼습니다.

이 책에 담긴 110편의 이야기는 우리가 일상 속에서 늘 접하지만 설명하기는 쉽지 않은 각각의 지리 개념들을 쉽게 이해할 수 있게 정리한 것입니다. 지리적 사고를 할 때 가장 필수가 되는 기본 개념들을 10가지 주제로 나누었습니다.

1장과 2장에서는 지형과 기후와 관련된 주요 개념을 통해 자연과 인간의 상호작용을 이해할 수 있게 했습니다. 3장은 세계 각 문화 이해를 통해 세계 시민으로서의 안목을 기르는 데 도움이 될 주요 용어를 선택하고 설명했습니다. 4장과 5장은 인구와 도시와 관련된 최신 이슈를 이해할 수 있도록 구성했습니다. 7장은 인간의 경제 활동과 관련된 지리 용어를 선별했고, 8장에서는 재해와 관련된 지리 용어를 통해 세계 곳곳에서 다양하게 나타나는 자연재해에 대해 알아보았습니다. 그리고 9장에서는 최근 가장 주요한 인류의 과제 중 하나인 환경이슈 중 지리에서도 중요한 키워드를 선택해 함께 생각해 볼 수 있게 했습니다. 마지막으로 지리와 떼려야 뗄 수 없는 '지리의 언어'인 지도에 관한 이야기를 10장에 소개했습니다.

이 책은 학생들을 위해 쓰였지만, 지리에 관심이 있다면 그 누구라도 재미있게 읽을 수 있는 친절한 지리 안내서입니다. 복잡한 이론이나 전문적인 용어를 지양하고, 누구나 쉽게 이해할 수 있도록 설명을 풀어냈습니다. 평소에 지리를 낯설고 어렵게 느꼈던 사람도 천천히 조금씩 읽어 나가면 됩니다. 결국에는 우리가 살면서 경험하는 모든 것들에 대한 이야기이니까요.

여러분에게 이 책이 지리라는 거대한 세상을 탐구할 수 있는 열쇠가 되기를 바랍니다. 책장을 넘기며 지리 용어 하나하나를 알아갈 때마다 세상을 보는 새로운 시각과 호기심이 생기기를 기대합니다. 그리하여 우리가 살아가는 이곳, 그리고 우리가 마주하게 될 그 너머를 더 깊이 이해할 수 있기를 진심을 다해 바랍니다.

2025년 1월
이윤지

차 례

1장   지형과 지리

2장 기후와 지리

5장 도시와 지리

6장 정치와 지리

7장 경제와 지리

8장 재해와 지리

9장 환경과 지리

10장 지도와 지리

1장
지형과 지리

- ☑ 풍화
- ☐ 습곡 산지
- ☐ 돌산과 흙산
- ☐ 화산
- ☐ 호수
- ☐ 해안선
- ☐ 대하천
- ☐ 갯벌
- ☐ 카르스트 지형
- ☐ 빙하 지형

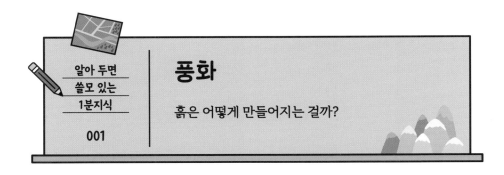

풍화

흙은 어떻게 만들어지는 걸까?

인간은 흙 위에서 살고 흙에서 나는 먹거리를 먹고 살아갑니다. 그런데 이 흙이 어디서 왔고 어떻게 만들어졌는지 궁금한 적이 있나요? 어느 곳에서나 쉽게 볼 수 있기에 흙에 크게 관심을 갖는 사람은 적습니다. 하지만 조금만 관심을 갖고 지역에 따라 다른 색깔, 거칠기, 크기, 성분에 대해 알아보면 흙에 관한 재미있는 사실들을 발견하게 됩니다. 늘 그대로일 것 같지만 사실은 끊임없이 변하고 있는 흙에는 다양한 지리 정보가 담겨 있기 때문이지요.

"바윗돌 깨뜨려 돌덩이, 돌덩이 깨뜨려 돌멩이, 돌멩이 깨뜨려 자갈돌, 자갈돌 깨뜨려 모래알!"이라는 동요 〈돌과 물〉은 한 번쯤 들어봤을 겁니다. 그런데 이 노래 가사가 흙이 만들어지고 변화하는 풍화風化 작용이 일어나는 과정을 설명한 것이라고 생각하며 불렀던 사람은 많지 않을 거예요. 노래 가사를 바탕으로 풍화 작용을 한마디로 정리하면 '암석이 잘게 부서지는 현상'이라고 할 수 있습니다. 그런데 풍화 작용을 이해할 때 주의할 것이 있어요. 풍화라는 단어에 '바람 풍風' 자가 포함되어 있기는 하지만 실제로는 바람과 큰 상관이 없는 작용이라는 점이에요.

풍화 작용은 기계적(물리적) 풍화 작용과 화학적 풍화 작용으로 나누어 살펴볼 수 있습니다. 먼저 기계적 풍화 작용은 온도 변화에 따른 암석 조직의 수축과 팽창, 암석 틈 사이에서 일어나는 얼음의 쐐기 작용, 식물의 뿌리 등으로 인한 풍화 등이 있어요. 그래서 기계적 풍화 작용은 건조 기후 지역과 한대 기후 지역 등 기온의 일교차와 연교차가 큰 지역에서 활발하게 일어납니다. 특히 일교차가 큰 사막에서는 바위의 부피가 변하면서 매일 특정 시간에 흙이 부서지는 소리가 들리는 곳도 있다고 합니다. 단, 공기 중에 수분이 거의 없는 사막에서는 풍화로 인해 암석의 성질이 잘 변하지 않아요.

하와이 푸날루우 블랙 샌드 비치에는 흑갈색을 띠는 현무암 풍화토가 넓게 펼쳐져 있어 이색적인 경관을 볼 수 있습니다.

흙은 어머니 격인 바위에서 만들어집니다. 그래서 그 바위를 '어머니 바위'라는 뜻으로 모암母巖(기반암)이라고 부릅니다. 모암에서 크기만 작아졌을 뿐 어머니의 성질을 그대로 이어받아 흙이 되어가는 과정이 바로 기계적 풍화입니다. 우리나라에서는 제주도의 현무암 풍화토가 대표적인 사례입니다. 제주도가 이국적으로 느껴지는 이유 중 하나는 아마도 모암인 현무암과 그것이 부서져 만들어진 흑색의 현무암 풍화토가 쌓여 만든 이색적인 풍경 때문일 것입니다.

반면 고온 습윤한 기후 환경에서 습한 공기로 인한 산화 작용, 지표수나 지하수로 인한 용해 작용 등으로 흙이 되는 과정에서 모암의 성격과 다른 흙이 되는 경우가 있습니다. 이런 풍화를 화학적 풍화 작용이라고 하지요. 우리나라에서 커피 전문점 이름으로도 유명한 '테라 로사terra rossa'는 석회암 풍화토를 의미하는 이탈리아어입니다. 그런데 석회암 풍화토는 붉은색인 데 반해 모암인 석회암은 밝은 회색이라는 점이 흥미롭습니다. 모암인 석회암은 물에 잘 녹는 성질이 있어요. 그래서 약산성을 띠는 빗물이나 지하수에서 주요 성분인 탄산칼슘$CaCO_3$이 제거되고 석회암에 포함되어 있던 철, 알루미늄 등이 산화되어 붉은색 흙이 되는 것이죠.

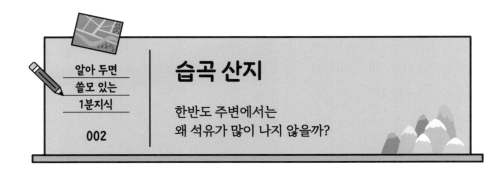

습곡 산지

한반도 주변에서는
왜 석유가 많이 나지 않을까?

사람에게 나이가 있는 것처럼 땅에도 나이가 있어요. 세계의 산지들도 형성된 시기가 제각각 다르고 그에 따라 나타나는 특징도 다릅니다. 산지는 땅속 깊은 곳의 뜨거운 마그마가 땅 위로 분출하는 화산 활동으로 주로 지층이 습곡 작용을 받아 휘어져 만들어집니다. 또 하천과 빙하, 비와 바람의 영향을 받아 높이나 형태 등이 끊임없이 변하지요.

먼저 화산은 보통 하나의 큰 봉우리가 우뚝 솟아 있는 형태가 많습니다. 반면 습곡 산지는 지각과 지각이 만나는 곳에서 양쪽의 압력을 받아 높고 가파른 산지가 형성된 것입니다. 이 습곡 산지들이 길게 연속적으로 나타나는 지형을 산맥이라고 합니다. 산맥은 형성 시기에 따라 신기新期 습곡 산지와 고기古期 습곡 산지로 구분할 수 있습니다.

먼저 신기 습곡 산지는 중생대 말에서 신생대에 조산 운동을 통해 형성된 산지로, 형성 시기가 오래되지 않아 해발 고도가 높고 험준하며 대체로 신기 조산대를 따라 연속적으로 나타납니다. 신기 습곡 산지 주변은 지각이 불안정해 화산 활동과 지진이 빈번하게 발생하지만, 석유, 천연가스, 유황 등의 지하자원이 많이 매장되어 있습니다. 대표적인 신기 습곡 산지로는 알프스산맥, 히말라야산맥 등이 있지요.

반면에 고기 습곡 산지는 고생대에서 중생대에 걸쳐 조산 운동을 통해 형성된 산지로, 높고 험준한 산지가 형성된 이후 오랫동안 풍화와 침식이 일어나 오늘날에는

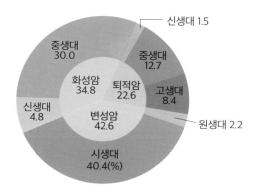

한반도에 분포하는 암석은 시생대와 원생대에 형성된 편마암이 가장 많고, 그다음으로 중생대 화강암이 많습니다. 이러한 한반도의 암석 구성을 통해 한반도가 오래전에 형성된 땅임을 알 수 있습니다.

고도가 낮고 경사가 완만해졌습니다. 연속성이 약하고 지각이 비교적 안정되어 있지요. 또 철광석이나 석탄 등의 지하자원이 많이 매장되어 산업화 초기에 주목받은 지역이 많습니다. 대표적인 고기 습곡 산지로는 아시아의 우랄산맥, 유럽의 스칸디나비아산맥, 북아메리카의 애팔래치아산맥, 오세아니아의 그레이트디바이딩산맥, 아프리카 드라켄즈버그산맥 등이 있습니다.

그러면 한반도는 어떤 성격의 땅일까요? 한반도는 오랜 기간에 걸친 다양한 지형 형성 작용이 일어난 땅으로 꽤 복잡한 지체 구조가 나타납니다. 한반도의 지질 특성은 한반도에 분포하는 암석이 형성된 시기와 비율을 보면 쉽게 이해할 수 있습니다. 한반도에는 시생대와 원생대(선캄브리아기)에 형성된 암석이 높은 온도와 압력의 영향을 받아 변성된 편마암이 가장 많습니다. 그다음으로 중생대에 관입된 화강암, 고생대에서 신생대에 형성된 퇴적암 순으로 나타납니다. 신생대에 형성된 암석의 비율은 전체의 6퍼센트 정도이지요. 이러한 암석의 분포를 통해 한반도가 오래되고 안정된 땅이라는 것을 알 수 있습니다. 그래서 우리나라 주변에서는 석탄과 철광석은 채굴되지만, 신생대 제3기 지층에 많이 매장되어 있는 자원인 석유와 천연가스는 찾기 어렵답니다.

알아 두면 쓸모 있는 1분 지식

003

돌산과 흙산

〈인왕제색도〉에 그려진 산은 무슨 산일까?

우리나라는 국토의 70퍼센트 정도가 산지로 이루어져 있습니다. 그래서 오래전부터 산은 우리 선조들이 그린 그림의 단골 소재였지요. 그중 겸재謙齋 정선鄭敾이 그린 〈인왕제색도仁王霽色圖〉를 보면 웅장함을 자랑하는 인왕산의 매력을 잘 느낄 수 있습니다. 정선의 또 다른 역작 〈금강전도金剛全圖〉에서는 금강산의 수많은 봉우리 하나하나에 드러난 정선의 섬세함이 두드러집니다. 정선과 같은 시대에 활동했던 단원檀園 김홍도金弘道 또한 진경산수화를 많이 남겼습니다. 그런데 정선과 김홍도의 진경산수화를 보면 공통점이 있습니다. 바로 바위산을 즐겨 그렸다는 점입니다.

아마도 두 화가는 다양하고 기이한 모양의 바위들이 주변 경관들과 어우러진 모습에서 매력을 느꼈을 겁니다. 이렇게 산의 봉우리 부근에 암석이 노출되어 경사가 급하고 산세가 험준한 산을 돌산이라고 합니다. 특히 우리나라의 돌산은 화강암이 모암인 지역에서 발달합니다. 그 이유는 화강암의 특성 때문입니다. 현재 우리가 산의 봉우리로 보는 화강암은 중생대에 땅속 깊은 곳에서 마그마가 굳으며 형성되었다가 오랫동안 침식 작용이 일어나면서 지표로 드러나게 된 것입니다. 지표에 드러난 화강암은 그때부터 본격적으로 암석이 잘게 부서지는 풍화 작용을 받게 됩니다. 비교적 구성 입자가 큰 화강암은 풍화 과정을 거치면서 석영 등의 모래 크기로 부서집니다. 모래 크기의 굵은 입자는 비가 내리면 빗물에 잘 씻겨 내려가므로, 이 과정이 반복되면 결국 화강암 덩어리만 남게 됩니다. 그래서 돌산 봉우리 부근은 토양층이

조선 후기 화가 겸재 정선의 〈인왕제색도〉. 한여름 소나기가 지나간 후 비에 젖은 인왕산을 담은 그림으로, 거대한 화강암 봉우리에서 웅장한 기운이 느껴집니다.

만들어지지 않아서 나무와 풀이 울창하게 자라기 어려워요. 대신 형태가 다양하고 특이한 암석이 곳곳에 분포해 경치가 아름답기로 유명한 산이 많지요. 그래서 금강산, 설악산 같은 돌산은 예부터 신비롭고 아름다운 경관으로 인기가 많아 선조들의 시와 그림의 배경이 되었습니다.

돌산과 달리 흙산은 시생대와 원생대에 형성된 화성암이나 퇴적암이 오랫동안 열과 압력을 받아 형성된 편마암이 모암입니다. 편마암은 아주 미세한 입자로 구성되어 있으며 풍화 물질은 진흙과 점토처럼 입자가 고운 흙이 됩니다. 미세먼지가 몸속에 들어오면 흡착되어 잘 배출되지 않는다는 이야기를 들어본 적 있지요? 모래는 털면 금세 떨어지지만 진흙 먼지는 옷에 묻었을 때 꼼꼼히 세탁하지 않으면 그대로 남아 있습니다. 그래서 편마암이 풍화되어 만들어진 진흙은 빗물에 잘 씻겨 내려가지 않고 그 자리에 남아 쌓이고 쌓여 두꺼운 토양층을 형성합니다. 두꺼운 토양층에서는 울창한 숲이 발달할 수 있고, 흙산의 경사는 대체로 완만합니다. 흙산은 풍부한 식생 덕분에 포근하고 친근하게 느껴지므로 '어머니 같은 산'이라고 불리기도 합니다. 우리나라에서는 지리산, 덕유산 등이 대표적인 흙산입니다.

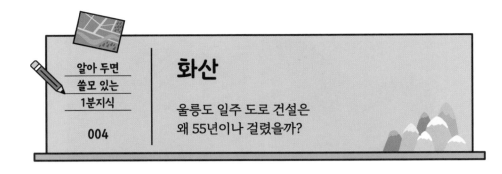

화산

울릉도 일주 도로 건설은
왜 55년이나 걸렸을까?

지구 내부의 에너지는 지진이나 화산 활동을 통해 땅 위로 나오게 됩니다. 화산 활동이 일어나면 지표에서는 다양하고 새로운 지형이 형성됩니다. 이때 만들어지는 지형은 분출되는 용암의 종류와 화산 쇄설물의 상대적 비율에 따라 달라집니다.

화산은 땅속 깊은 곳에 있던 마그마가 지각의 틈이나 약한 부분을 통해 지표로 분출하면서 화산 쇄설물, 용암류 등이 반복적으로 쌓여 형성됩니다. 화산의 외형을 만드는 용암은 땅속에서 암석과 가스가 섞여 녹아 있던 마그마가 지표면으로 분출해 흐르는 것입니다. 용암은 보통 검붉은색을 띠며 온도는 화학 조성과 가스의 함량에 따라 차이가 있지만 보통 섭씨 800도에서 1,200도 정도로 매우 뜨겁습니다. 화산의 형태는 분출된 용암의 종류에 따라 크게 순상盾狀 화산, 종상鐘狀 화산, 성층成層 화산으로 나눕니다.

먼저 순상 화산은 현무암질 용암처럼 점성이 작아 유동성이 큰 용암이 만든 지형입니다. 현무암질 용암이 형성한 화산체는 마치 방패를 엎어 놓은 듯 완만한 모양이라 '방패 순盾' 자를 써서 순상 화산이라고 부릅니다. 한편, 성층 화산은 폭발식 분화와 용암류가 흘러넘치는 분화가 번갈아 일어나 화산 쇄설물과 용암류층이 여러 겹으로 구성된 화산체입니다.

종상 화산은 화산 활동이 거의 끝날 무렵에 점성이 큰 용암이 저온 상태에서 화구 위로 천천히 밀려 올라가며 형성되는 화산입니다. 이때 화구에서 밀려 나온 용암은 점성이 크기 때문에 화구에서 멀리 흘러가지 못하고 화구를 메우거나 종 모양의 화산체를 형성합니다. 그래서 경사가 급하고 화구가 없는 경우도 있지요. 우리나라에서 종상 화산체를 잘 볼 수 있는 곳은 제주도 한라산의 정상부와 산방산입니다. 한라산 정상에 가까워질수록 경사가 급하니 숨이 가빠질

종상 화산체인 울릉도는 일주 도로 완공까지 무려 반세기의 시간이 걸렸습니다.

수밖에 없지요. 또 동해안을 대표하는 울릉도도 바다 위에 드러나 있는 전체가 종상 화산입니다.

　종상 화산인 울릉도는 해안부터 급경사를 이루는 곳이 많습니다. 이러한 울릉도의 지리적 특징은 섬을 완전히 한 바퀴 도는 도로를 완공하는 데 큰 장애 요인이 되었습니다. 울릉도 일주 도로 공사는 1963년 울릉도 종합 개발 계획이 확정된 후 1976년부터 본격적으로 시작되었습니다. 오랜 시간이 걸려 2001년까지 전체 44.55킬로미터 가운데 39.8킬로미터가 완공되었습니다. 하지만 울릉읍 저동리 내수전과 북면 천부리 섬목 사이 4.75킬로미터는 지형적으로 공사하기가 어려웠고 예산 부족 문제까지 발생했습니다. 이 때문에 한동안 중단되었던 일주 도로 공사는 2011년에 이르러서야 재개되었고, 2018년 말에 완전히 개통되었습니다. 처음 공사를 시작할 때부터 완공할 때까지 반세기 이상의 시간이 걸린 셈입니다.

　일주 도로 완공에 이어 최근에는 울릉도 공항 건설이 순조롭게 진행되고 있다고 합니다. 다양하고 편리한 교통 조건을 갖추면 울릉도 관광도 활성화될 것으로 기대됩니다.

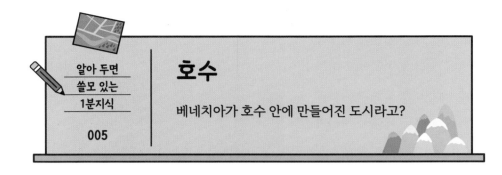

호수

베네치아가 호수 안에 만들어진 도시라고?

호수는 보통 육지 위에 자연적으로 형성된 담수가 가둬진 지형을 말합니다. 호수는 형성된 원인과 과정에 따라 형태와 특징이 다양합니다. 혹시 곤돌라와 운하로 유명한 이탈리아 베네치아도 호수 안에 건설된 도시라는 사실을 알고 있었나요? 실제로 베네치아는 베네치아 석호潟湖라고 불리는 큰 호수 안에 계획적으로 만든 도시입니다. 석호 안의 여러 섬과 섬을 다리와 운하로 연결해 만들어진 베네치아는 그 어떤 도시보다 매력적인 경관을 뽐냅니다.

우리나라에는 동해안을 따라 경포호, 송지호 같은 석호가 분포합니다. 그러면 육지와 바다의 경계부에 형성된 호수인 석호는 어떻게 만들어졌을까요? 먼저 해안 만 입부(육지 쪽으로 움푹 들어간 곳)에서는 파랑과 연안류의 퇴적 작용이 활발하게 일어나 모래 해안이 잘 발달합니다. 만 주변에 하천이 운반한 모래, 주변에서 침식된 물질이 연안류를 따라 이동하며 퇴적되면 사주沙洲가 형성됩니다. 이 사주가 만의 입구를 막으면서 석호가 형성되지요. 석호는 사주를 경계로 바닷가와 육지 사이에 위치합니다. 그래서 담수호와는 달리 염도가 높은 편입니다.

석호보다 훨씬 더 짠 소금 호수(염호鹽湖)도 있습니다. 플라야호playa lake라고도 불리는 이 소금 호수는 건조한 지역에서 비가 많이 내렸을 때 건조 분지의 평탄한 저지대(플라야)에 일시적으로 물이 고여 형성됩니다.

한편 과거 빙하가 분포했던 곳에 형성된 빙하호는 풍경이 아름답기로 유명한 곳

이탈리아 북동부에 위치한 도시 베네치아는 베네치아 석호라고 불리는 큰 호수 안에 계획적으로 만들어진 도시입니다.

이 많습니다. 빙하호는 다양하게 형성되기도 하지만 산지 지형에서 볼 수 있는 빙하호는 다음 과정을 거칩니다. 과거 빙하기에 형성된 빙하는 상류에서 하류로 서서히 이동하면서 여러 지형을 형성합니다. 그중 빙하의 침식 작용으로 형성된 웅덩이 모양의 지형을 권곡圈谷(카르kar)이라고 하지요. 이 권곡에 후빙기에 기온이 상승하며 주변 산지에서 녹은 빙하물이 고여 빙하호가 형성됩니다. 최근에는 급격한 기후 변화로 세계 곳곳에서 빙하호가 형성되고 있다고 하네요.

화산 활동의 결과로 만들어진 호수도 있습니다. 마그마가 지표로 분출하며 화산이 형성되고, 땅속 마그마의 양이 줄어들면 빈 공간이 생깁니다. 그런데 이 공간이 위에서 누르는 무게를 견디지 못하고 함몰되면 커다란 분지가 생깁니다. 이 지형을 에스파냐어로 냄비를 뜻하는 '칼데라caldera'라고 부르지요. 칼데라에 물이 고여 만들어진 호수를 칼데라호라고 합니다. 미국의 옐로스톤호, 백두산 천지가 대표적인 칼데라호입니다. 칼데라에 비해 크기가 작은 화구에 물이 고이면 화구호가 되며 한라산 백록담이 그 예입니다.

마지막으로 단층호라는 호수도 있습니다. 판과 판이 멀어지는 발산 경계인 동아프리카 지구대에는 지각 운동으로 형성된 단층에 물이 고여 만들어진 큰 호수들이 많이 있습니다. 탕가니카호, 니아사호(말라위호) 등이 대표적입니다.

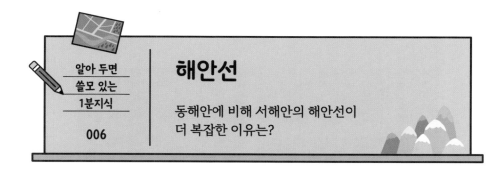

해안선

동해안에 비해 서해안의 해안선이
더 복잡한 이유는?

바다와 육지가 만나는 해안선은 지반 운동과 해수면 변동의 영향을 많이 받으며 끊임없이 형태가 변합니다. 또 해안선은 파랑, 연안류, 조류 등으로 인한 침식과 퇴적 작용으로 다양한 지형을 형성하고, 생물학적 요소(산호, 맹그로브mangrove, 해조류 등), 인간의 활동으로 인해 형태가 변하기도 합니다.

삼면이 바다로 둘러싸인 우리나라에서는 다양한 해안선과 해안 지형을 만날 수 있습니다. 동해와 남해, 서해(황해)가 각기 다른 매력을 뽐내지요.

먼저 해안선의 형태에 큰 차이가 있습니다. 동해안은 해안선과 가까이 평행하게 뻗은 함경산맥과 태백산맥의 영향으로 해안선이 단조롭고 섬이 적습니다. 동해안과 태백산맥의 지리적 배열은 우리 몸의 척추뼈 바로 뒤에 붙어 있는 등살을 생각해 보면 쉽게 이해가 될 것입니다. 반면 서해안과 남해안은 해안선의 드나듦이 복잡하고 조차가 커서 갯벌이 넓게 발달해 있으며, 동해안과 달리 산맥의 방향이 해안을 향해 수직으로 뻗어 있는 편입니다.

평균 수심도 동해는 1,000미터가 넘지만 서해는 100미터 정도로, 차이가 큽니다. 빙하기와 후빙기 수심의 최대 변화 폭이 100미터 정도인 것을 고려하면 후빙기 해수면이 수심의 변동에 더 많은 영향을 받은 지역은 서해가 됩니다.

평균 수심이 100이터 정도인 서해 지역은 빙하기 때 육지로 드러나 있었어요. 빙하기 때도 위도가 상대적으로 낮은 한반도에는 빙하가 아닌 하천이 흘렀습니다. 지

리아스식 해안 / 피오르 해안

후빙기에 해수면이 상승하면서 리아스식 해안은 하식곡에, 피오르 해안은 빙식곡에 각각 바닷물이 들어가면서 형성된 해안입니다.

금은 바다가 되어 보이지 않지만 서해 곳곳에는 하천이 파놓은 골짜기가 있었지요. 이후 후빙기에 기온 상승하며 해수면이 높아지자 저지대가 침수되면서 서해 바다로 변한 것입니다. 이 과정에서 산맥과 해안선이 교차하는 형태로 만나며 높은 산지는 곶이나 반도, 섬 등으로 남았고, 골짜기는 물에 잠기며 만으로 발달했습니다. 이렇게 형성된 해안을 다도해多島海 또는 리아스식 해안rias coast이라고 합니다. 리아스식 해안은 원래 에스파냐 북서부 해안에서 유래된 말입니다. 하지만 지금은 해안선의 형태가 복잡한 해안 중에서 하천에 침식된 육지가 지각 변동으로 인해 침강하거나 해수면이 상승하면서 형성된 해안을 공통적으로 부르는 용어가 되었습니다.

피오르 해안fjord coast은 리아스식 해안과 지형적 특징이 비슷하지만, 빙하로 인해 형성된 빙식곡(U자곡)에 바닷물이 들어가 좁고 긴 내륙의 만에 발달한 해안을 말합니다. 빙하는 하천보다 훨씬 무겁기 때문에 침식력이 강하지요. 그래서 빙하가 파놓은 골짜기는 하천이 만든 골짜기보다 훨씬 넓고 깊습니다. 이런 차이 때문에 같은 높이로 해수면이 상승하더라도 빙식곡에서는 내륙 깊숙한 곳까지 바닷물이 들어갈 수 있습니다. 유럽의 노르웨이처럼 피오르 해안이 발달한 국가에서는 바다에서 내륙까지 이어진 물길을 통해 물자를 수송하고 교역에 활용하기도 합니다. 또 피오르 해안은 경치가 아름다워 관광지 개발과 항구 발달에도 유리하지요.

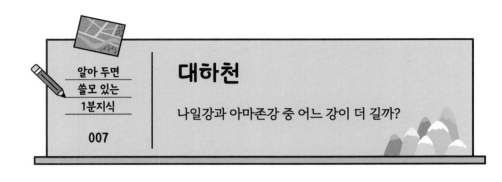

알아 두면
쓸모 있는
1분지식

007

대하천

나일강과 아마존강 중 어느 강이 더 길까?

나일강과 아마존강은 세계적인 대하천입니다. 이제까지는 약 6,650킬로미터로 흐르는 나일강이 세계에서 가장 긴 강이라고 알려져 있었지요.

아마존강은 남아메리카 대륙에 위치하며, 길이가 약 6,400킬로미터로 알려져 있었지요. 하지만 안데스산맥에서 시작해 브라질 등을 흐르는 아마존강은 세계에서 유역 면적이 가장 넓은 강입니다. 또 아마존강 유역은 '지구의 허파'로 불리는 열대 우림이 분포하는 곳으로 세계에서 가장 풍부한 생물 다양성을 보유하고 있습니다.

이렇게 길이와 면적에서 사이좋게 한 영역씩 1등을 나눠 갖고 있던 두 강을 두고 최근 다시 긴 강 논란이 점화되었습니다. 최근 미국 연구팀이 아마존강의 '진짜 수원水源'을 발견했다고 발표했기 때문이지요. 하지만 나일강과 아마존강 중 어느 강이 세계에서 가장 긴 강인지에 대한 논쟁은 쉽게 결론이 날 것 같지 않습니다. 최첨단 탐사 기술과 지리 정보 기술을 동원해 탐사를 하고 있지만 수원에 대한 지리학적 기준과 해석 차이에 따라 강의 길이가 달라질 수 있기 때문입니다. 또한 계절에 따라 변하는 하천의 길이를 정확하게 측정하기 어렵고, 하천의 경로가 변하는 등의 요소도 논쟁에 계속 영향을 미치고 있습니다.

나일강과 아마존강 외에도 세계에는 많은 대하천이 있습니다. 세계의 대하천은 큰 산맥이나 고원에서 발원해 넓은 지역에 걸쳐 흐릅니다. 그래서 여러 나라와 국경을 이루거나 여러 나라의 영토를 거쳐 흐르는 국제 하천이 많지요. 대하천 중에서 강

세계의 대하천은 주로 세계의 큰 산맥에서 발원하며, 고대 문명부터 지금까지 인류의 주요 터전이 되고 있습니다.

수량이 풍부한 열대 기후 지역에 분포하는 콩고강이나 아마존강은 연중 유량이 풍부합니다. 반면, 습윤 기후 지역에서 발원해 건조 지역을 흐르는 하천도 있는데, 이러한 하천을 외래 하천이라고 합니다. 그래서 보통 외래 하천은 국제 하천인 경우가 많습니다. 대표적인 예가 나일강입니다.

나일강은 적도 부근에 위치한 빅토리아호에서 발원해 북쪽으로 흐르다가 사하라사막을 지나 지중해로 흘러갑니다. 나일강이 사하라 사막을 관통하는 지역은 강수량이 매우 적고 증발량이 많지만 하천의 발원지가 적도 부근의 열대 습윤 지대이기 때문에 하천이 끊어지지 않고 흐를 수 있지요.

나일강과 더불어 인류의 4대 문명의 발상지라고 불리는 곳은 모두 큰 강이 흐르는 지역입니다. 하천 주변은 물을 구하기 쉬워 일찍부터 사람들이 모여 살며 문명을 발달시킬 수 있는 중요한 배경이 되었습니다. 보통 대하천 주변에는 넓은 평야가 형성되어 있어 농사를 짓기에 유리했기 때문에 일찍부터 사람들이 모여 살았지요. 지금도 각 대륙의 주요 하천 주변은 여전히 많은 사람들이 살고 있는 삶의 터전이며 대도시가 발달한 중심 지역입니다.

갯벌

한국의 갯벌이 세계 자연유산에 등재된 이유는?

2021년 7월, '갯벌, 한국의 조간대Getbol, Korean Tidal Flats'가 세계 자연유산에 등재되었습니다. 우리나라의 갯벌은 충청남도 서천갯벌, 전라북도 고창갯벌, 전라남도의 신안갯벌과 보성-순천갯벌로 이뤄진 연속 유산이며, 2007년에 등재된 '제주 화산섬과 용암 동굴Jeju Volcanic Island and Lava Tubes'에 이어 14년 만에 등재된 국내 두 번째 세계 자연유산입니다. 세계 자연유산은 멸종 위기종 서식지나 지질학 생성물 등 과학, 보존, 자연미의 관점에서 '탁월한 보편적 가치'를 지닌 자연을 보존하기 위해 유네스코(국제연합교육과학문화기구)가 지정하는데 우리나라의 갯벌도 이 점을 인정받은 것이지요. 특히 우리나라의 갯벌은 중요한 습지 보호 지역으로, 황새, 흑두루미 같은 멸종 위기종과 희귀종 생물 서식지로서 생물 다양성 보존 지역으로도 주목받아온 곳입니다.

서해안과 남해안에 분포하는 우리나라의 갯벌은 세계 자연유산으로 등재되기 전에도 세계 5대 갯벌 중 하나로 널리 알려져 있었습니다. 그렇다면 우리나라의 갯벌은 왜 이렇게 유명할까요? 갯벌은 조차가 큰 해안에서 만조 때는 침수되고 간조 때는 노출되는 넓고 평탄한 해안 퇴적 지형입니다. 하천이 운반한 점토, 진흙 등의 미립질 토양이 조류에 밀려 퇴적하며 형성된 지형이지요. 우리나라 서해안은 조차가 크고 해안선이 복잡하며 파랑의 영향이 적고 하천의 토사 공급량이 많아 갯벌이 발달하는데 좋은 조건들을 갖추고 있어요.

갯벌은 어떤 측면에서 그 보존 가치를 높이 평가받을까요? 갯벌은 담수와 해수가

경상남도 남해군의 한 갯벌에서 조개잡이를 하고 있는 사람들

만나는 중간 지점에 형성된 지형으로 다양한 생물종이 분포하는 생태계의 보고입니다. 게다가 육지와 바다 사이에 넓게 분포해 태풍이나 해일의 세력을 약화하는 역할을 하지요. 완충 작용을 해서 육지의 거주지와 산업 시설을 보호하는 자연 방파제이기도 합니다. 또 빼놓을 수 없는 중요한 갯벌의 역할로 오염 물질을 정화하는 기능이 있습니다. 이러한 갯벌의 다양한 기능을 경제적 가치로 환산하면 연간 총 16조 원에 이른다고 합니다.

하지만 갯벌의 중요성과 가치가 주목받기 시작한 것은 최근의 일이지요. 우리나라는 1960년대 이후 본격적으로 산업화를 추진하면서 많은 갯벌을 간척해 농경지, 주택지, 공업 용지로 활용했습니다. 간척지를 조성하면 국토의 면적을 확장하고 많은 경제적 이익도 기대할 수 있지만, 기존 해안 생태계가 변화하고 갯벌의 정화 기능을 잃어 환경을 파괴하는 부정적인 영향이 더 큽니다.

오늘날에는 갯벌이 천연기념물로 등록되는 등 갯벌의 경제적 가치 못지않게 자연 환경적 가치가 새롭게 인식되고 있습니다. 갯벌에 대한 환경적 가치에 관심이 높아지면서 생태 환경이 우수한 갯벌을 연안 습지 보호 지역으로 지정해 보호하고, 훼손된 갯벌은 역간척과 복원 사업을 통해 본래의 기능을 되살리려는 노력이 이어지고 있습니다.

알아 두면
쓸모 있는
1분지식

009

카르스트 지형

동굴에 갇힌 소년들은
어떻게 무사히 구조될 수 있었을까?

2018년 6월 러시아 월드컵이 한창 치러지던 때에 태국 유소년 축구팀 학생 12명과 코치 1명이 태국 북부에 위치한 탐루앙 동굴에서 실종되었다는 안타까운 소식이 들려왔습니다. 동굴에 놀러 갔다가 갑작스러운 폭우와 그에 따른 수위 상승으로 동굴 통로가 물에 잠기는 바람에 그대로 갇힌 것이지요. 실종 신고가 접수된 다음 날부터 곧바로 실종자 수색을 시작했고, 열흘 후 마침내 동굴 입구에서 4.5킬로미터 떨어진 곳에서 실종자들을 발견했습니다. 그로부터 다시 일주일 만에 13명 전원이 무사히 구조되었다는 기적 같은 소식이 전해지며 전 세계가 기쁨과 놀라움으로 들썩였습니다.

여러 악조건 속에서도 전원이 무사히 구조될 수 있었던 데에는 무엇보다 전 세계에서 모여든 구조팀의 헌신과 고립된 상태에서도 용기를 잃지 않았던 실종자들의 의지가 큰 역할을 했습니다. 그리고 무려 17일 만에 구조되었음에도 실종자들의 건강에 큰 이상이 없었던 데에는 그들이 머물렀던 환경도 중요한 역할을 했지요.

실종자들이 갇혀 지낸 탐루앙 동굴은 석회 동굴입니다. 석회암이 빗물이나 지하수로 인해 용식溶蝕(암석의 물질이 물과 화학적으로 반응해 녹는 과정)되고 침전되면 다양한 지형이 형성됩니다. 그중 석회 동굴은 빗물이나 지표수가 땅속으로 흘러들면서 석회암층이 녹아 만들어진 지형입니다. 석회 동굴 내부에는 탄산 칼슘이 침전되어 종유석(고드름처럼 천장에 매달린 돌), 석순, 석주 등의 다양한 지형이 발달합니다. 이 석회 동굴은 카르스트karst 지형의 대표적인 사례 중 하나지요. '카르스트', 왠지 독일어 느낌이 나

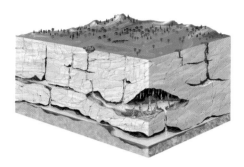

카르스트지형
① 빗물이나 지표수가 틈을 타고 땅속으로 흘러들면서 석회암층을 용식합니다.
② 하천이 흐르는 골짜기가 침식되어 깊어지면서 지하 동굴이 확장됩니다.
③ 동굴 속으로 떨어지는 물로 인해 종유석, 석순, 석주 등이 형성됩니다.

지요? 실제로 카르스트라는 말은 석회암 지형이 두텁게 분포하고 있어 연구가 활발히 이루어지던 슬로베니아 크라스Kras 지방의 독일어 명칭에서 유래했습니다. 이후 전 세계 석회암 지형을 통틀어 가리키는 단어가 되었지요.

석회암은 과거 비교적 따뜻하고 얕은 바다에서 산호초나 조개껍데기가 쌓여 만들어진 퇴적암입니다. 석회암은 절리가 잘 발달하고 물이 쉽게 스며들어 강수량이 풍부하고 이산화 탄소의 함량이 많으며 지하수가 잘 흐르는 열대 기후 지역과 아열대 기후 지역에서 카르스트 지형이 잘 발달해요. 태국도 그 대표적인 국가지요.

탐루앙 동굴은 복잡한 내부 구조로 인해 온도 변화가 적어 실종자들이 체온을 유지하는 데 유리한 환경이 되었습니다. 또한 야생 동물이나 호우 등의 피해로부터도 보호받을 수 있었지요. 게다가 실종자들은 동굴 내부의 벽과 종유석에 맺혀 떨어지는 물을 마시며 버틸 수 있었다고 해요. 하지만 이 같은 복잡한 구조와 우기로 인해 많은 강수량이 확보되어 형성된 동굴 내부의 높은 수위는 구조 활동에 큰 걸림돌이 되기도 했어요. 그럼에도 이 모든 어려움을 극복하고 단 한 사람도 빠짐 없이 전원 구조되었고, 이는 전 세계 사람들에게 큰 감동과 교훈을 주었습니다.

빙하 지형

아웃도어 용품 브랜드 이름에는
왜 빙하 지형이 많이 쓰일까?

지상에 쌓인 눈은 오랜 시간 동안 동결와 융해를 반복하면서 빙하로 발달합니다. 빙하는 그 모양이나 위치 등에 따라 곡빙하, 대륙 빙하, 산록 빙하 등으로 나뉩니다. 그중에서 곡빙하는 골짜기를 따라서 흘러내리는 빙하를 가리키며 히말라야나 알프스 등지에서 볼 수 있습니다. 대륙 빙하는 빙하기에 유럽과 북아메리카 대륙을 덮었던 빙하처럼 지표의 기복(지형의 높고 낮음)을 완전히 덮는 빙하입니다. 현재 대륙 빙하는 그린란드와 남극 대륙에 분포해 있습니다. 빙하는 한 자리에 고정되어 있지 않고 기후 변화에 따라 전진과 후퇴(빙하가 점점 축소되는 현상)를 반복하면서 침식, 운반, 퇴적 작용을 하며 다양한 지형을 형성합니다.

빙하가 강한 에너지로 깎아 놓은 지형을 빙하 침식 지형이라고 합니다. 대표적인 빙하 침식 지형으로는 호른horn, 권곡, 현곡懸谷, hanging valley 등이 있습니다. 산지에서 골짜기를 따라 흘러내리는 곡빙하가 움직이면서 모암을 침식해 조각하듯 만든 지형들이지요. 한편 빙하는 이동하면서 다양한 물질을 운반하고, 빙하의 말단부에 각종 퇴적 지형을 형성합니다. 또 빙하가 후퇴하면 빙하가 운반한 물질은 그 자리에 남아 드럼린drumlin, 에스커esker, 모레인morain 등의 퇴적 지형이 형성됩니다. 지금 우리가 볼 수 있는 빙하 지형들은 빙하기 때는 빙하로 덮여 있었지만 현재는 그렇지 않은 곳에 만들어진 지형입니다. 한마디로 빙하 지형은 빙하가 남겨 놓은 흔적인 것이죠.

빙하나 빙하 지형은 극한 환경에서도 활동할 수 있는 제품임을 강조해야 하는 아

요세미티 국립 공원에서 가장 유명한 지형인 하프 돔은 정상에 있는 돔형의 거대한 암석입니다.

웃도어 용품 브랜드에도 많은 영감을 주었습니다. 최근 친환경 의류 브랜드로 널리 알려진 파타고니아Patagonia는 남아메리카 최남단 지역의 지명에서 영감을 얻은 것입니다. 파타고니아는 칠레 남부와 아르헨티나 남부에 걸쳐 있는 지역으로, 서쪽으로는 험준한 안데스산맥이 있습니다. 파타고니아는 빙하의 전진과 후퇴가 만들어낸 아름다운 지형들로 유명합니다. 북극해가 빙하로 덮인 모습을 디자인에 반영한 캐나다 구스Canada Goose도 잘 알려진 브랜드이지요.

우리나라에서 오래전부터 익숙한 노스페이스The North Face는 미국에서 시작한 아웃도어 용품 브랜드입니다. 노스페이스는 이름 그대로 산악에서 가장 험난한 지역인 북쪽 경사면을 뜻하며, 그중 미국 캘리포니아주에 위치한 세계 자연유산 요세미티 국립 공원의 하프 돔Half dome을 로고 디자인에 반영했다고 합니다. 하프 돔은 중생대 화산 활동으로 형성된 화강암을, 신생대 빙하기에 요세미티 계곡을 가득 메웠던 빙하가 깎아내려 만들어낸 결과물입니다. 빙하의 움직임과 경사면에 따라 다른 모습으로 깎이면서 지금의 하프 돔이 형성된 것이지요.

국립 공원
국립 공원으로 지정되는 곳들의 특징은?

대구와 경상북도의 명산 팔공산 도립 공원이 2023년 5월 우리나라 스물세 번째 국립 공원으로 승격되었습니다. 국립 공원이란 '우리나라를 대표할 만한 자연 생태계와 자연·문화 경관의 보전을 전제로 지속 가능한 이용을 도모하고자 환경부 장관이 지정·관리하는 보호지역'을 말합니다. 전 세계에서 국립 공원 제도를 가장 먼저 만든 국가는 미국입니다. 1872년, 옐로스톤이 세계 최초의 국립 공원으로 지정된 이후 국립 공원 제도는 전 세계로 확산되었어요.

우리나라에서는 1967년 공원법이 시행되고, 같은 해 지리산을 제1호 국립 공원으로 지정했어요. 현재는 전국에 23개 국립 공원이 지정되어 관리, 운영 중입니다. 우리나라 국립 공원은 유형에 따라 산악형, 해상·해안형, 사적형으로 나눕니다. 해상·해안형은 다도해 해상 국립 공원, 한려 해상 국립 공원, 태안 해안 국립 공원 등이 있으며, 유일한 사적형은 경주 국립 공원입니다. 그 밖에는 대부분 산악형 국립 공원이지요. 우리가 국립 공원이라고 하면 흔히 산을 떠올리는 이유입니다. 하지만 면적으로 따지면 60퍼센트 정도가 육상 공원 구역이고 40퍼센트가 해안과 수역을 아우르는 해상 공원 구역입니다. 그래서 해상 국립 공원이 차지하는 면적이 상당히 넓다는 것을 알 수 있습니다.

그러면 어떤 곳들이 국립 공원으로 지정되는 걸까요? 국립 공원은 자연 공원 법령의 규정에 따라 다음과 같은 다섯 가지 필수 요건을 갖춰야 합니다. 먼저 자연 생태계의 보전 상태가 양호하거나 멸종 위기 야생 동식물, 천연기념물, 보호 야생 동식물 등이 서식하는 곳이어야 합니다.

세계 최초의 국립 공원으로 지정된 옐로스톤 국립 공원에서 바라본 일몰

실제로 국립 공원은 국내에 기록된 생물종(4만 5,295종)의 45퍼센트가 서식하는 자연 생태계의 보고입니다. 이번에 국립 공원으로 지정된 팔공산에도 멸종 위기종 18종을 포함해 5,300여 종의 생물종이 서식하는 것으로 확인되었어요. 또 국립 공원으로 지정되기 위해서는 자연 경관의 보전 상태가 양호해 훼손이나 오염이 적으며 경관이 수려해야 합니다. 또 국립 공원은 생태계뿐만 아니라 역사적으로 가치가 높은 사적이 함께 있는 경우가 많습니다. 그래서 자연 경관과 조화를 이루는 문화재 또는 역사적 유물이 있는 곳이 국립 공원으로 지정됩니다. 특히 유일한 사적형 국립 공원인 경주 국립 공원은 '야외 박물관'이라고 불릴 정도로 사적이 많습니다. 마지막으로 국립 공원은 각종 산업 개발로 경관이 파괴될 우려가 없이 지형이 잘 보존된 곳, 국토의 보전과 관리 측면에서 위치와 이용 편의성이 뛰어난 곳을 지정하게 됩니다.

어떤 곳이 새로운 국립 공원으로 지정되면 지역 브랜드 가치가 상승합니다. 이에 따라 국민적 관심과 인지도가 높아지고 관광객 유입으로 인한 지역 경제 활성화를 기대할 수 있습니다.

2장

기후와 지리

- ☑ 기후
- ☐ 사계절
- ☐ 적도 수렴대
- ☐ 편서풍
- ☐ 온대 기후
- ☐ 기온 역전 현상
- ☐ 24절기
- ☐ 건조 기후
- ☐ 상춘 기후
- ☐ 날씨 마케팅

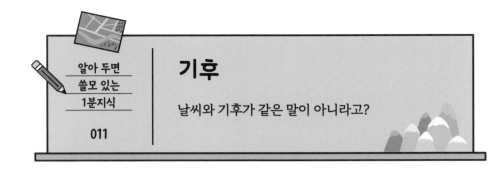

기후

날씨와 기후가 같은 말이 아니라고?

매일 뉴스에서 절대 빠지지 않는 소식이 있다면 바로 날씨 예보일 겁니다. 여러분도 한 번쯤 날씨 예보를 확인하지 않았다가 갑작스럽게 비를 맞거나 날씨에 맞지 않는 옷차림 때문에 낭패를 본 경험이 있을 거예요. 날씨는 하루나 일주일 등 비교적 짧은 시간 동안 나타나는 대기의 변화 현상으로, 일기라고도 합니다. 날씨는 하루에도 몇 번씩 바뀔 수도 있고 날마다 다르지요. 그래서 매일 뉴스에서 정보를 알려 줍니다. 그런데 날씨를 오랫동안 살펴보면 매년 일정한 시기마다 되풀이되는 현상을 관찰할 수 있습니다. 이를 기후라고 하며, 기후는 오랜 기간에 걸쳐 나타나는 대기의 평균적인 상태를 의미합니다.

기후와 날씨를 비교하기 위해 잠시 고려 시대 말기로 가보겠습니다. 당시 명나라의 철령위鐵嶺衛 설치 문제를 둘러싸고 우왕과 최영이 요동 정벌을 계획했습니다. 이를 두고 이성계는 '4불가론四不可論'을 내세워 요동 정벌 계획을 반대했지요. 이성계가 전쟁이 어렵다고 주장하며 내세운 네 가지 이유 중 하나가 정벌하려는 시기가 장마철이라는 것이었습니다. 장마철은 매년 우리나라 여름철에 한 달 정도 비가 내리는 강수 기간입니다. 그래서 올해도 내년에도 그 이후에도 장마철이 올 것이라고 예상하지요. 이렇게 오랫동안 나타나는 평균적인 기상 상태를 기후라고 합니다. 기상학자들은 종종 "날씨는 기분이고 기후는 성품이다", "날씨는 우리가 무슨 옷을 입을지를 알려주고, 기후는 우리가 무슨 옷을 살지를 알려준다"라고 이야기하기도 합니다.

그러면 기후는 어떤 요소들로 이루어질까요? 기후를 결정짓는 가장 중요한 요소는 바로 기온, 강수, 바람입니다. 우리 얼굴의 눈, 코, 입에 비유할 수 있지요. 이를 기후의 3요소라고 하며, 세계 어느 곳이든 기온, 강수, 바람은 있습니다. 그 정도에 차이가 있을 뿐이지요. 그렇다

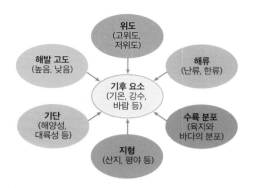

기후 요소에 영향을 미치는 기후 요인에는 위도, 해발 고도, 해류, 수륙 분포 등이 있습니다.

면 계절에 따라, 지역에 따라 기후 요소의 정도가 다르게 나타나는 이유는 무엇일까요? 우리 얼굴의 눈, 코, 입의 생김새가 다른 것처럼 기후 요소는 기후 요인에 따라 그 정도가 달라집니다. 기후 요인에는 위도, 해발 고도, 수륙 분포, 지형, 해류 등이 있어요. 기후 특성은 지역에 따라 다양하게 나타나는데, 이는 지역마다 서로 다른 여러 가지 기후 요인이 복합적으로 작용하기 때문입니다.

기후 요인 중에서 가장 기본적인 것은 위도입니다. 지구는 둥글기 때문에 위도에 따라 일사량이 다릅니다. 일사량은 단위 면적에서 단위 시간 동안 공급되는 태양 에너지를 말해요. 저위도에서 고위도로 갈수록 평균 기온이 낮아지는 것은 위도가 높아짐에 따라 일사량이 점차 줄어들기 때문입니다. 위도대를 중심으로 열대, 건조, 온대, 냉대, 한대 기후로 나뉘고 세계 각 지역의 기후에 따라 가옥의 구조, 의복의 형태, 음식의 종류 등이 다르게 나타납니다. 또 위도에 따라 분포하는 주요 기압대가 달라지면서 강수량과 탁월풍(한 지역에서 특정 방향으로 부는 빈도나 강도가 우세한 바람)에도 큰 영향을 미치지요. 위도와 기후 요인, 기후 요소의 관계를 잘 살펴보면 지역에 따라 다르게 나타나는 기후에 대해 잘 이해할 수 있답니다.

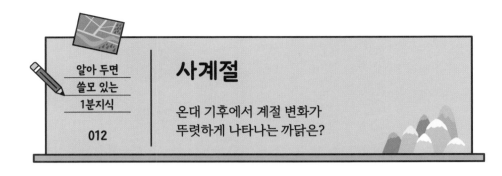

사계절

온대 기후에서 계절 변화가
뚜렷하게 나타나는 까닭은?

안토니오 비발디Antonio Vivaldi는 이탈리아 베네치아 출신의 성직자, 작곡가이자 바이올린 연주가입니다. 그의 많은 작품 중 가장 널리 사랑받는 곡은 단연 바이올린 협주곡 〈사계Le quattro stagioni〉입니다. 〈사계〉는 작품의 제목에서도 알 수 있듯이 비발디가 온대 기후 지역에서 계절에 따라 변하는 자연과 그 속에서 살아가는 인간을 아름다운 음악으로 묘사한 작품입니다. 사계절의 달라지는 분위기와 색채가 섬세하게 표현되어 있어 계절의 변화를 잘 느낄 수 있는 곡이지요. 그런데 비발디가 온대 기후 지역에서 태어나지 않았다면 사계에 해당하는 봄, 여름, 가을, 겨울의 뚜렷한 차이를 묘사하기 어려웠을 거예요. 우리나라 사람들이 비발디의 〈사계〉를 즐겨듣고 공감하는 이유도 사계절이 뚜렷한 온대 기후에서 살고 있기 때문일 것입니다.

그렇다면 온대 기후에서는 왜 다른 기후에 비해 계절의 변화가 뚜렷하게 나타나는 것일까요? 계절이 구분되는 가장 큰 이유는 지구의 자전축이 23.5도 기울어진 상태로 태양 주위를 공전하기 때문입니다. 공전은 지구가 일정한 궤도를 따라 태양의 둘레를 서쪽에서 동쪽으로 한 바퀴 도는 현상이에요. 지구의 공전 주기는 태양을 중심으로 1년에 한 바퀴, 하루에 약 1도씩 움직입니다. 지구의 자전축이 23.5도 기울어져 있기 때문에 지구가 태양 둘레를 공전하는 동안 위도에 따라 태양의 고도가 달라집니다. 결국 시기에 따라 지역별 태양의 남중 고도가 바뀌면서 지표가 흡수하는 복사 에너지의 양, 낮과 밤의 길이가 달라지면서 계절의 변화가 생기는 것입니다.

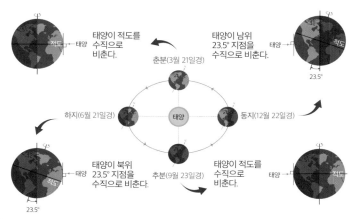

태양이 적도를 수직으로 비춘다.

태양이 남위 23.5° 지점을 수직으로 비춘다.

춘분(3월 21일경)

하지(6월 21일경)

태양

동지(12월 22일경)

태양이 북위 23.5° 지점을 수직으로 비춘다.

추분(9월 23일경)

태양이 적도를 수직으로 비춘다.

지구는 자전축이 약 23.5도 기울어진 채로 태양 주위를 공전합니다. 이 때문에 북반구와 남반구에서는 계절이 서로 반대로 나타납니다.

이 원리를 적용해 보면 북반구가 태양 쪽으로 기울어질 시기(6월 경)에 북반구 중위도 지역은 태양의 고도가 높고 낮이 밤보다 길어 태양 에너지를 많이 받는 여름이 됩니다. 같은 시기 남반구는 태양의 고도가 낮고 낮이 짧으며 태양 에너지를 적게 받는 겨울이 됩니다. 남반구가 태양 쪽으로 기울어지는 시기(12월 경)가 되면 남반구 중위도 지역은 여름, 북반구는 겨울이 됩니다. 한편 적도 부근은 1년 내내 태양 에너지를 많이 받아 계절 변화가 없고 기온이 높지요. 그래서 비발디가 적도 부근에서 태어났다면 〈사계〉 같은 작품이 탄생하기 어려웠을 거예요.

이렇게 지구의 공전과 자전축의 기울기에 따른 계절의 변화는 지역에 따라 사람들이 생활하는 방식의 차이를 만들어 냅니다. 예를 들어 우리나라를 비롯한 북반구에서는 햇빛이 잘 들도록 남향으로 집을 짓지만, 남반구에서는 북향으로 집을 짓는 경우가 많지요. 또 남반구와 북반구는 계절이 반대라서 농작물의 수확 시기가 달라 농산물의 국제 교역을 통해 부족한 점을 보완할 수 있고 관광 산업에 다양하게 활용할 수도 있답니다.

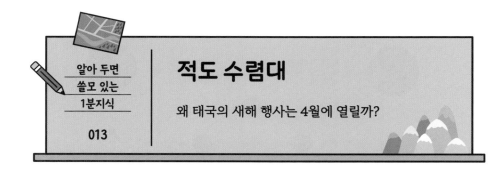

적도 수렴대

왜 태국의 새해 행사는 4월에 열릴까?

지구는 자전축이 23.5도 기울어진 채로 태양 주위를 공전합니다. 따라서 태양이 수직으로 비추는 지역이 6월에는 북반구로 올라갔다가 12월에는 남반구로 내려가는 현상이 반복되지요. 이를 태양의 회귀라고 합니다. 태양이 수직으로 비추는 지점의 북쪽 한계선은 북회귀선(북위 23.5도)과 남쪽 한계선은 남회귀선(남위 23.5도)이라고 합니다. 북회귀선에는 하지 무렵, 남회귀선에는 동지 무렵에 태양 빛을 수직으로 받게 됩니다.

이 같은 태양의 회귀 현상으로 인해 북회귀선과 남회귀선 사이의 적도 부근에서는 1년 내내 일사량이 많아 높은 기온이 계속되는 열대 기후가 나타납니다. 열대 기후는 강수 특징에 따라 열대 우림 기후, 열대 사바나 기후, 열대 몬순 기후로 나뉩니다. 먼저 열대 우림 기후는 1년 내내 적도 수렴대(열대 수렴대)의 영향을 받는 지역입니다. 지표면이 가열되고 상승 기류가 발생해 저기압이 형성되며 많은 비가 내리고 공기가 수렴하는 곳이지요. 적도 수렴대는 적도 지역에 위치하는 띠 모양의 저기압대로 동북 무역풍과 동남 무역풍이 모여드는 열대 저압대입니다. 그래서 1년 내내 적도 수렴대의 영향을 받는 열대 우림 기후 지역은 연중 고온 다습한 기후가 나타납니다.

한편 사바나 기후는 원래 아프리카의 수단 지방에 있는 열대 초원을 가리키는 용어였지만 지금은 열대 초원 지역을 총칭하는 용어로 쓰여요. 사바나 기후는 위도상으로 남반구와 북반구의 위도 10~15도의 범위에 분포하며, 건기와 우기가 매우 뚜

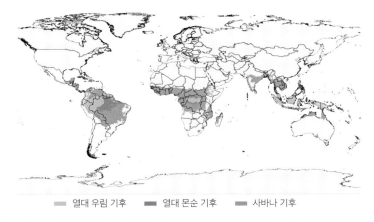

| 열대 우림 기후 | 열대 몬순 기후 | 사바나 기후 |

사바나 기후는 아열대 고압대의 영향을 받는 시기에 건기, 적도 수렴대의 영향을 받는 시기에 우기가 형성됩니다. 송끄란도 기후가 만들어 낸 전통입니다.

렷한데 그 이유는 태양의 회귀에 따라 적도 수렴대와 아열대 고압대도 함께 이동하기 때문입니다. 사바나 기후의 우기에는 적도 수렴대의 영향을 받아 강수량이 매우 많습니다. 하지만 건기에는 아열대 고기압의 영향을 받기 때문에 강한 하강 기류의 영향을 받아 습도가 낮고 강수량도 매우 적습니다.

태국은 국토의 많은 부분에서 열대 사바나 기후가 나타납니다. 그런데 태국은 1월 1일이 아닌 4월 13~15일 무렵에 새해 행사를 해요. '송끄란Songkran'이라고 하는데 태국에서 가장 규모가 크고 중요한 축제이자 '물의 축제'로 알려져 있어요. 송끄란이 열리는 동안 태국 거리 곳곳에서 서로에게 물총을 쏘고 양동이로 물을 뿌리는 사람들이 가득하기 때문입니다. 이런 전통에는 불교 국가인 태국에서 부처의 축복을 기원하기 위해 불상을 물로 씻는 의식도 영향을 미쳤지만 건기와 우기가 뚜렷한 태국의 기후와도 깊은 관련이 있어요. 태국은 10월부터 여섯 달 동안 건기가 이어지다 다음 해 4월쯤 우기에 접어들어요. 그러니 태국에서 4월은 계절 변화가 크게 나타나는 시기인 것이죠. 게다가 태국은 대표적인 쌀농사 국가여서 긴 건기 끝에 내리기 시작하는 비를 반갑게 맞이하고 풍년을 기원하던 행사가 축제로 발전한 것이랍니다.

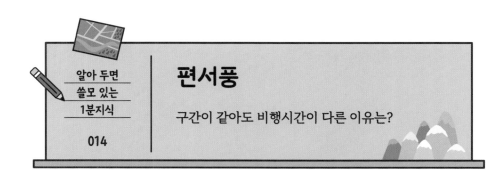

편서풍

구간이 같아도 비행시간이 다른 이유는?

공기는 고기압에서 저기압으로 이동합니다. 이런 공기의 움직임이 바로 바람이지요. 바람은 규모에 따라 다양하게 나눌 수 있습니다. 그중 지구상에서 가장 큰 규모의 바람들은 지구 규모의 대순환으로 인해 발생합니다. 지구는 둥글기 때문에 태양복사 에너지를 받아들이는 위도에 따라 단위 면적당 에너지 분포가 다르게 나타납니다. 대체로 저위도 지방에서는 에너지 과잉이 발생하며 고위도 지방에서는 열 부족이 발생하지요. 이러한 불균형을 해소하고 에너지 평형 상태를 만들기 위해 지구에서 대기의 이동이 일어납니다. 이를 모델화한 것이 바로 대기 대순환입니다.

먼저 연중 기온이 높은 적도 주변에서는 상승 기류로 인해 적도 저압대가 형성됩니다. 상승한 기류는 위도 30도 부근에서 하강해 고기압이 발달하는데 이 기압대를 아열대 고압대라고 합니다. 가장 평균 기온이 낮은 극지방에서는 대기가 냉각되어 극고압대를 이루지요. 위도 60도 부근에서는 고위도에서 내려온 차가운 공기와 저위도에서 올라온 따뜻한 공기가 만나 한대 전선 또는 고위도 저압대를 형성합니다. 이렇게 형성된 네 가지 기압대 사이에서 탁월풍이 발생합니다.

먼저 아열대 고압대에서 적도 저압대로 무역풍이 붑니다. 이름에서 알 수 있듯이 과거 대항해 시대에 서양의 범선이 무역 활동을 하며 항해에 이용한 바람입니다. 무역풍은 전향력의 영향으로 북반구에서는 북동 무역풍, 남반구에서는 남동 무역풍으로 불어요. 위도 30도 부근의 아열대 고압대에서 위도 60도 부근의 고위도 저압대로

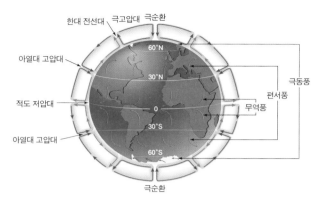

극고압대 극순환
한대 전선대
아열대 고압대
60°N
30°N
적도 저압대
0
무역풍
30°S
아열대 고압대
60°S
극순환
극동풍
편서풍

편서풍은 아열대 고압대에서 고위도를 향해 서쪽에서 동쪽으로 부는 탁월풍으로, 주로 남북위 30~60도에서 나타납니다.

부는 탁월풍을 편서풍이라 합니다. 편서풍은 적도와 극지방의 하층을 제외한 지역에서 극을 중심으로 서쪽에서 동쪽으로 부는 기류입니다. 이 바람은 주로 남반구와 북반구의 중위도 지역인 위도 30~60도대에서 탁월하게 부는데, 이 지역을 중위도 편서풍대라고도 합니다. 한반도도 북위 33~43도에 위치하기 때문에 우리나라는 편서풍의 영향권에 속해 있어요. 그래서 우리나라에서 날씨 변화는 편서풍의 영향을 받아 서쪽에서 동쪽으로 이동하는 경우가 많습니다. 태풍이나 전선도 우리나라 주변에서는 서쪽에서 동쪽으로 이동합니다. 봄철 중국과 몽골에서 발생한 황사도 편서풍의 영향으로 중국에서 우리나라 쪽으로 불어오는 것이지요.

편서풍의 중요한 성질 중 하나는 편서풍 가운데의 풍속이 강한 좁은 영역에 제트 기류를 형성한다는 것입니다. 제트 기류는 우연히 발생하지만, 그 이름처럼 항공기 운행에 많이 이용됩니다. 제트 기류의 힘은 항공권을 예매할 때 쉽게 확인할 수 있어요. 인천에서 미국 로스앤젤레스를 오갈 때의 비행시간을 한번 비교해 볼까요? 로스앤젤레스에서 인천으로 가는 항공편이 그 반대 경로보다 2시간 이상 비행시간이 더 오래 걸릴 겁니다. 로스앤젤레스에서 인천으로 이동하는 경로는 비행기가 편서풍과 제트 기류를 맞바람으로 이겨내며 날아가야 하기 때문이지요.

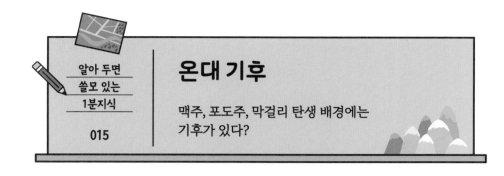

온대 기후

맥주, 포도주, 막걸리 탄생 배경에는
기후가 있다?

맥주는 밀, 보리 같은 곡물로 만든 맥아를 발효시킨 후 향신료인 홉hop을 첨가해 맛을 낸 술입니다. 맥주의 영어식 표기인 비어beer의 어원을 독일 지역에서 찾을 수 있다는 것으로 보아 맥주의 대중화는 유럽 서부 지역에서 시작된 것으로 추측되지요. 포도주는 포도의 즙을 발효시킨 것으로 포도를 재배한 지역에서 아주 오래전부터 만든 술입니다. 마지막으로 막걸리는 한국의 전통주의 한 종류로 쌀로 밑술을 담가 청주만 걸러내고 남은 찌꺼기를 다시 체에 걸러내어 만든 술입니다.

이렇듯 맥주, 포도주, 막걸리의 주원료는 서로 다르지만 온대 기후 지역에서 기원한 술이라는 공통점이 있습니다. 먼저 온대 기후의 특징에 대해 알아볼까요? 온대 기후는 최한월(가장 추운 달) 평균 기온이 섭씨 영하 3도에서 영상 18도이고 연 강수량은 보통 500밀리미터 이상으로, 기온이 온화하고 강수량이 풍부합니다. 또 온대 기후는 중위도 지역에서 주로 나타나므로 계절에 따라 태양의 고도가 달라져 계절별 기온의 변화가 크며 사계절이 뚜렷하게 나타나지요. 하지만 같은 온대 기후라도 지역에 따라 수륙 분포, 지형, 해류 등 기후 요인이 다르므로 계절별 강수량과 기온이 달라집니다.

맥주 생산지로 유명한 서안 해양성 기후 지역은 연중 해양에서 불어오는 편서풍의 영향을 받습니다. 특히 유럽의 서안 해양성 기후는 편서풍과 북대서양 해류의 영향을 받아 연중 강수량이 일정하며, 대륙 동안의 온대 기후 지역보다 여름 기온이 낮지요. 이로 인해 이 기후 지역에서는 연중 습윤하고 흐린 날이 많아 일조량이 적어서

온대 기후 지역에서 편서풍의 영향이 큰 대륙 서안과 계절풍의 영향이 큰 대륙 동안은 기후 특성이 다르게 나타납니다.

목초지를 조성해 소나 양을 키우는 목축업이 발달했어요. 이와 동시에 냉량한 기후에서도 잘 자라는 보리, 밀, 귀리를 함께 재배하는데, 이러한 농업 방식을 혼합 농업이라고 합니다.

포도주의 주 생산지인 지중해성 기후 지역은 우리나라 사람들에게는 낯선 기후 특징이 보입니다. 지중해성 기후의 특징은 여름이 고온 건조하고 겨울은 온난 습윤하다는 점입니다. 그래서 이 지역에서는 오랜 옛날에 형성된 독특한 형태의 자급적 농업이 지금까지 유지되고 있어요. 먼저 지중해성 기후 지역에서는 고온 건조한 여름에 수목의 뿌리가 지하수층까지 닿아 건조한 여름을 견뎌낼 수 있는 올리브, 포도, 오렌지 등을 재배합니다. 반면 겨울에는 온난 습윤하기 때문에 이 시기에 밀과 보리 같은 곡물을 재배합니다.

동아시아, 동남아시아, 남부 아시아 국가에서는 계절풍 기후(몬순 기후)가 나타나는 지역이 많아요. 계절풍은 계절에 따라, 즉 대륙과 해양의 온도 차이에 따라 고기압의 배치가 달라지고 이로 인해 여름에는 고온 다습한 해양에서 대륙으로, 겨울에는 한랭 건조한 대륙에서 해양으로 부는 바람입니다. 계절풍 기후 지역의 고온 다습한 여름 기후는 벼가 자라는 데 최적의 조건이지요. 그래서 벼는 계절풍 기후가 뚜렷한 아시아에서 집중적으로 재배하고 쌀을 이용한 다양한 음식 문화가 발달했습니다.

기온 역전 현상

카파도키아가
세계적인 열기구 여행지가 된 비결은?

튀르키예의 중앙 안탈리아 지방에 위치한 카파도키아는 유명한 관광지입니다. 특히 300만 년 전 화산 폭발로 형성된 아름답고 특이한 경관으로 유명하지요. 지구 밖 다른 세상 같은 특이한 지형은 과거 카파도키아 일대에서 일어난 화산 활동으로 형성된 현무암과 응회암이 오랜 세월 풍화와 침식 작용을 거치며 만들어졌습니다. 이곳에서는 높은 곳에서 카파도키아의 멋진 풍경을 한눈에 내려다볼 수 있는 열기구 여행이 유명합니다. 특히 일출 무렵에 열기구를 타고 오르면 해가 떠오르면서 시시각각 변하는 경치를 감상할 수 있어 관광객들에게 인기가 많지요. 또 열기구를 타지 않더라도 매일 아침 수많은 열기구가 카파도키아의 하늘을 가득 메운 모습을 보는 것도 장관입니다. 그런데 왜 유독 일출 무렵에 수많은 열기구가 떠오르는 걸까요?

바로 카파도키아에서 매일 새벽에 반복되어 나타나는 '기온 역전 현상' 때문입니다. 기온 역전 현상은 고도에 따른 기온 분포가 일반적인 상태와 다른 패턴으로 나타나는 것을 가리키는 용어입니다. 일반적으로 기온은 고도가 높아짐에 따라 낮아집니다. 기온 역전 현상이 일어나면 특정한 상황에서 고도가 높아짐에 따라 기온이 오히려 높아집니다. 이렇게 위아래 기온 분포가 뒤집힌 층을 '기온 역전층'이라 부릅니다. 기온 역전 현상이 나타나는 데는 지형, 계절에 따른 기상 조건 변화 등 다양한 요인이 영향을 주며, 보통 분지 지형의 일교차가 큰 지역에서 자주 발생합니다.

우리나라에서도 일교차가 큰 봄가을이나 겨울철 밤에 지표면이 급속도로 냉각되

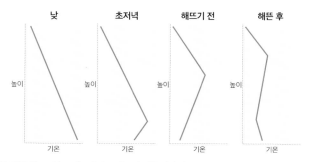

시간대별 높이에 따른 기온 분포. 이 그래프에서 그래프의 기울기가 양수(그래프 모양이 오른쪽 위로 올라감)인 구간이 바로 기온 역전층입니다. 해 뜨기 전 새벽에 기온 역전층이 가장 두껍게 형성됩니다.

어 지표면의 기온이 위쪽보다 낮아지면서 기온 역전 현상이 잘 발생합니다. 또 우리 나라는 산지 비율이 높고 산으로 둘러싸인 분지가 많아 기온 역전층이 오래 지속되 기도 합니다.

문제는 밀도가 큰 차가운 공기가 아래에, 밀도가 낮은 따뜻한 공기가 위에 배치되 어 있어 기온 역전층의 대기가 안정적인 상태라는 것입니다. '안정'이라는 단어는 보 통 긍정적인 의미로 사용하지만 대기와 물의 흐름에서는 부정적인 경우가 많습니다. 기온 역전층의 안정적인 대기 상태에서는 공기가 순환하지 않기 때문에 차가운 공기 가 지표에 오래 머물면서 농작물이 냉해를 입을 수 있어요. 또 지표면의 수증기가 응 결해 안개가 끼면 교통 장애를 유발하지요. 특히 인구와 산업이 집중된 지역에서는 자동차 배기가스에서 나온 오염 물질이 기온 역전층에 의해 형성된 안개와 함께 갇 혀 스모그가 형성되기도 합니다.

이처럼 기온 역전 현상에는 부정적인 측면이 많지만 이 현상을 잘 활용한 대표적 인 곳이 카파도키아입니다. 카파도키아는 건조한 대륙 한복판에 있어 계절에 상관없 이 일교차가 매우 커서 밤마다 차가운 공기가 계곡에 축적됩니다. 그리고 일출 무렵 에 절정을 이룬 안정적인 기온 역전층이 형성되지요. 이 덕분에 1년 내내 바람이 불지 않는 날씨에서 안정적인 열기구 운항이 가능하게 된 것입니다.

24절기

절기 관련 속담을 보면
우리나라 기후를 알 수 있다고?

전통적으로 농업 사회인 우리나라에서는 절기를 중요하게 여겼습니다. 절기는 태양의 위치에 따라 360도를 15도 간격으로 나누어 만든 24개의 시기입니다. 이렇게 계절을 세분한 이유는 농사에 필요한 일을 제때 하기 위한 것이었지요. 농사는 때를 놓치면 안되는 일이 많기에 우리 조상들은 24절기를 바탕으로 농사를 지었어요. 그래서 24절기를 '농부의 달력'이라고도 합니다. 또 조상들은 24절기마다 같은 시기에 같은 일을 반복하며 쌓은 경험들을 바탕으로 후손에게 교훈과 경계의 뜻을 전하는 속담도 많이 만들었어요.

24절기처럼 계절이나 날씨, 기후와 관련된 속담의 뜻을 살펴보면 조상들의 삶의 지혜를 엿볼 수 있습니다. 그래서 속담을 이해하면 일정한 지역에서 여러 해에 걸쳐 나타나는 종합적이고 평균적인 대기 상태인 기후를 이해하는 데도 도움이 되지요.

먼저 봄철의 대표적인 속담으로는 '우수 경칩에 대동강 물이 풀린다'가 있습니다. 이 속담을 통해 우수(양력 2월 18일경, 경칩은 양력 3월 5일경) 무렵이면 겨울이 물러나고 따뜻해지는 완연한 봄이 다가왔음을 알 수 있습니다. 또 봄의 마지막 절기인 곡우(양력 4월 20일경)와 관련해서는 '곡우에 비가 오면 풍년 든다', '곡우에는 못자리를 해야 한다' 같은 속담이 있어요. 이를 통해 벼농사를 주로 하는 우리 농촌에서 봄철 강수를 중요하게 생각했으며 모내기 등 본격적인 농사를 준비해야 하는 기간임을 알 수 있습니다.

여름 절기인 망종은 양력 6월 6일경으로 날이 점차 더워지는 시기입니다. 이 시기와 관련해 널리 알려진 '보리는 망종 전에 베라'라는 속담은 망종까지 보리를 모두 베어야 밭도 갈고 논에 벼도 심을 수 있다는 뜻입니다. 이 시기 농촌은 보리 베기와 모내기, 김매기 등을 하며 아주 분주한 계절을 보냈지요.

아침저녁으로 가을이 성큼 다가왔음을 느낄 수 있는 양력 8월 23일 무렵은 처서입니다. '모기도 처서가 지

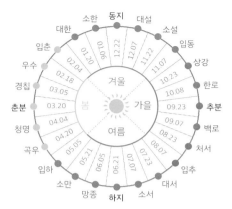

절기는 한국, 중국, 일본 등 동아시아 지역에서 태양년을 태양의 황경에 따라 24등분해서 계절의 표준으로 정한 시기입니다.

나면 입이 비뚤어진다'라는 속담은 처서 무렵이면 여름철 무더위가 한풀 꺾여 여름내 모기의 괴롭힘도 줄어든다는 것을 알 수 있습니다.

늦가을 절기인 한로(양력 10월 8일경)와 관련해서는 '한로가 지나면 제비도 강남으로 간다'는 속담이 있어요. 한로 무렵부터 시베리아 기단의 영향을 받아 점점 추워지는 시기임을 알 수 있습니다. 1년 중 밤이 가장 긴 동지(양력 12월 22, 23일경)에는 '동지에 눈이 많이 오고 날씨가 추우면 풍년이 든다'라고 믿으며 다음 해 농사를 준비했어요. 겨울이 추워야 해충이 얼어 죽기 때문에 경험적으로 이런 속담이 만들어진 것이겠죠. '소한 추위는 꾸어다가라도 한다'는 속담은 소한(양력 1월 6, 7일경) 때가 1년 중에 가장 추울 때이므로 미리 대비해야 한다는 경계의 의미를 담고 있어요.

이렇듯 계절적 특징이 잘 드러나는 다양한 속담들은 우리 조상들의 삶과 지혜가 담긴 문화적 유산임이 틀림없습니다. 지금은 슈퍼컴퓨터를 이용한 날짜 예측 시스템이 있음에도 현대 기상 예보에서 절기와 속담을 지속적으로 언급하는 이유도 그러한 것들이 우리의 문화이자 역사이기도 하고, 실제로도 상당히 믿을 만한 데이터이기 때문일 것입니다.

건조 기후

SF 영화는 왜 사막에서 촬영할까?

화성이나 달과 같이 우주를 배경으로 만든 공상 과학 영화(SF 영화)를 즐겨 보나요? 80억 명의 지구인 중에서 화성이나 달에 직접 가본 사람들은 극히 일부이지요. 그래서 우주 공간에 대한 경험은 대부분 영화나 TV 속 장면을 통해 간접적으로 경험한 것이 전부일 겁니다. 그런데 화면 속 우주 공간을 지구의 어느 곳에서 촬영했는지 궁금하지 않았나요? 현재로서는 화성이나 달에서 직접 촬영한 사례가 없으니 분명 지구상 어느 장소에서 촬영했을 겁니다.

지금까지 공개된 SF 영화를 촬영한 장소들은 대부분 건조 기후 지역이라는 공통점이 있습니다. 지구와 달리 화성과 달은 대기가 거의 없는 곳이라 황량하지요. 이런 지형 경관을 재현하는 데 가장 적합한 공간이 지구에서는 건조 지형이 분포하는 지역입니다. 예를 들어 영화 〈아폴로 13〉의 달 표면 장면은 미국의 애리조나주에 있는 그랜드 캐니언에서 촬영했습니다. 또 화성을 배경으로 한 많은 영화들도 화성을 닮은 붉은 사암 사막에서 촬영했어요.

그러면 사막 같은 건조 지형은 어떻게 형성된 것일까요? 건조 기후 특성이 지형 형성에 매우 큰 영향을 주며 건조 지형이 형성되었습니다. 건조 기후는 연평균 강수량이 500밀리미터 이하인 기후로, 증발량이 강수량보다 많은 것이 특징입니다. 건조 기후는 스텝 기후(초원 기후)와 사막 기후로 구분됩니다. 연 강수량이 250밀리미터 이상 500밀리미터 미만으로 초원이 분포하는 스텝 기후와 달리, 사막 기후는 연평균

그랜드캐니언은 기이한 형태의 암석과 다양한 건조 지형이 분포하고 있어 SF 영화의 촬영지로 인기 있는 장소입니다.

강수량이 250밀리미터 이하로 매우 건조하지요. 또 사막 지역은 강수량이 적어 태양열의 흡수와 지표 복사열의 방출이 활발하게 일어나며 일교차가 매우 크게 나타납니다. 이렇게 일교차가 크고 건조한 지역에서는 매일 규칙적으로 암석이 수축하고 팽창합니다. 이 영향으로 바위에 균열이 생기면 암석이 잘게 부스러지는 풍화 작용이 활발하게 일어나지요.

또 사막에는 식생이 극히 드물어 바람이 지형 형성에 큰 영향을 주게 됩니다. 사막의 바람은 모래, 점토 등을 운반하며, 바람에 날린 모래가 자갈이나 바위를 깎아 다양한 형태의 지형을 만들지요. 암석의 여러 면이 깎여 삼릉석이 만들어지고, 바위의 아랫부분이 깎이면 버섯 바위가 만들어지기도 합니다. 또 바람에 날린 모래가 쌓여 사구가 형성되기도 해요.

건조 기후 지역에는 비가 매우 적게 내리지만, 간혹 짧은 시간 동안 좁은 지역에 한꺼번에 비가 내리면 일시적으로 흐르는 골짜기인 '와디wadi'가 형성되기도 합니다. 와디는 과거에 물이 흘렀던 곳이라 물이 흐른 흔적이 발견된 화성 표면을 표현하는 데 적합한 장소입니다. 앞으로 SF 영화를 볼 때에는 어느 지역에서 촬영했는지 알아보는 것도 재미있는 감상법이 될 겁니다.

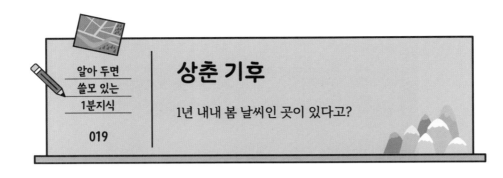

상춘 기후

1년 내내 봄 날씨인 곳이 있다고?

우리나라 만 13세 이상을 대상으로 한 설문 조사 결과에 따르면 한국인이 가장 좋아하는 계절은 가을(44퍼센트), 봄(33퍼센트), 여름(13퍼센트), 겨울(11퍼센트) 순으로 나타났습니다. 사람들이 가을과 봄을 좋아하는 이유는 다양하겠지만, 대체로 온화한 날씨에 다채로운 자연 경관을 감상할 수 있고 야외 활동을 하는 데 좋은 계절이라는 이유가 클 거예요. 그런데 최근 기후 변화로 인해 제대로 봄과 가을을 누릴 수 있는 기간이 짧아지는 추세입니다. 봄과 가을이 지나가는 것이 아쉬워 '매일 오늘과 같은 날씨였으면……' 하는 생각도 하지요.

그런데 1년 내내 우리나라의 봄가을과 같은 기후가 나타나는 지역이 있다면 어떨 것 같나요? 놀랍게도 실제로 그런 곳이 존재합니다. 바로 세계 곳곳에 분포하는 열대 고산 기후 지역입니다. 단순히 고산 기후가 아니라 '열대' 고산 기후입니다. '열대'라는 단어에는 '연중 일정한 기온 이상으로 유지된다'라는 의미도 있습니다. 열대 기후에 해당하는 저위도 지역은 연중 기온 변화(연교차)가 매우 작습니다. 태양이 적도를 중심으로 남북회귀선 안쪽에서만 이동하기 때문이지요.

또한 '고산 기후'라는 단어에서 해발 고도라는 기후 요인이 중요한 영향을 미친다는 사실을 알 수 있습니다. 보통 고도가 100미터 높아질 때마다 기온이 섭씨 약 0.5~0.6도 정도씩 낮아집니다. 만약 저위도 저지대의 평균 기온이 섭씨 25도(우리나라 7~8월 평균 기온)라면 해발 고도가 3,000미터인 고지대의 기온은 섭씨 10~15도가

열대 고산 기후는 남아메리카 안데스산맥의 저위도 지역, 아프리카의 아비시니아고원 등에 나타나며, 상춘 기후 덕분에 사람이 생활하는 데 적절합니다.

되겠지요. 보통 오래전부터 문명이 발달한 열대 고산 도시는 기온이 1년 내내 섭씨 10~15도 정도, 즉 우리나라 4월 또는 10월 평균 기온이어서 사람이 살기에 아주 적당합니다. 열대 고산 기후는 1년 내내 봄 같다고 해서 상춘常春 기후라고도 부릅니다.

정리하면 열대 고산 기후는 열대 저지대와 비슷한 위도대에 분포하지만 해발 고도가 높은 곳에서 나타나는 기후입니다. 열대 고산 기후 그래프에서 연중 기온 패턴이 일정하게 나타나는 것은 다른 저위도 지역의 열대 기후 그래프와 공통되는 특징입니다. 그래서 열대 고산 기후의 기온 그래프는, 전형적인 열대 기후 기온 그래프에서 해발 고도가 높아진 만큼 내려간 기온을 반영해 그리면 되지요.

1년 내내 온화한 날씨가 이어지는 열대 고산 지역은 저지대보다 인간이 거주하는 데 적절한 환경으로 일찍부터 선호되었습니다. 실제로 남아메리카의 열대 기후 지역에서는 저지대보다 고지대에 도시가 발달해 있어요. 유네스코의 세계 문화유산으로 지정된 잉카 문명의 공중 도시 마추픽추도 안데스산맥 해발 약 2,400미터에 건설된 도시입니다. 더불어 멕시코의 멕시코시티(약 2,240미터), 에콰도르의 키토(약 2,850미터), 볼리비아의 라파스(평균 고도 약 3,600미터), 페루의 쿠스코(약 3,300미터), 에티오피아의 아디스아바바(약 2,500미터) 등도 대표적인 고산 도시들입니다.

날씨 마케팅

상품 마케팅과 수요 예측에
날씨 정보가 사용된다고?

날씨는 우산 장수와 소금 장수의 어머니가 날씨 때문에 울고 웃는 이야기처럼 기업들의 매출에 큰 영향을 줍니다. 매일 바뀌는 날씨를 예측하는 것은 어렵지만, 빠르게 날씨를 분석해서 대응하면 큰 이익을 얻을 수 있습니다.

최근 기후 변화로 매년 더 더워지는 여름 날씨는 의식주 생활뿐만 아니라 소비 행태에도 큰 영향을 미칩니다. 여름철 폭염이 이어지는 기간에는 시원한 실내 공간인 카페, 영화관, 대형 마트, 공연장 등의 매출이 증가합니다. 더불어 더위를 식히기 위한 에어컨, 선풍기 등의 가전제품도 많이 팔리지요. 또 폭염 기간에는 가정에서 불을 써야 하는 요리를 꺼리기 때문에 탕, 찌개, 국류 같은 간편 식품 매출이 증가하기도 합니다. 그래서 기업들은 날씨에 따라 변하는 소비자들의 요구와 소비 패턴을 분석해 제품 생산과 판매에 적극적으로 활용하지요.

실제로 특정 시기에 예상되는 날씨를 잘 분석하면 다양한 분야의 마케팅에 활용할 수 있습니다. 날씨는 소비자의 구매 심리에 큰 영향을 주기 때문에 날씨를 이용한 상품 판매 전략을 세울 수 있습니다. 즉 날씨 마케팅은 날씨에 따라 상품과 서비스를 조정해 소비자의 구매 행동에 영향을 미치고, 이를 통해 매출을 극대화하는 전략입니다.

우리 주변에서 흔히 만날 수 있는 편의점에서도 날씨 마케팅을 통해 소비자에게 다양한 맞춤형 서비스를 제공합니다. 편의점은 기온 변화에 따라 상품별로 매출량이

편의점에서 판매하는 군고구마는 인기 있는 겨울철 한정 메뉴입니다.

바뀌는 시점을 분석하고, 그 결과를 바탕으로 매장의 제품 구성과 진열 방식, 주문량을 조절합니다. 또 계절상품과 메뉴를 개발해 소비자들의 발길이 이어지게 하지요. 의류업체도 중장기 날씨 정보를 토대로 시즌의 시작과 끝을 예측하며 상품별 판매 시기와 생산량을 결정합니다. 또 기온, 강수량 등을 분석해 의류의 소재와 디자인을 조정하기도 하지요. 건설사는 공사 현장의 자세한 날씨 정보를 이용해 공정과 인력을 관리합니다. 이를 통해 공사 기간을 단축하고 부실 시공까지 예방해 비용을 절약하는 효과를 기대할 수 있지요. 앞선 사례들의 공통점은 기업이 날씨 정보를 활용해 경영 과정에서 발생할 수 있는 피해를 최소화하고 이익을 극대화하기 위한 노력이라는 점입니다. 이렇게 기업 경영의 의사 결정 단계에서 날씨를 활용해 경영 효율을 높이는 것을 '날씨 경영'이라고 합니다.

과거와 달리 현대의 날씨 정보는 개개인의 일상생활뿐만 아니라 기업의 경영 과정, 국가의 정책 수립에서도 고려해야 할 중요한 지식이자 고부가 가치 자원으로 인식되고 있습니다. 특히 기업 입장에서는 날씨 경영을 통해 비용 절감은 물론 새로운 사업 개발 아이디어를 얻을 수도 있습니다. 소비자도 다양한 날씨 상품이 늘어나면 상품 선택의 기회가 늘어나고 생활의 편리함도 누릴 수 있습니다.

푄 현상
_왜 봄철 동해안에서 발생하는 산불은 막기 어려울까?

매년 봄철이면 우리나라 강원도를 포함한 동해안에서는 산불 발생 가능성 때문에 긴장을 늦출 수 없습니다. 왜 유독 동해안에 대형 산불이 자주 발생할까요? 가을철부터 겨울을 지나 봄철까지 이어진 건조한 날씨에다가 태백산맥을 따라 산림 면적이 넓게 분포해 있어 산불 발생 가능성이 높기 때문입니다. 특히 봄철 산불을 더 키우는 바람도 불기 때문입니다. 바로 양간지풍襄杆之風입니다. 양간지풍은 태백산맥을 넘어 강원 영동 중북부로 부는 강한 바람으로, 양양과 간성(고성)의 앞 글자를 딴 이름입니다. 예부터 양간지풍은 '불을 몰고 온다'고 해서 '화풍火風'이라 불렀다고 하니 과거에도 이 지역 산불의 규모를 키우는 큰 요인이 된 것이 분명합니다.

그런데 양간지풍은 어떻게 산불을 키우는 역할을 할까요? 먼저 양간지풍이 '푄 Föhn 현상' 중 하나라는 것을 이해해야 합니다. 푄은 원래 스위스 남쪽 지방에서 알프스산맥을 넘어 불어오는 뜨거운 바람을 뜻했습니다. 하지만 지금은 산지 지형이 발달한 전 세계 어느 지역에서나 바람이 산을 넘어가면서 나타나는 현상을 이르는 말이 되었지요. 산지 비율이 높은 우리나라에서도 푄 현상이 나타납니다. 푄 현상이 나타나면 산줄기를 경계로 바로 옆 지역임에도 날씨가 크게 차이 납니다.

바람은 산을 타고 올라갈 때와 내려올 때 온도와 습도가 변합니다. 바람이 불어

오는 쪽을 바람받이 지
역, 반대쪽을 바람 그늘
또는 비 그늘 지역이라
고 합니다. 바람받이 지
역에서는 공기가 100미
터 상승할 때마다 기온

양간지풍은 푄 현상 중 하나로 봄철 동해안 대형 산불의 원인이 됩니다.

이 섭씨 0.5~0.6도씩 낮아지는 특성이 있어요. 기온이 점차 낮아지다가 수증기가 응
결하면 비를 뿌리지요. 이후 반대로 정상을 넘어 반대 사면을 내려갈 때는 공기의 습
도가 낮아서 100미터 내려올 때마다 섭씨 약 1도씩 급격하게 온도가 높아집니다. 결
국 바람이 불어 내려가는 쪽은 기온도 높아지고 건조한 날씨가 나타납니다.

양간지풍도 한반도 주변의 기압 배치와 태백산맥 때문에 발생합니다. 봄철의 강
한 서풍이 강원 영동 중북부 산맥 골짜기에 모여 산맥을 넘는 과정에서 푄 현상이 발
생해 고온 건조한 바람으로 바뀌는 것이죠. 게다가 바람이 태백산맥을 넘어 동쪽의
가파른 경사를 타고 내려오다 보니 풍속이 태풍만큼이나 빨라집니다. 양간지풍의 특
성을 정리하면 '강한 바람'과 '고온 건조'라고 할 수 있습니다. 그래서 산불이 났을 때
양간지풍이 불면 불난 집에 부채질하는 격으로 산불이 번지기 좋은 조건이 형성되
죠. 게다가 바람이 강하다 보니 소방 헬기가 활동하기 힘들어지고 산불 진화대가 접
근하기 어려워 피해가 급속히 확산되는 악순환이 일어나는 겁니다.

기후 변화로 기온이 더 높아지고 이에 따라 증발량이 많아지면서 대기는 더 건조
해져 산불도 그만큼 더 많이 발생할 수밖에 없는 환경입니다. 산불 예방을 위해 산불
감시와 조기 진화 시스템을 강화하고, 푄 현상에 대비하기 위해 기상 정보를 주시하
며 안전 대책을 마련해야 합니다.

3장

문화와 지리

알아 두면
쓸모 있는
1분지식

021

문화의 세계화

언제부터 우리나라에서도
핼러윈 파티를 즐겼을까?

오늘날 우리가 사는 세계는 지구촌이라는 하나의 공동체를 이루며 사람, 상품, 서비스, 문화, 정보 등이 국가의 경계를 넘나들며 활발히 교류하고 있습니다. 교통·통신 수단의 발달로 국제 교류가 활발해짐에 따라 국제 사회의 상호 의존성이 증가하고 세계가 하나의 단일한 체계로 묶이는 현상을 세계화라고 합니다. 이로 인해 경제 분야뿐만 아니라 문화 예술 분야에서의 교류도 활발하게 이루어지고 있지요.

이제는 초고속 인터넷, 스마트폰 등의 정보 통신information technology, IT 기술이 발달하면서 국가 간의 경계가 사라지고 실시간으로 다양한 문화를 접할 수 있게 되었습니다. 전 세계 어디서나 특색 있는 세계 음식을 즐기는 것도 이미 일상이 되었습니다. 또 최신 음악, 영화, 다양한 컨텐츠 등 문화 예술 분야에서도 세계화가 활발히 이루어지고 있습니다. 많은 사람이 공간적 제약을 극복하고 많은 양의 정보를 빠르게 공유하며 살고 있지요. 특히 누리 소통망 서비스(소셜 네트워크 서비스social network service, SNS)는 세계 곳곳의 문화와 최신 소식을 가장 빠르게 접할 수 있는 통로가 되고 있습니다.

그런데 인터넷에서 어떤 언어를 가장 많이 사용하는지 알고 있나요? 미국의 한 시장 분석 기관에 따르면 인터넷에서 가장 많이 사용하는 언어는 영어로, 약 25퍼센트 점유율을 차지한다고 합니다. 2위는 중국어로, 약 20퍼센트를 차지하지요. 중국어 사용 비중은 세계 인구의 약 18퍼센트를 차지하는 인구수가 큰 영향을 미친 것으로 보입니다. 반면 영어는 영어의 세계화로 인해 세계 공용어로 불릴 만큼 사용하는 면적이 넓은 언어이지요.

대표적인 미국의 문화인 핼러윈은 이제 우리나라 사람들에게도 익숙해졌습니다.

그러면 언제부터 영어는 전 세계로 퍼져나갔을까요? 영어의 종주국은 영국이지만 영어의 세계화를 이끈 것은 제2차 세계 대전 이후 강대국이 된 미국입니다. 우리의 문자와 언어인 한국어도 그렇듯 어떤 민족이 사용하는 언어에는 그 민족의 문화와 역사가 집약되어 있습니다. 그래서 언어가 전파되는 과정에서 자연스레 그 언어를 사용하는 민족의 문화도 함께 전달되는 것이지요.

영어도 세계화의 흐름 속에서 전 세계적인 의사소통 수단이 되었을 뿐만 아니라 미국 문화를 전달하는 매개체 역할을 하게 되었습니다. 최근 우리나라에서도 익숙하게 느껴지는 핼러윈(10월 31일)은 아일랜드 감자 대기근(1845~1852년) 당시 미국으로 이주한 켈트족의 전통이 지금까지 이어진 것입니다. 지금은 미국적인 특색을 잘 보여주는 날이 핼러윈이라고 할 만큼 미국을 대표하는 축제가 되었지요.

최근 우리나라도 핼러윈 분위기를 쉽게 느낄 수 있는 국가 중 하나가 되었습니다. 2000년대 후반부터 20~30대를 대상으로 10월 말을 핼러윈 시즌으로 정해 축제를 벌이기 시작한 것이 우리나라 젊은 층의 문화로 자리 잡았습니다. 요즘에는 우리나라 유치원이나 어린이집에서도 핼러윈 행사를 빠트리지 않고 하는 것을 보면 핼러윈이 크리스마스처럼 전 세대에게 익숙한 기념일이 되는 날도 머지않은 것 같습니다.

현지화 전략

BTS의 사우디아라비아 공연이
성공적이었던 이유는?

햄버거는 전 세계 사람들이 즐겨 먹는 세계화의 상징 같은 음식입니다. 햄버거의 세계화를 이끈 다국적 기업 맥도날드는 제조 과정을 표준화해서 세계 어디에서나 똑같은 맛의 햄버거를 먹을 수 있게 했지요. 하지만 맥도날드도 특정 국가와 특정 문화권에서는 그 지역에서만 판매하는 특별한 메뉴를 만들기도 합니다. 우리나라의 불고기 버거, 일본의 데리야끼 소스가 들어간 돼지고기 패티 버거 등이 대표 사례입니다. 또 돼지고기를 먹지 않는 이슬람 지역과 소고기를 먹지 않는 인도의 힌두교도가 사는 지역에서는 그에 적합한 메뉴를 만들어 판매하는 현지화 전략을 쓰고 있습니다.

현지화를 뜻하는 글로컬라이제이션glocalization은 '세계화globalization'와 '지역화localization(지방화)'를 합성한 용어로 세방화世方化라고도 합니다. 즉, 현지화 전략은 세계화를 추구하면서도 각 지역의 고유한 의식, 문화, 기호, 행동 양식 등을 존중하는 전략입니다. 이를 통해 세계화와 지역화의 효과를 동시에 활용할 수 있습니다.

최근 우리나라의 사례를 보면 성공적이고 모범적인 현지화 전략이 어떤 것인지 알 수 있습니다. 바로 우리나라를 대표하는 K팝 그룹인 방탄소년단의 사우디아라비아 공연 사례입니다. 방탄소년단은 수도 리야드 현지 스타디움에서 공연한 최초의 해외 가수라는 기록을 세웠습니다. 세계화의 상징이기도 한 방탄소년단이 공연했다는 사실은 그동안 이슬람권을 제외한 국가에 대해서는 상당히 폐쇄적인 모습을 보인 사우디아라비아의 개방과 개혁이라는 변화를 상징적으로 보여 준 사건이기도 합니다.

사우디아라비아는 국민의 대부분이 이슬람교를 믿는 국가입니다. 그래서 이날 공연장을 찾은 여성 관객의 70퍼센트 이상이 이슬람 전통 복식인 니캅niqab, 히잡hijab, 차도르chador 등을 쓰고, 목부터 발목까지 가리는 검은색 아바야abaya 차림이었습니다. 방탄소년단도 이런 종교 문화의 특수성이 뚜렷한 지역에서 공연하기 위해서 다양한 측면을 고려해야 했습니다.

현지화 전략의 바탕에는 각 지역의 고유한 의식, 문화, 기호, 행동 양식 등에 대한 존중이 깔려 있어야 합니다.

실제로 공연을 준비하고 진행하는 과정 곳곳에서 방탄소년단의 사우디아라비아 종교 문화에 대한 세심한 배려가 돋보였습니다. 관객의 70퍼센트 이상이 무슬림(이슬람교 신자)인 여성 팬을 위해 공연장 곳곳에 기도실과 카펫을 마련해 두었지요. 무슬림들은 하루 다섯 번 메카를 향해 기도하는 엄격한 종교 의무를 지켜야 하므로 이 점을 적극적으로 반영한 것입니다. 또 네 번째 기도 시간인 17시 31분이 되었을 때는 리허설을 중단하는 등 곳곳에서 종교 문화를 존중하는 모습을 보여 주었습니다. 공연 시작도 기도 시간을 고려해 진행되었습니다. 마지막 19시 1분 기도를 마치고 팬들이 마음껏 공연을 즐길 수 있도록 19시 30분부터 공연을 시작하도록 계획한 것이지요. 우리나라 여성 스태프 역시 공연 내내 아바야를 입으며 현지 문화를 존중하는 모습을 보여 주었습니다. 공연 안무에서도 현지 문화에 대한 배려가 느껴졌는데 방탄소년단은 평소와 달리 복근 노출 등을 자제하고 일부 안무를 수정하기도 했어요. 또 멤버들은 기본적인 아랍어를 익혀 인사를 하는 등 팬들과 소통하려는 모습을 통해 감동을 주기도 했습니다. 이렇게 사우디아라비아에서 열린 방탄소년단 공연은 다양한 측면에서 무슬림과 이슬람교 문화를 배려한 현지화 전략 덕분에 모범적인 사례로 남게 되었습니다.

전통 축제

지리가 축제 문화를 만들었다고?

세계 각지에서 열리는 축제 문화는 국가나 지역의 자연, 인문 환경, 지역 특산물을 토대로 시작된 것이 많습니다. 그래서 그 지역의 오래된 축제를 보면 지리적 배경을 알 수 있습니다.

자연적 특성에 기초한 대표적인 축제에는 스웨덴의 하지 축제와 러시아의 백야 축제가 있습니다. 북유럽에 속한 스웨덴은 국토의 대부분이 북위 60도 이상에 위치하기 때문에 겨울이 길고 1년 중 절반은 아주 긴 밤을 보내야 하는 지역입니다. 반면 6월 하순경이 되면 오전 2시에 날이 밝아지고 나서 해가 무려 20시간이나 떠 있는 시기도 있습니다. 그중 해가 가장 길어지는 6월 20일 전후에 스웨덴의 가장 큰 축제인 하지 축제가 열립니다. 축제가 가장 성대하게 치러지는 곳은 수도 스톡홀름입니다. 전야제를 시작으로 본격적인 축제가 시작되면 화려한 전통 의상을 차려입은 사람들이 모여 전통 놀이와 문화 공연을 즐깁니다.

한편 러시아의 제2 도시인 상트페테르부르크는 러시아의 도시 중에서 유럽과 가장 가깝고, 과거 러시아의 수도였던 만큼 다양한 볼거리가 많은 곳으로 유명합니다. 그러나 이 도시가 세계적으로 유명해진 것은 매년 6월 중순에 열리는 백야 축제 덕분입니다. 해마다 6월 중순이 되면 도시 전체에서 축제가 진행됩니다. 축제 분위기가 한껏 고조되면 발레, 오페라 등 세계적으로 명성이 높은 공연이 열려 여행객들의 관심을 끕니다.

백야 축제는 6월 20일 하지 무렵 러시아 제2의 도시 상트페테르부르크에서 열립니다.

　오랜 역사를 바탕으로 하는 축제 중에는 지역의 종교, 역사 등의 문화를 주제로 열리는 것도 많습니다. 세계 3대 축제로도 유명한 브라질의 리우 카니발Rio Carnival은 세계적인 문화 축제입니다. 매년 2월 브라질의 리우데자네이루에서 열리는 리우 카니발은 대륙 간 인구 이동에 따른 문화의 융합으로 탄생한 축제입니다. 리우 카니발이 포르투갈에서 브라질로 건너온 사람들의 카니발canival(가톨릭의 금욕 기간인 사순절을 앞두고 즐기는 축제)과, 아프리카에서 노예로 팔려 온 아프리카 흑인들이 전통적인 삼바 음악에 맞춰 춤을 추며 고향을 떠난 슬픔을 달랬던 전통이 합쳐져 생겨났기 때문이지요. 카니발은 원래 매년 2월 말부터 3월 초 사이 전 세계 가톨릭교 문화권에서 열리는 중요한 행사입니다. 그런데 이 문화가 전파된 남반구의 브라질은 2월이 여름이므로 리우 카니발을 보면 북반구의 카니발과는 달리 유독 여름철 태양 같은 정열을 느낄 수 있는 것이랍니다.

　이 밖에도 지역 특산품을 주제로 한 축제도 많습니다. 대표적인 축제로는 프랑스 망통의 레몬 축제, 네덜란드의 쾨켄호프 꽃(튤립) 축제, 스페인의 부뇰에서 열리는 라 토마티나 축제가 있지요. 그 지역의 기후가 만든 특산물을 잘 활용해 세계적인 축제로 발전시킨 사례들입니다. 여행을 할 때 그 지역의 축제에 직접 참여해 즐기는 것도 좋은 방법입니다. 특히 축제의 지리적 배경과 의미 등을 이해하면 더욱 의미 있는 여행을 할 수 있을 겁니다.

문화 공존

다문화 국가 뉴질랜드의
화합과 공존의 비결은?

2023년에 오스트레일리아와 뉴질랜드에서 공동 개최한 국제축구연맹(피파FIFA) 여자 월드컵에서는 대한민국을 비롯한 32개 참가국 국기 외에도 추가로 걸린 깃발이 있었어요. 바로 개최국의 원주민 문화에 대한 존중과 연대를 표시하기 위해 내건 뉴질랜드의 마오리족 기와 오스트레일리아 애버리지니 기였지요. 더불어 대회가 진행되는 동안 개최 도시에서는 원주민 언어를 사용하며 이들의 전통문화를 알리기도 했습니다.

뉴질랜드는 한 국가 내에서 다양한 문화들을 인정하고 존중하는 다문화주의를 표방하는 대표적인 국가입니다. 전체 인구가 500만 명밖에 되지 않지만 120개 민족이 한데 어우러져 사는 다문화 사회예요. 다문화 사회란 인종, 종교, 문화가 다양한 사람들이 함께 어우러져 살아가는 사회를 말합니다. 또한 다문화주의는 세계화가 진행됨에 따라 단일한 민족 국가들이 가지고 있는 다양한 문화를 서로 인정하고 교류하기 위해 여러 문화를 존중하고자 하는 태도나 정책입니다.

하지만 뉴질랜드가 처음부터 지금과 같은 평화와 공존을 이룬 것은 아닙니다. 신대륙의 많은 지명이 그렇듯 '뉴질랜드'라는 나라 이름에도 유럽인들의 신대륙 개척 역사가 반영되어 있지요. 뉴질랜드는 마오리족이 '흰 구름이 길게 드리운 곳'이라는 뜻의 '아오테아로아Aotearoa'라 불렸던 땅이었어요. 하지만 1840년부터 영국의 식민지가 되면서 마오리족과 그 땅은 위기에 처했습니다. 당시 12만 명 규모였던 마오리

뉴질랜드 럭비 국가 대표팀 올 블랙스가 경기 전에 추는 춤인 하카는 문화 공존과 화합을 상징합니다.

족 인구는 영국과 전쟁을 치르고 전염병이 퍼지면서 4만 2,000명 수준까지 급격히 줄어들기도 했어요.

다행히 뉴질랜드 정부와 마오리족이 대화하고 노력하면서 마오리족 인구는 다시 늘어나 현재는 뉴질랜드 전체 인구 500만 명 중 13퍼센트를 차지하고 있어요. 또 뉴질랜드는 영어와 마오리어를 모두 공용어로 채택하고 있습니다. 이런 노력과 화합의 의지를 반영하듯 뉴질랜드를 상징하는 색은 검은색입니다. 모든 색을 다 섞으면 나타나는 검은색은 다민족 국가인 뉴질랜드의 화합과 단결을 상징합니다.

뉴질랜드 국민에게 열광적인 인기를 얻고 있는 럭비 국가 대표 팀을 '올 블랙스 All Blacks'라고 부르는 이유도 유니폼 색이 모두 검은색이라는 점 때문이지요. 또 올 블랙스는 항상 경기 전 '하카haka'를 추는 것으로도 유명합니다. 하카는 마오리족 전사들이 전쟁을 앞두고 추는 춤으로, 눈을 크게 부릅뜨고 큰 소리를 내며 혀를 내밀어 힘과 용맹함을 과시하지요. 지금은 다민족으로 구성된 뉴질랜드의 화합을 상징하는 춤이 되었답니다.

우리나라도 빠른 속도로 다문화 사회가 되고 있어요. 앞으로 우리나라도 다양한 문화가 평화롭게 공존하는 건강한 다문화 사회로 발전하기 위해서는 뉴질랜드처럼 배려와 관용의 태도가 꼭 필요합니다.

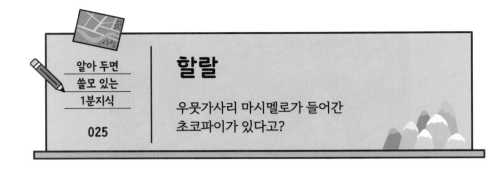

할랄

우뭇가사리 마시멜로가 들어간
초코파이가 있다고?

음식 문화에 영향을 주는 인문·사회적 요인으로는 종교, 관습, 세계화 등이 있습니다. 그중에서 종교는 한 국가나 지역의 음식 문화에 가장 큰 영향을 주지요. 특정 지역에 생긴 금기 음식은 생존을 위해 자연환경에 적응하는 방식으로 시작되었지만, 점차 종교적 교리와 전통적 관습으로 자리 잡은 경우가 많습니다. 실질적으로 척박한 자연환경일수록 음식에 대한 금기가 강한 편이지요. 왜냐하면 주변에서 얻을 수 있는 음식 재료가 한정되어 있을 뿐만 아니라 가축을 기르기 위해 사람들과 먹을 것을 두고 경쟁하지 않아야 하기 때문입니다. 결국 어떤 음식을 먹는지는 생태적 환경과 이에 영향을 받은 사람들의 가치관에 따라 결정되는 것입니다.

세계화 시대에 국경을 뛰어넘어 교류되는 음식도 종교 문화의 특성에 따라 변형되기도 합니다. 돼지 젤라틴 대신 우뭇가사리로 만든 마시멜로를 넣은 초코파이, 소고기 분말 대신 콩 단백질로 만든 스프를 넣은 라면, 알코올 성분이 나오지 않도록 숙성한 김치의 공통점은 무엇일까요? 모두 할랄haral 인증을 받았다는 점입니다. 할랄 식품이 무엇이기에 일반 식품과는 다른 식재료로 만들어지는 걸까요?

할랄은 아랍어로 '허용된 것'이라는 뜻으로, 이슬람 율법에서 허용한 제품을 의미합니다. 반대는 '허용되지 않은 것'이라는 뜻의 하람haram이지요. 무슬림은 할랄 식품만을 먹어야 한다는 율법의 내용을 철저히 지키는 편입니다. 할랄 식품은 품목뿐만

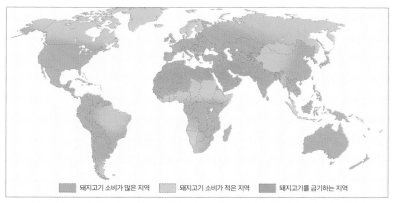

돼지고기 소비가 많은 지역　　돼지고기 소비가 적은 지역　　돼지고기를 금기하는 지역

돼지고기 선호도에 따른 지역 구분도로, 돼지고기를 금기하는 지역과 이슬람권이 거의 일치합니다.

아니라 식재료의 생산부터 이동, 가공, 조리에 이르는 모든 과정을 규제합니다. 그래서 동물인 경우에는 기르고 도축하는 모든 과정에서 할랄 방식을 따라야 하지요.

이슬람교와 더불어 종교 금기 음식 문화를 엄격하게 지키는 유대교도 많은 제약 사항이 있어요. 두 종교의 음식 금기 내용은 다른 점도 많지만 돼지를 불결한 동물로 여기며 먹기를 꺼리는 것은 같습니다. 그 이유는 두 종교가 발생한 서남아시아의 환경과 연결지어 생각해 보면 이해가 쉽습니다.

서남아시아의 덥고 메마른 기후와 생활 방식으로 보아 돼지는 가축으로 기르기에 부적합한 동물입니다. 또 예부터 이 지역에 살았던 사람들은 고온 건조한 환경에서 쉽게 부패하는 돼지고기를 먹으면 식중독에 걸리기 쉽다는 사실도 알았을 것이고, 유목 생활을 하면서 정착성 가축인 돼지를 사육하는 일이 버거웠을 거예요. 그래서 『쿠란』(『코란』)에 돼지와 관련된 금기 내용은 이 지역에 살았던 사람들의 경험이 반영된 결과로 볼 수 있어요. 그래서 유대교 식생활 지침인 '코셔kosher'에도 돼지는 먹지 말아야 할 동물로 분류해 놓았습니다. 두 종교가 탄생한 지역의 공통적인 자연환경이 이처럼 비슷한 음식 금기 문화를 만든 것으로 볼 수 있습니다.

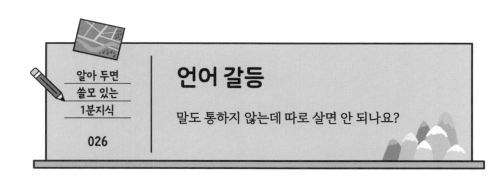

언어 갈등

말도 통하지 않는데 따로 살면 안 되나요?

언어는 지역이나 집단을 구분하는 가장 기본적인 문화 요소 중 하나입니다. 그래서 서로 다른 언어는 갈등을 일으키는 원인이 되기도 하지요. 더군다나 언어 갈등이 일어나는 지역은 대개 인종과 민족의 차이, 영역을 둘러싼 갈등, 지역 간 경제적 격차 등이 복합적으로 작용하는 경우가 많습니다. 인도와 나이지리아 등의 국가는 여러 언어를 사용하기 때문에 사회 통합과 국가 발전이 더딘 대표적인 나라입니다. 또 벨기에나 캐나다의 퀘벡주는 언어 갈등으로 분리 독립 운동까지 일어나는 지역이지요.

먼저 유럽에서도 가장 심각한 언어 갈등이 일어나는 지역인 벨기에부터 살펴보겠습니다. 3세기 이전, 지금의 벨기에 지역에는 주로 프랑스어를 쓰는 켈트족이 살고 있었어요. 하지만 3세기 무렵 네덜란드어를 쓰는 프랑크족이 침범하면서 켈트족은 남쪽으로 밀려나게 되었지요. 이때부터 벨기에의 북부 지역에서는 네덜란드어, 남부 지역에서는 프랑스어를 주로 사용하게 된 것입니다.

두 지역의 갈등은 지역 간 경제적 격차가 벌어지면서 더 심각해졌습니다. 전통적으로 북부의 플랑드르 지방은 상공업, 남부의 왈롱 지방은 농업과 광산업이 주요 산업입니다. 이 때문에 산업화 이후 급속한 경제 성장을 이룬 북부와 그렇지 못한 남부 지역의 경제적 격차가 더 커졌고 이에 따라 언어 갈등도 심화되었습니다.

벨기에 정부는 1970년 이후부터 네 차례의 개헌을 통해 지방 자치를 확대해 남북 간의 대립을 해소하려 노력하고 있습니다. 하지만 2011년에는 언어 갈등에서 비롯된 정치 갈등이 빚어지면서 세계 최장 기간인 541일 동안 무정부 상태가 지속되기도 했습니다. 이후에도 첨예하게 대립하는 지역 갈등은 좀처럼 사그라들지 않고 있습니다.

벨기에는 언어의 차이에서 시작된 갈등에 경제적 차이로 인한 갈등이 더해져 국가의 분리, 독립을 요구하는 시위가 일어나는 등 지역 갈등이 심화하고 있습니다.

한편 캐나다의 퀘벡주도 대표적인 언어 갈등 지역입니다. 캐나다가 탄생하기 전 퀘벡에 처음으로 도착한 나라는 프랑스였습니다. 1608년의 일이었지요. 이후 퀘벡을 두고 프랑스와 영국 간에 치열한 쟁탈전이 계속되다가 프랑스가 패배한 후 1736년 파리조약을 맺으면서 영국령이 되었습니다. 이로 인해 프랑스는 캐나다에서의 모든 권리를 영국에게 빼앗겼지만 퀘벡의 프랑스인들은 영국 정부에 계속 대항했지요.

이후에도 퀘벡의 프랑스인들은 언어, 종교, 풍습 등 모든 면에서 영국에 쉽게 동화되지 않았습니다. 마침내 1774년에 제정된 퀘벡법에 따라 프랑스인의 문화를 보호받을 수 있게 되었지요. 지금도 퀘벡주의 인구는 프랑스계 주민이 다수를 차지하며 주민의 대부분은 프랑스어를 사용합니다. 또 여전히 퀘벡주는 영국계가 다수인 캐나다로부터 분리, 독립하려는 강한 의지를 보이고 있습니다. 실제로 퀘벡주에서는 1980년과 1995년에 분리, 독립을 결정하는 주민 투표가 시행되기도 했어요. 결과는 두 번 모두 근소한 차이로 독립을 반대하는 표가 많아 퀘벡주는 캐나다의 영토로 남아 있습니다. 하지만 여전히 분리, 독립의 불씨는 강하게 살아 있습니다.

전통 가옥

집 형태만 봐도
어느 지역인지 알 수 있다고?

지금 우리나라는 도시화율이 높아서 대부분의 사람이 도시에서 아파트 같은 서양식 건축물에 살고 있습니다. 그래서 아파트의 겉모습만 보면 어느 지역에 있는 집인지 알 수 없지요. 하지만 전통 가옥은 건축 양식에 해당 지역의 기후, 지형, 식생, 문화적 특성 등 다양한 요소가 건축 양식이 반영되어 있어 지역성이 잘 드러납니다.

우리나라의 전통 가옥 구조와 재료에는 계절풍의 영향을 받아 연교차가 큰 기후에 적응하기 위한 특성이 잘 반영되어 있습니다. 여름철 무덥고 습한 남동, 남서 계절풍의 영향이 큰 남부 지역으로 갈수록 가옥 구조가 개방적입니다. 한편 우리나라 남부와 중부 지역의 전통 가옥에는 무더위에 대비하기 위해 바람이 잘 통하고 지면으로부터 습기를 차단할 수 있도록 대청마루를 설치한 곳이 많습니다. 또 지붕과 천장 사이에 빈 공간을 두어 지붕의 열기가 방으로 전달되는 것을 막는 장치도 해두었지요.

우리 조상들은 차가운 북서 계절풍을 막기 위해 산을 등지는 배산임수 지역의 햇볕이 잘 드는 남향집을 선호했습니다. 아파트도 같은 이유로 남향집이 인기가 많지요. 한편 겨울철 추위에 대비해 대부분 지역의 전통 가옥에는 난방 시설인 온돌을 설치하기도 했습니다. 우리나라는 남북으로 길게 생겼기 때문에 대륙에 가까운 북부 지방으로 갈수록 가옥 구조가 더 폐쇄적입니다. 특히 겨울이 매우 추운 관북 지방에서는 방을 겹으로 배치해 열 손실을 줄이는 구조를 택했지요. 눈이 많이 내리는 호남 지방에서는 가옥의 처마 끝을 따라 까대기를 설치해 강풍과 대설에 대비했습니다.

기와집의 지붕 처마는 나무 기둥이 비에 젖어 썩지 않게 막아 주고 여름철 강한 햇빛이 집안으로 들어오지 않게 해줍니다.

최다설지(눈이 가장 많이 오는 곳)인 울릉도에서는 전통 가옥에 우데기를 설치해서 눈이 많이 쌓였을 때 생활 공간을 확보할 수 있는 지혜를 발휘했습니다.

전통 가옥은 특히 지붕의 재료와 구조에 그 주변 지역의 농업 형태나 식생이 잘 반영되어 나타납니다. 벼농사를 주로 짓는 곳에서는 볏짚을, 산간 지역에서는 나무 껍질이나 억새를 엮어 지붕의 재료로 사용했습니다. 1년 내내 강한 바람이 부는 제주도에서는 바람의 저항을 줄이기 위해 지붕의 경사를 낮고 완만하게 만들고 지붕을 줄로 그물망처럼 단단히 엮어두었어요. 신분이 높은 사람들이 살았던 기와집은 지붕 처마의 경사를 이용해 집안으로 들어오는 햇빛을 조절하도록 과학적으로 설계되었지요. 기와집의 지붕 처마는 나무 기둥이 비에 젖어 썩지 않게 막아 주고 여름철 강한 햇빛이 집안으로 들어오지 않게 해 주었습니다. 여름뿐만 아니라 남중 고도(자오선 고도)가 낮은 겨울에는 햇빛이 집안으로 들어와 따뜻하게 지낼 수 있도록 계산해서 기와의 처마 경사도를 결정했습니다. 또 부드럽게 휘어진 지붕의 처마는 사이클로이드 cycloid 곡선의 원리를 적용해 여름철에 집중되는 많은 빗물을 빠르게 흘러보내 지붕의 누수나 침수를 방지할 수 있었습니다.

이렇듯 전통 가옥을 통해 오랫동안 한 지역에서 살아온 사람들이 환경에 적응하기 위해 발휘한 지혜와 지역의 고유한 문화를 엿볼 수 있답니다.

예루살렘

평화의 도시는 왜
세계 분쟁의 중심지가 되었을까?

2023년 10월 팔레스타인 무장 단체인 하마스Hamas가 이스라엘에 대한 공습을 단행
했습니다. 최근까지도 하마스와 이스라엘의 격한 대립으로 많은 사람이 희생되는 비
극이 계속되고 있지요.

그러면 도대체 하마스는 어떤 단체이며 이스라엘과 하마스는 왜 서로 잔인한 인
질극과 공격을 멈추지 않는 것일까요? 아랍어로 '이슬람 저항 운동'을 뜻하는 하마스
는 1987년 창설된 반反이스라엘 단체입니다.

이슬람교를 믿는 팔레스타인인(아랍인)과 유대교를 믿는 유대인 간의 갈등은 오래
전부터 있었습니다. 2세기경 로마제국이 기원전부터 유대인들이 살고 있던 지역에
쳐들어와 유대인을 쫓아내고 블레셋Philistia(해양 민족 이름)의 땅이라는 의미로 '팔레스
타인'이라고 이름을 붙였어요. 이후 유대인들은 1800년이 넘도록 전 세계를 떠돌며
살게 되었죠. 그러다 19세기 후반부터 유대인들이 민족 국가 건설을 위해 팔레스타
인 지역에 독립 국가 건설을 추진하려는 시오니즘 운동을 벌이기 시작했습니다. 문
제는 유대인이 이미 너무 오래전에 팔레스타인을 떠났다는 것입니다. 유대인이 떠난
자리에 지금의 팔레스타인 사람들이 터를 잡아 살고 있었습니다. 당연히 이들은 유
대인 이주에 강력히 반발했지요. 특히 제2차 세계 대전 중 영국이 아랍인과 유대인
에게 이중 약속을 하면서 아랍인들은 더욱 분노할 수밖에 없었습니다.

유대인과 아랍인 사이의 갈등이 점점 심각해지자 국제 연합United Nations, UN은

예루살렘은 유대교, 기독교, 이슬람교 등 많은 종교의 주요 사원과 성지가 있어 종교 간 갈등이 끊이지 않는 곳입니다.

1947년 아랍인과 유대인이 팔레스타인에 각자의 국가를 건설하는 방안을 채택했습니다. 1948년에는 유대인들이 팔레스타인에 이스라엘의 건국을 공식적으로 선포했죠. 결국 유엔의 중재안은 유대인에게만 이익이 되는 결론이었습니다.

그러자 땅을 빼앗긴 아랍인들과 주변 중동 국가들은 유대인을 몰아내기 위해 동맹을 맺고 전쟁을 선포했어요. 그렇게 중동의 아랍 국가들과 이스라엘은 1979년까지 총 네 차례에 걸쳐 전쟁을 벌이게 되었습니다. 이후 이스라엘과 팔레스타인 간의 전쟁은 여러 차례 계속되었고, 특히 2007년 이스라엘 내 팔레스타인 자치 구역인 가자 지구에서 반이스라엘 무장 단체 하마스가 집권하면서 상황이 악화되었지요. 이후 팔레스타인 무장 단체가 민간인을 공격하는 등 무력 충돌이 빈번히 발생했습니다. 이스라엘도 이에 맞대응하면서 역사적 불행은 지금도 반복되고 있지요.

특히 이스라엘에는 '평화의 도시'라는 의미를 지닌 도시 예루살렘이 있습니다. 이 도시는 유대교, 기독교, 이슬람교 등 많은 종교의 주요 사원과 성지가 있습니다. 이러한 예루살렘의 종교적 의미 때문에 유대인과 아랍인 모두 물러서지 않고 분쟁을 이어가고 있습니다.

중동, 이슬람, 아랍

이란, 튀르키예, 인도네시아의
공통점과 차이점은?

중동, 이슬람, 아랍 사이에는 명확한 연관성이 있습니다. 하지만 그 의미를 자세히 살펴보면 각기 다른 기준에 따라 정의되는 개념이며, 이 용어들은 경우에 맞게 적절하게 사용해야 함을 알 수 있습니다.

먼저 중동이라는 개념은 주로 지리적인 의미로 사용됩니다. 지역의 개념은 역사적, 문화적, 정치적 상황에 따라 달라지듯 중동 지역의 개념도 시대마다 약간씩 다르게 해석되었습니다. 일반적으로 '중동 지역'은 지중해의 동쪽 연안과 그 주변 지역, 모로코에서 아라비아반도, 이란에 이르는 지역입니다. 참고로 근동, 중동이란 명칭은 유럽인이 동양을 구분하기 위해 유럽에 가까운 쪽을 근동, 먼 쪽을 중동으로 부르면서 비롯되었습니다.

이슬람 지역은 이슬람교를 믿는 지역을 말합니다. 이슬람교는 7세기 초, 무함마드가 절대 유일신 알라의 계시를 받아 창시한 종교입니다. 현재 이슬람교는 세계에서 두 번째로 많은 신자를 보유하고 있으며, 전 세계 인구의 23퍼센트에 해당하는 약 18억 명이 무슬림이지요. 게다가 이슬람교는 빠르게 전 세계로 확산되고 있습니다. 지금도 중동 지역에는 여러 이슬람 국가가 밀집되어 있어 중동과 이슬람을 동일시하는 경우가 많습니다. 하지만 과거 이슬람 상인들의 활발한 무역 활동으로 이슬람교가 전파된 남부아시아의 인도, 방글라데시, 파키스탄, 동남아시아의 말레이시아, 인도네시아, 브루나이에도 이슬람교 신자가 많습니다. 즉 중동 지역 전체에 이슬람교가 분

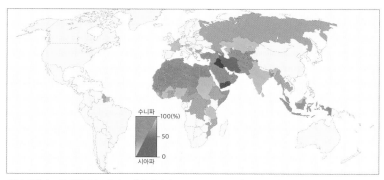

수니파
100(%)
50
0
시아파

이슬람교는 정복 전쟁과 교역 활동을 통해 빠르게 확산되어 중동은 물론 북부 아프리카, 남부아시아와 동남아시아에도 분포합니다.

포하는 것도 아니며, 반대로 이슬람교가 중동 지역에만 분포하는 것도 아닙니다.

아랍 지역은 아랍어를 사용하는 공동체를 가리킵니다. 즉 언어가 주된 기준이 되는 셈이죠. 또 7세기 이전의 아랍 지역은 주로 아라비아반도 지역을 의미했지만 지금은 이슬람교가 확산한 중동과 그 인근의 이슬람 문화권을 통틀어 가리키기도 합니다. 실제로 중동에 속한 많은 국가가 아랍어를 사용하고 있으며, 아랍 문화는 이슬람교와도 밀접히 관련되어 있습니다. 이슬람교는 정복 전쟁이 활발하게 벌어지는 과정에서 아라비아반도는 물론 북아프리카와 서남아시아 전역에 세력을 떨쳤습니다. 그리고 이슬람교 경전인 『쿠란』에 적힌 언어인 아랍어를 공용어로 정착시키는 데 주력하며 이를 받아들인 지역을 '아랍'으로 정의했지요. 예를 들어 이집트에 이주한 아랍인은 소수였지만 이 지역에 아랍 문화를 전파해 이집트인마저도 아랍인으로 바꾸어 버렸습니다. 갈수록 아랍인이 늘어나자 자신이 어느 민족 집단에 속해 있느냐보다는 이슬람교를 믿는 자가 아랍인이라는 의식이 퍼지기 시작했어요.

하지만 예외는 있습니다. 예를 들어 이란은 전통적으로 인식되는 중동에 속하며, 종교적으로도 이슬람교 지역에 해당합니다. 하지만 주민의 50퍼센트 이상이 페르시아계이며, 주로 페르시아어를 사용해 아랍 지역에는 포함되지 않습니다. 튀르키예 또한 중동 지역에 속하고 이슬람교 국가이지만 전통 언어인 튀르키예어를 사용하지요.

다문화 사회

다문화 사회가 되면 어떤 변화가 생길까?

2024년 대한민국이 맞닥뜨린 중요한 변화 중 하나는 바로 다문화 사회가 된 대한민국입니다. 학계에서는 전체 인구에서 외국인 거주자의 비중이 5퍼센트를 넘으면 다문화 사회에 진입한 것으로 봅니다. 이 기준에 따르면 우리나라는 2024년 '다인종·다문화 국가'로 진입했습니다.

사실 우리나라는 2000년대 전후로 해외 이주 노동자, 유학생, 다문화 가정과 다문화 가정의 2세, 외국 국적의 동포, 불법 체류 외국인을 포함해 다양한 외국인이 유입되면서 이미 다문화 사회로 변하고 있었습니다. 2019년에는 국제결혼 건수가 전체 결혼 건수의 10퍼센트를 넘어서기도 했지요. 즉 우리나라 신혼부부 열 쌍 중 한 쌍 이상이 다문화 가정이라는 의미입니다. 그래서 이미 일상생활에서 외국인을 만나는 일이 낯설지는 않습니다. 각종 방송 프로그램에서 한국 사람보다 한국말을 잘하는 외국인이 출연하는 일도 흔해졌습니다.

한편 다문화 사회로 변모하는 과정에서 다양한 국가별 이주민 공동체와 다문화 공간도 함께 증가하고 있습니다. 서울의 프랑스인이 모여 사는 서래마을, 일본인이 모여 사는 동부이촌동, 서울의 혜화동 필리핀 장터, 이태원동 이슬람 중앙 성원 마을, 광희동 몽골 타운 등이 대표적입니다. 또 경기도의 이태원이라 불리는 안산시의 원곡동은 다문화 사회의 모습을 잘 보여 주는 대표적인 공간입니다. 안산은 1970년대 초까지 농업 비중이 70퍼센트였지만 1976년 반월 국가 산업 단지가 들어서면서

연희동 화교 거리
대림동 차이나 타운
서대문구 종로구
중구
용산구 성동구
영등포구
구로구
서초구
가리봉동 연변 타운
이촌동 일본인 타운
이태원동 나이지리아 거리

헤화동 필리핀 거리
창신동 네팔 거리
광희동 몽골 타운
왕십리 베트남 거리
이태원동 이슬람 거리
프랑스 서래마을

서울에는 다양한 국가별 이주민 공동체와 다문화 공간이 있습니다.

공업 도시로 빠르게 변모한 곳입니다. 또 1990년대부터 외국인 근로자가 대거 유입되면서 원곡동에는 다양한 국적의 사람들이 만든 주거지가 형성되었지요. 원곡동의 '국경 없는 마을'은 그 이름처럼 러시아어, 중국어, 베트남어 등 세계 여러 언어로 쓰인 간판을 내건 음식점과 상점이 즐비합니다. 이런 환경 덕분에 안산시는 외국인 관련 행정이 전국에서 가장 발전한 곳이기도 합니다. 외국인 행정을 전담하는 외국인 주민 지원 본부와 안산 글로벌 다문화 센터를 통해 외국인들이 한국 사회에 적응할 수 있도록 돕고 한국어 교육, 생활 상담, 심리 정서 지원도 하지요.

그러면 다문화 사회가 된 대한민국에서는 어떤 변화가 나타날까요? 먼저 인력난을 겪고 있는 산업 분야에 인건비가 상대적으로 저렴한 노동력이 유입되어 지속적으로 경제가 성장할 것으로 기대할 수 있습니다. 또 우리 사회의 심각한 인구 문제인 저출생·고령화에 대한 대안이 될 수 있습니다. 또 다양한 문화적 자산 공유, 초국가적 네트워크 형성 등을 바탕으로 우리나라가 새롭게 성장할 수 있는 동력을 확보한다는 장점도 큽니다.

하지만 외국인 근로자와 국내 근로자의 일자리 경쟁, 외국인에 대한 사회적 편견과 차별, 다문화 가정 자녀의 정체성 혼란, 사회 부적응 등 여러 가지 갈등과 대립은 우리 사회가 잘 해결해 나가야 할 과제이기도 합니다.

스포츠 문화
_올림픽과 월드컵에서 지리를 배운다고?

스포츠는 현대인들에게 일상생활의 일부입니다. 사람마다 좋아하는 종목은 각기 다르겠지만 수백 개에 이르는 스포츠 종목 중 한두 개 정도에는 관심이 있을 겁니다. 다양한 스포츠를 직간접적으로 경험함으로써 다양한 문화를 접할 수 있는 좋은 기회를 얻기도 합니다.

어떤 스포츠 종목이 현대적 형태로 만들어지기까지는 나름의 사회화를 거치게 됩니다. 스포츠는 단순한 놀이에서 시작해 사회 구성원이 점차 제도화하는 과정에서 만들어진 하나의 문화이지요. 즉 스포츠는 문화의 한 형태이며 다양한 나라와 지역의 자연, 인문 환경을 드러냅니다. 특히 올림픽이나 월드컵 같은 세계적인 스포츠 행사를 통해 서로 다른 문화를 엿볼 기회를 가질 수 있습니다. 참가국의 국기, 시상대 위에서 울려 퍼지는 국가, 선수들의 유니폼에는 그 나라의 정체성과 문화가 함축되어 있습니다. 중계방송 해설가가 우리나라와 경기를 치르는 상대 국가에 대해 설명하는 도중에도 그 국가의 주요 특징들을 이해할 기회가 있지요.

또 스포츠를 통해 해당 국가의 전통과 문화를 읽어낼 수도 있습니다. 특히 한일전 같은 전통적인 라이벌전에서는 국가 간에 있었던 식민지 역사, 전쟁의 역사, 문화의 차이를 읽어낼 수 있습니다. 세계적인 축구 라이벌전인 레알 마드리드와 FC 바르

셀로나가 맞붙는 엘 클라시코El Clásico도 민족
과 언어, 문화, 경제 차이까지 겹쳐 작은 전쟁
이라고 불릴 정도이지요. 각국의 응원 문화에
서도 그 나라의 상징이 대거 동원되니 관심을
갖고 보면 상대 문화를 짧지만 강렬하게 경험
할 수 있습니다.

올림픽이나 월드컵 같은 세계적인 스포츠 행사는 다
양한 문화를 이해할 수 있는 기회가 됩니다.

한편 스포츠는 다른 종교 문화를 이해할
수 있는 계기가 되기도 합니다. 2018년 러시
아 월드컵 기간은 이슬람교의 금식 기간인 라
마단Ramaḍān(이슬람력으로 아홉 번째 달, 서양력으로는 매년 시기가 달라집니다)이 겹치면서 이슬람
문화를 엿볼 수 있었습니다. 라마단 동안 무슬림들은 일출부터 일몰까지 음식을 먹
을 수 없습니다. 이 때문에 러시아 상트페테르부르크에 베이스캠프를 차린 사우디아
라비아 선수들은 북반구 고위도 지역의 여름철 백야 현상 때문에 하루 18시간이나
금식을 해야 하는 처지에 놓이기도 했지요. 2022년 카타르 월드컵이 11월에 개최된
이유에는 5~6월에 월드컵이 열리면 여름철 극한 더위뿐만 아니라 라마단 기간과 겹
치는 문제도 있었기 때문입니다.

또 스포츠는 문화 전파와 세계화를 통해 보편성을 키워 나가며 지역화를 통해 변
형되기도 합니다. 이미 올림픽 정식 종목이 된 우리나라의 태권도와 일본의 유도는
스포츠의 세계화를 보여 주는 대표적인 사례이지요. 또 유도가 브라질에 전해져 주짓
수라는 새로운 형태로 발전한 것은 지역화의 좋은 예입니다. 이렇듯 스포츠는 세계
화와 지역화는 물론 각국의 문화를 이해할 수 있는 좋은 기회가 될 수 있습니다.

4장

인구와 지리

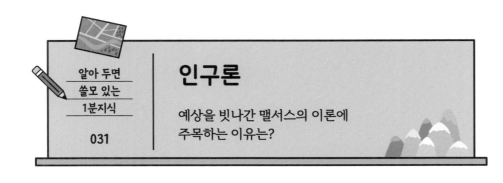

인구론

예상을 빗나간 맬서스의 이론에
주목하는 이유는?

매년 7월 11일은 유엔이 정한 세계 인구의 날입니다. 1987년 세계 인구가 50억 명을 돌파한 것을 기념해 제정된 날이지요. 이후 세계 인구는 1999년 60억 명을, 2011년에는 70억 명을 돌파해 2024년 현재 80억 명을 넘어섰습니다. 그런데 이렇게 늘어나는 인구에 대한 평가는 다양합니다. 인구 증가를 인간 문명 발전에 따른 긍정적인 현상으로 볼 수도 있습니다. 하지만 전 세계적으로 보았을 때 인구 증가는 그에 따른 환경 문제, 식량 부족 문제 같은 과제를 우리에게 던져 줍니다.

이미 18세기 말에 이런 과잉 인구와 자원 부족 문제를 우려한 사람이 있습니다. 바로 영국의 경제학자 토머스 맬서스Thomas Malthus입니다. 맬서스가 살았던 18, 19세기 당시 영국은 산업 혁명 이후 생산성이 급격히 높아지고 과학과 의학이 발달하면서 인구도 폭발적으로 증가하던 시기입니다. 영국 인구는 18세기 전까지는 100년마다 100만 명씩 늘어났지만 18세기 한 세기 동안에는 무려 300만 명이 늘어났을 정도였지요.

폭발적인 인구 증가를 직접 경험한 맬서스는 1798년에 발간한 『인구론An Essay on the Principle of Population』에서 인구는 기하급수적으로 늘어나지만 식량은 산술급수적으로 증가하기 때문에, 식량 생산성이 인구 증가 속도를 따라갈 수 없다고 주장했습니다. 그래서 인구가 과도하게 늘어나면 상당수의 인구는 식량 부족으로 빈곤과 질병, 기아에 시달리다 비참하게 죽게 될 것이라 예상했지요. 인구 증가에 대한 비관적

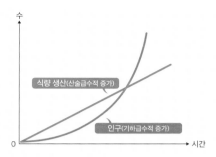

맬서스는 인구는 기하급수적(1, 2, 4, 8, 16…)으로 늘어나지만, 식량은 산술급수적(1, 2, 3, 4, 5…)으로 증가하기 때문에 식량 생산성이 인구 증가 속도를 따라갈 수 없다고 주장했습니다.

인 생각이 강했던 맬서스는 인구 증가를 '악의 근원이자 재앙'이라고 표현할 정도였습니다.

지금에 와서 보면 다행히도 맬서스의 극단적인 예측은 빗나갔습니다. 맬서스가 미처 고려하지 못한 두 가지 이유 때문이지요. 맬서스는 경제가 성장해서 사람들의 소득 수준과 교육 수준이 높아지고, 여성의 사회 진출이 증가하면 출산율이 낮아진다는 점을 예상하지 못했습니다. 또 과학 기술의 발전과 산업 생산성의 증가 속도가 인구 증가 속도를 넘어설 정도로 더 빠르게 성장하리라는 것도 예상하지 못했지요.

하지만 맬서스의 예측이 틀렸음에도 현재까지 그의 이론은 종종 언급되고 있습니다. 맬서스의『인구론』이 지금의 현실과 차이는 있지만 여전히 '인구가 급증하면 식량과 자원이 부족해지는 심각한 문제를 낳을 수 있다'는 교훈을 주기 때문입니다. 특히 인도와 중국 같은 인구 대국에서는 경제 발전과 함께 식량과 자원에 대한 수요가 증가하면 특정 자원이 급격히 부족해질 가능성이 높습니다. 실제로 기후 변화로 인한 식량 생산성 저하 문제가 세계 곳곳에서 나타나고 있지요. 비록『인구론』에서 주장한 맬서스의 예측은 틀렸지만, 오늘날 인류에게 지속 가능한 성장의 중요성을 깨닫게 해준다는 점에서 매우 중요한 의미를 갖고 있습니다.

히스패닉

미국에서 히스패닉 대통령이
나올 수 있을까?

미국의 총인구는 대략 3억 4,000만 명으로 세계에서 세 번째로 인구가 많은 국가입니다. 또 미국은 다양한 인종과 민족이 모여 이루어진 다문화 사회이며, 이는 미국이 형성된 역사적 배경과 밀접한 관련이 있습니다.

먼저 미국 전체 인구의 약 60퍼센트를 차지하는 유럽계 백인은 식민지 개척을 통해 대서양 연안 미국 동부 지역에 정착하기 시작해 현재는 미국 전역에 고르게 분포하고 있습니다. 전체 인구의 약 12퍼센트를 차지하는 아프리카계 흑인은 미국 동남부 지역의 플랜테이션plantation 농장에 강제 이주로 유입되기 시작했으며 현재도 그 주변 지역과 뉴욕 등 대도시에 거주하지요. 아시아계는 19세기 서부의 골드러시gold rush에 따른 노동자로 유입되었으며, 최근에는 태평양 연안 지역에 많이 거주합니다.

특히 히스패닉Hispanic 인구의 성장세는 미국 내 인구 구조와 인종 비율 변화에 큰 영향을 미치고 있습니다. 히스패닉은 미국에 거주하는 라틴 아메리카계 사람들을 가리키는 말로 '라티노Latino'라고도 합니다. 최근에는 인종과 관계없이 미국 내에서 스페인어를 모국어로 사용하는 모든 민족을 일컫는 말로 쓰입니다. 주로 멕시코에서 이주한 사람들이 많으며 멕시코와 접경 지역인 서남부 지역을 중심으로 집중 분포하지요.

미국 내 히스패닉 인구는 20세기 후반에서 21세기 초반에 매우 빠른 속도로 증가했습니다. 이는 멕시코를 비롯한 중앙아메리카와 남아메리카 지역 국가의 정치적인 불안이나 빈곤을 피해서 국경을 넘어온 불법 이민자들의 영향이 큽니다. 또 히스

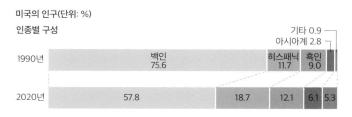

미국의 인구(단위: %)

인종별 구성

				아시아계 2.8 ┐	기타 0.9 ┐

1990년	백인 75.6		히스패닉 11.7	흑인 9.0	
2020년	57.8	18.7	12.1	6.1	5.3

미국 전체 인구에서 차지하는 히스패닉 인구의 비중은 점점 높아지고 있습니다.

패닉 사회는 가톨릭교 신자가 대부분이라 피임과 낙태를 꺼리는 성향이 강해 대체로 출산율이 높지요. 이로 인해 최근에는 히스패닉 인구 증가 요인 가운데 출산이 이민을 앞질렀습니다. 이렇게 최근 30년 사이 급속도로 증가한 히스패닉 인구는 2020년에 6,100만 명을 넘어섰습니다. 한때 미국 내에서 두 번째로 많은 인종은 아프리카계 흑인이었지만, 이제는 히스패닉이 전체 인구에서 약 20퍼센트를 차지하며 백인에 이어 2위로 올라섰지요. 그리고 이런 인구 비율은 2050년이면 미국 인구의 25퍼센트까지 증가할 것으로 예측됩니다.

6,000만 명이 넘는 히스패닉은 미국 경제 분야에서도 중요한 생산자이자 소비자입니다. 히스패닉 인구가 한 국가를 구성한다고 가정하면 미국 히스패닉의 국내 총생산gross domestic product, GDP 규모는 미국, 중국, 일본, 독일에 이어 세계에서 다섯 번째라고 하니 엄청난 생산력입니다. 아직 많은 인구가 저임금 노동자로 일하는 히스패닉의 중간 소득은 미국 평균보다 낮지만, 소득의 대부분을 소비하는 성향 때문에 중요한 소비자층으로 인식되고 있습니다.

정치 분야에서도 히스패닉의 영향력이 커지고 있습니다. 미국에서는 인구에 따라 연방 의원 의석수를 확정하고 지역 예산 할당 기준을 정합니다. 그래서 출신 국가별 인구수가 그대로 정치적 영향력으로 연결되지요. 이 때문에 정치 전문가들은 히스패닉 대통령의 탄생이 머지않았다고 전망하기도 합니다.

인구 분포

올림픽 순위는
어떤 기준을 적용해야 공정할까?

올림픽 종합 순위는 금메달 수나 전체 메달 수에 따라 정해집니다. 그런데 최근 인구 대비 메달 수로 올림픽 순위를 선정하는 사이트가 등장해 사람들의 관심을 끌었습니다. 예를 들어 2018년 평창 동계 올림픽에서 메달 수를 기준으로 하면 1위 국가는 노르웨이지만, 인구 대비 메달 수를 기준으로 했을 때 1위 국가는 동메달 1개를 획득한 리히텐슈타인이었습니다. 유럽의 작은 국가 리히텐슈타인의 전체 인구는 3만 8,000여 명밖에 안 되기 때문이지요. 반면 우리나라는 당시 6위(메달 수 17개)를 기록했지만 인구 대비 메달 수로는 15위로 내려갑니다.

위의 사례처럼 인구는 다양한 통계 지표의 기준이 됩니다. 이는 인구가 한 국가의 정치, 경제, 사회, 문화, 공간적 특성의 집약체이기 때문이지요. 특정 지역의 인구 특성은 인구의 분포, 이동, 구조 등을 통해 분석할 수 있습니다. 이 중에서도 인구 분포를 설명해 주는 익숙한 지표로 인구 밀도가 있습니다. 인구 밀도는 단위 면적당 살고 있는 인구수이며 보통 1제곱킬로미터 안에 있는 인구수로 나타내지요. 같은 면적의 땅에 거주하는 인구가 많으면 인구 밀도가 높고 거주하는 인구가 적으면 인구 밀도가 낮은 것입니다.

그런데 인구 분포는 왜 지역마다 차이가 날까요? 인구 분포에 영향을 미치는 요인으로는 기후, 지형, 토양 같은 자연적 요인과 정치, 경제, 역사 같은 인문·사회적 요인이 있어요. 세계 인구 분포는 산업화 이전에는 기후, 지형 등 자연적 요인의 영

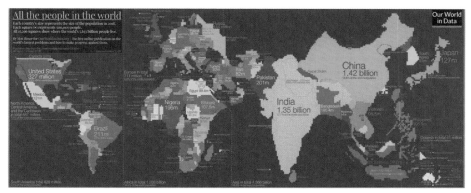

국가별 크기를 인구수에 비례해 표현한 세계 인구 왜상 통계 지도로, 세계 인구 분포를 한눈에 확인할 수 있습니다. (출처: ourworldindata.org)

향을 많이 받았지만, 최근에는 교통, 일자리 등 사회 경제적 요인의 영향을 더 많이 받고 있지요.

전통적으로 인구가 밀집한 지역은 보통 농업에 유리하거나 공업이 발달한 곳입니다. 세계의 대표적인 인구 밀집 지역은 중국 동남부, 인도차이나반도, 남부 아시아, 북서 유럽과 북아메리카 동부 지역 등이에요. 반면 극지방, 사막 등 인간 생활이나 농업, 경제 활동에 불리한 지역에는 상대적으로 인구가 희박하죠.

이러한 인구 분포를 한눈에 확인할 수 있는 대표적인 자료로 세계 인구 왜상 통계 지도(카토그램cartogram)가 있어요. 이 지도는 국가별 인구수를 기준으로 국가 크기를 표현한 지도라서 이름처럼 왜곡된 모양이 특징입니다. 먼저 중국, 인도를 비롯해 동남아시아 국가, 서부 유럽 국가 등은 국토 면적에 비해 인구가 많아 국가의 면적이 실제보다 크게 확대되어 표현되어 있어요. 이에 반해 아프리카와 오세아니아 대륙의 국가들이나 러시아, 캐나다 같은 국가들은 국토 크기에 비해 인구 규모가 작기 때문에 실제보다 훨씬 더 작게 표현됩니다. 이 지도만 잘 읽어도 그 나라의 인구 분포나 인구 밀도를 추론해 볼 수 있어 흥미로운 자료랍니다.

알아 두면
쏠모 있는
1분지식

034

인구 피라미드

2060년의 대한민국 인구 피라미드는
어떻게 변할까?

연령, 성별, 인종 같은 자연적 특성과 직업, 국적, 종교 같은 사회적 특성에 따라 인구 구성이 다르게 나타나는데, 이를 인구 구조라고 합니다. 인구 구조에는 성비로 파악하는 성별 인구 구조, 연령층으로 파악하는 연령별 인구 구조, 각 산업에 종사하는 비율로 파악하는 산업별 인구 구조 등이 있어요. 이런 다양한 인구 구조를 한눈에 알 수 있게 그린 그래프가 바로 인구 피라미드입니다. 인구 피라미드는 그래프가 마치 피라미드 모양 같다고 해서 붙여진 이름입니다. 이 그래프는 인구 구조의 기본이 되는 성별, 연령별 구조를 함께 나타내며 인구의 출생과 사망, 이동 등에 따른 인구 변동까지 쉽게 알 수 있도록 만든 것입니다.

보통 인구 피라미드의 세로축에는 연령을 1세 또는 5세 간격으로 그립니다. 가로축의 좌우에는 남녀의 연령별 인구수 또는 구성 비율을 배치합니다. 인구 피라미드는 같은 지역이라도 시간이 지나면서 인구 구성이 달라지므로 그 모양이 변하며, 피라미드형, 종형, 방추형, 별형, 표주박형으로 나눌 수 있습니다.

피라미드형은 출생률과 사망률이 모두 높거나 서서히 낮아지는 사회에서 전형적으로 나타나는 모양입니다. 오늘날 저개발국이나 산업화 초기의 개발도상국에서 볼 수 있는 유형이지요. 종형은 가족계획을 시행하거나 사회가 변함에 따라 출생률과 사망률이 낮아 평균 수명이 긴 선진국에서 나타납니다. 방추형은 종형의 인구 피라미드를 유지하던 출생률이 더욱 낮아져 나타나는 형태입니다. 방추형이 나타나는 국가

우리나라는 짧은 기간 동안 빠른 속도로 경제 발전과 산업화가 이루어졌기 때문에 인구 구조가 급격하게 변화했습니다.

의 사망률은 종형과 비슷하게 낮고 평균 수명은 더 긴 반면, 출생률이 더 낮아서 인구가 줄어드는 인구 감소형 사회로, 항아리형이라고도 합니다. 오늘날 유럽의 많은 국가를 비롯해 일본, 우리나라 등에서 나타나며, 이들 국가에서는 저출생, 고령화가 심각한 인구 문제입니다.

우리나라의 인구 피라미드는 1960년대까지만 해도 밑변이 넓은 피라미드형이었습니다. 그러다 1990년대 후반부터는 출생률과 사망률이 낮아지면서 인구 구조가 종형으로 변했으며 다시 방추형으로 변한 것이죠. 그 결과 중위 연령은 점차 높아지고 있으며, 이러한 추세가 지속되면 2060년경에는 노년층이 많은 역피라미드형 인구 구조가 나타날 것으로 예측됩니다.

반면 별형과 표주박형은 주로 인구의 사회적 이동으로 인해 형성되는 인구 피라미드 유형입니다. 별형은 인구 유입이 많은 도시에서, 표주박형은 전출이 많은 촌락에서 주로 나타나는 형태입니다. 이렇듯 전체 인구를 인구 피라미드로 보면 어떤 국가나 지역의 인구 구조를 한눈에 알 수 있으며, 앞으로 어떤 인구 문제가 발생할지 예상해 볼 수도 있습니다.

성비

대한민국의 출생 성비 불균형이
정상화되기 시작한 요인은?

우리나라는 한때 중국, 인도, 베트남, 대만, 홍콩, 알바니아, 아르메니아, 아제르바이잔, 조지아, 몬테네그로, 튀니지 등과 함께 남아 선호가 강한 12개 나라 중 하나였습니다. 이 나라들은 모두 태아 성 감별 기술이 개발되고 낙태가 가능해진 1970년대 이후부터 남아 출생이 여아 출생에 비해 급격히 늘어났지요. 이를 한눈에 볼 수 있는 지표가 성비입니다.

성비는 여성 100명에 대한 남성의 비율로 표시합니다. 예를 들어 성비가 1.05라면 여성은 100명, 남성은 105명이 있다는 의미입니다. 즉 성비가 100 이상이면 남초 현상, 100 이하면 여초 현상이 나타난다고 하지요. 그래서 성비를 통해 특정 지역이나 집단의 인구 구성과 성별의 불균형 정도를 파악할 수 있습니다. 성비는 특정 지역의 산업 구조, 문화적 가치와 성 역할, 가족계획 정책, 교육 수준, 여성의 사회적 지위, 전쟁이나 재해 등 다양한 요인에 따라 다르게 나타납니다. 이처럼 성비는 사회적, 문화적, 경제적인 요인들의 복잡한 상호 작용으로 결정되기 때문에 한 가지 원인만으로 설명하기는 어려운 지표입니다.

과거 우리나라는 남아 선호 사상이 강한 대표적인 국가였습니다. 이는 가문을 중요하게 여기는 유교적 가족관과 가족의 혈통을 이어 나가야 한다는 가부장적인 가치관이 영향을 미쳤기 때문입니다. 이 때문에 2000년대 초중반까지 출생 성비에서 극심한 남초 현상을 확인할 수 있었습니다. 출생 성비는 남아와 여아의 출생 비율을 비교한 성비로 보통 103~107 정도를 자연스러운 수치인 '자연 성비'로 봅니다. 그래서 출생 성비가 비정상적으로 높거나 낮다면, 성별 선택적 임신 중절, 사회적 문제 등이 발생하고 있는 신호라고 볼 수 있지요.

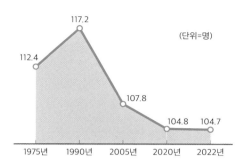

우리나라 출생 성비는 1990년대 이후 꾸준히 낮아져 정상화되고 있습니다.

이를 바탕으로 우리나라의 출생 성비를 살펴보면 1970년에는 109.5 명이었습니다. 이후 출생 성비는 점차 높아져 1975년 112.4명, 1990년에는 출생 성비가 117.18명까지 치솟았지요. 이에 정부에서는 '아들 바람 부모 세대, 짝꿍 없는 우리 세대' 같은 가족계획 표어를 내세워 성별 선택 출산을 지양하는 홍보를 하기도 했습니다. 그러나 2000년대 들어 이러한 경향이 확연히 줄어들면서 출생 성비도 자연 성비 수준이 되었어요. 이러한 변화에는 최근 몇십 년 동안 우리나라 여성의 사회적 지위 향상과 교육 기회 확대, 가족계획 정책, 가치관의 변화가 영향을 미친 것으로 분석됩니다. 최근에는 우리나라 사람들이 이제 여아를 더 선호한다는 설문 조사 결과가 보도될 정도로 성별에 대한 인식이 크게 변했습니다.

이렇듯 우리나라를 포함한 많은 국가에서 출생 성비가 자연 성비 상태로 회복되고 있지만 일부 국가에서는 여전히 남아 선호 사상이 남아 있습니다. 특히 중국과 인도, 베트남 등에서는 여전히 성비가 110 언저리로 나타납니다. 이 국가들에서는 높은 성비로 인해 결혼 적령기 남성의 결혼 문제가 발생하고, 이에 따라 전통적인 결혼 풍습에도 변화가 생기고 있다고 합니다.

지방 소멸

세계에서 가장 빨리 늙어가는 나라가
대한민국이라고?

오늘날에는 의학 기술의 발달로 사망률이 낮아지고 있고, 경제 수준이 향상되면서 위생과 영양 상태가 개선되어 기대 수명은 늘어나고 있습니다. 행정 안전부에서 발표한 '2023년 12월 31일 기준 주민 등록 인구 통계'에 따르면, 주민 등록 인구 통계를 집계한 이래 처음으로 70대 이상 인구(약 632만 명)가 20대 인구(약 620만 명)를 추월한 것으로 나타났습니다. 2050년에는 10명 중 4명(46.5퍼센트)이 65세 이상의 노년층 인구가 될 것으로 전망됩니다. 우리나라의 고령화는 전 세계에서 가장 높은 수준으로, 기대 수명 연장과 급속한 출산율 저하 현상이 겹치면서 그 어떤 곳보다 빠른 속도로 진행되고 있음을 알 수 있습니다.

고령화 수준은 어떻게 알 수 있을까요? 고령화 정도를 알 수 있는 수치로는 고령화율, 중위 연령median age, 노령화 지수, 노년 부양비 등으로 다양합니다. 먼저 고령화율은 전체 인구에서 65세 이상 인구(노년층)가 차지하는 비율을 뜻합니다. 고령화율이 7퍼센트 이상은 고령화 사회, 14퍼센트 이상은 고령 사회, 20퍼센트 이상은 초고령 사회로 구분합니다. 우리나라는 2025년부터 초고령 사회가 되었어요.

또 인구를 나이순으로 정렬했을 때 한가운데 있는 사람의 나이인 중위 연령으로도 고령화 수준을 쉽게 알 수 있습니다. 중위 연령이 높을수록 고령화 수준이 높은 사회이지요. 그래서 중위 연령은 보건, 의료 수준이 높은 선진국에서는 높게 나타나고 개발 도상국은 낮은 편입니다. 우리나라의 중위 연령은 2000년에 32세였으나

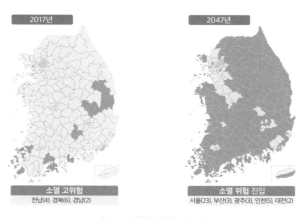

2017년	2047년
소멸 고위험 전남(4), 경북(6), 경남(2)	**소멸 위험 진입** 서울(23), 부산(3), 광주(3), 인천(5), 대전(2)

지방 소멸 위험 지역에 대한 전망

2015년에는 41.2세로 높아졌고 2050년에는 58.1세로 높아져 선진국 평균인 45.6세보다 무려 10세 이상 높을 것으로 예상됩니다.

한편 노년층 비율은 해당 지역의 사회 경제적 환경에 따라 다르게 나타나는데 도시보다 촌락 지역에서 더 높지요. 대부분의 촌락 지역에는 일자리가 부족하고 교육 환경이 열악하며 도시에 비해 사회 기반 시설이 잘 갖춰져 있지 않아요. 이런 이유로 산업화와 도시화가 본격적으로 시작된 이후 촌락의 많은 청장년층(15~64세)이 도시로 떠났지요. 청장년층의 전출은 촌락의 출생률을 급격하게 떨어뜨렸습니다.

우리나라 촌락 지역의 급격한 인구 감소와 저출생은 '지방 소멸'이라는 새로운 사회 문제를 발생시켰습니다. 지방 소멸은 지역 사회의 인구가 감소해 사회 기반 시설과 생활 서비스 공급 부족, 생활의 어려움 등으로 공동체가 제대로 기능하기 어려운 상태를 말합니다. 이러한 지방 소멸은 도서 산간 지역에 국한된 문제가 아닙니다. 중소 도시는 물론 광역 자치 단체에서도 벌써 시작된 현상입니다. 2047년에는 전국적인 소멸이 진행될 것이라는 예상도 있지요. 이제라도 고령화에 따른 사회 전반에 걸친 문제를 점검하고 지방 소멸에 대한 적극적인 대책을 마련해야 할 것입니다.

디아스포라

영화 〈미나리〉에 전 세계 사람들이
찬사를 보낸 이유는?

2021년에 개봉한 영화 〈미나리〉는 국내외에서 큰 주목을 받았습니다. 〈미나리〉는 미국에서 제작한 '미국 영화'이지만 골든글로브상 시상식에서 외국어 영화상을 수상하면서 인종 차별 논란이 일기도 했습니다. 영화 속 대사의 50퍼센트 이상이 외국어인 한국어로 되어 있다는 이유로 수상 분야가 분류되었지만 아쉬움이 남는 부분입니다.

〈미나리〉는 1980년대 미국으로 이민 간 한국인 가족이 농장을 운영하며 겪는 한국인 디아스포라Diaspora의 경험과 정체성을 다루고 있습니다. 디아스포라는 흩어진 사람들이라는 뜻으로, 한 국가에서 다른 국가로 이주한 사람들의 집단을 가리킵니다. 〈미나리〉의 내용도 미국으로 이주한 가족들이 새로운 환경에서 어려움과 갈등을 겪으며 미국 문화에 적응해 나가는 이야기입니다. 이민자의 나라 미국이기에 한국인뿐 아니라 여러 국가에서 온 이민자들에게 공감과 위로, 꿈과 희망을 전했습니다.

〈미나리〉의 내용처럼 두 지역 간의 인구 이동은 배출 요인과 흡인 요인으로 결정됩니다. 배출 요인은 인구를 다른 지역으로 이동하게 만드는 요소이며 낮은 임금 수준, 교육·문화·의료 시설 부족, 분쟁이나 전쟁 등이 있습니다. 반면 흡인 요인은 다른 지역으로부터 인구를 끌어들이는 요소이며 풍부한 일자리, 우수한 교육·문화 시설, 쾌적한 주거 환경 등이 있습니다. 인구 이동은 이주 기간에 따라 일시적 이동과 영구적 이동, 동기에 따라 자발적 이동과 강제적 이동, 공간 범위에 따라 국내 이동과 국제 이동으로 구분됩니다.

구분	유형
이동 기간	영구적·일시적·주기적·계절적 이동
이동 규모	개인·가족·집단·대중 이동
이동 동기	자발적·강제적·유도적·강요적 이동
이동 원인	경제적·정치적·사회적·종교적·문화적 이동

인구 이동의 유형

특히 인구의 국제 이동은 한 국가에서 다른 국가로 이동하는 것인데, 이는 정치, 경제, 종교, 문화, 환경 등 다양한 요인에 따라 이루어집니다. 과거 영국의 청교도들이 아메리카 대륙으로 이동한 것이 바로 종교적 요인으로 이루어진 사례입니다. 아프리카 원주민이 아메리카로 이동한 것은 강제로 이루어진 노예 무역의 결과였지요. 최근에도 종교 간 갈등과 정치적 박해, 전쟁과 환경 재앙을 피해 안전한 국가로 이동하는 난민 형태의 국제 이동이 나타나는 지역이 있습니다.

하지만 현재 인구의 국제적 이동은 경제적 요인으로 인해 이루어지는 경우가 많습니다. 교통의 발달과 세계화는 경제적 측면에서 이루어지는 인구의 국제 이동을 촉진합니다. 국제적 인구 이동의 경향을 대륙을 중심으로 살펴보면, 경제적인 조건이 유리한 지역으로 이동하는 임금 노동자의 국제 이동은 아시아에서 북아메리카로, 남아메리카에서 북아메리카로, 북부 아프리카에서 서남아시아와 유럽으로, 동유럽에서 서유럽으로 진행되고 있지요. 이는 상대적으로 임금 수준이 낮고 일자리가 부족한 개발 도상국에서, 임금 수준이 높고 일자리가 많은 선진국으로 이주한다는 경향을 보여줍니다. 영화 〈미나리〉를 보며 고달픈 이민자들의 삶에 공감하게 됩니다. 이제는 우리나라에도 여러 이유로 다양한 나라의 사람들이 정착해 살아가고 있습니다. 우리는 그들을 어떻게 대하고 있는지 생각해 보면 어떨까요?

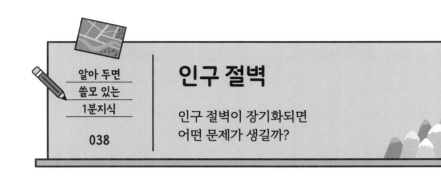

인구 절벽

인구 절벽이 장기화되면
어떤 문제가 생길까?

'절벽', '인구 절벽'이라는 단어를 보면 저절로 위기위식이 생깁니다. '인구 절벽'이란 말은 미국의 유명 경제학자 해리 덴트Harry Dent가 2014년 처음 제시한 개념으로, 실제로 인구 절벽이 나타나는 지역의 인구분포도를 보면 정말 '절벽'처럼 보이기도 합니다. 인구 절벽은 생산 가능 인구(15~64세)가 급격히 감소하고 고령 인구(65세 이상)가 급속도로 늘어나는 현상을 말합니다. 또 급속한 고령화로 인해 사회 경제적 문제가 발생하는 현상도 포함하는 개념이지요. 인구 절벽은 대체로 저출생과 고령화가 동시에 진행되는 과정에서 나타나는 현상이므로 선진국에서 두드러집니다.

생산 가능 인구, 즉 청장년층이 감소한다는 것은 한창 왕성하게 생산과 소비 활동을 하는 인구가 줄어듦을 뜻하므로 문제가 됩니다. 일할 사람도 줄어들고, 소비하는 사람의 수도 줄면 경제가 원활하게 돌아갈 수 없겠지요.

우리나라의 생산 가능 인구는 2017년에 처음 감소한 것으로 나타났습니다. 이후에도 출산율은 계속 낮아지고 있기 때문에 인구 감소 속도는 더 빨라질 것으로 예상됩니다. 그동안 우려됐던 인구 절벽 현상이 본격화되고 있는 모습이지요.

인구 절벽 현상은 한 나라의 세입과도 직결된 문제입니다. 생산 활동을 해서 소득이 있는 사람들은 세금을 국가에 납부해야 하는 의무가 있습니다. 그런데 생산 가능 인구인 청장년층이 감소해 일할 사람이 줄어들면서 국가에 세금을 낼 인구가 줄어드는 것이지요. 나라에서 거둬들인 세금이 줄어들면 국가가 계획한 여러 가지 사

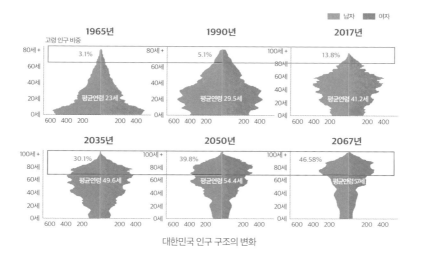

대한민국 인구 구조의 변화

업과 정책을 원활하게 진행하기 어렵습니다.

또 생산 가능 인구가 줄어들면 1인당 부양해야 할 인구가 늘어나게 됩니다. 이는 청장년층이 예전보다 더 많은 피부양층, 즉 더 많은 노년층과 유소년층을 먹여 살려야 한다는 뜻입니다. 청장년층 100명이 부양해야 할 고령·유소년 인구를 백분율로 나타낸 것을 총부양비라고 합니다. 즉 총부양비는 생산 가능 인구가 부양해야 하는 경제적 부담을 나타내는 지표라고 볼 수 있지요.

우리나라 총부양비는 2015년 36.2명에서 2024년은 42.5명, 2035년에는 66.8명, 2065년에는 108.7명까지 늘어날 것으로 전망됩니다. 총부양비가 100을 넘는 약 40년 뒤에는 부양받을 사람이 부양하는 사람(청장년층)보다 더 많아진다는 의미입니다. 또 저출생과 고령화가 가속화되면서 노인 복지 비용이 더 상승하고, 청장년층에게서 더 많은 세금을 거둬야 하는 상황이 벌어지게 됩니다. 장기적으로는 '인구 감소 → 내수 위축 → 생산 감소 → 경기 침체 → 출산율 저하'라는 악순환이 이어지며 우리나라 경제의 존립을 위협할 수 있다는 어두운 전망이 나오고 있습니다.

가족계획

저출생, 고령화 문제를
어떻게 해결할 수 있을까?

중국이 세계 인구 1위 국가 자리를 인도에게 빼앗겼습니다. 이 때문에 중국은 이제 저출생 문제를 해결하기 위해 고심하고 있지요. 중국은 몇 년 전까지만 해도 급증하는 인구를 조절하기 위해 강력한 가족계획 정책을 펼쳤어요. 중국의 가족계획은 1979년부터 가구당 자녀 수를 제한하며 이를 지키지 않으면 막대한 벌금을 부과하는 강력한 산아 제한 정책이었습니다. 중국은 소수 민족을 제외하고는 약 35년 동안 '가구당 한 자녀 정책'을 시행해 왔습니다.

그러다 2016년부터 인구 구조가 고령화하고 경제 성장이 둔화할 수 있다는 우려 때문에 '두 자녀 정책'으로 전환했습니다. 하지만 두 자녀 정책은 중국 정부가 바라던 결과를 만들어 내지 못했지요. 이에 따라 2021년 5월부터는 가족계획을 전환해 '세 자녀 정책'을 시행하고 있습니다. 하지만 오랫동안 유지된 '한 자녀 정책'으로 중국인들의 출산과 자녀에 대한 가치관이 변하고 교육 수준이 높아진 여성들이 사회 진출을 많이 하면서 출산율을 끌어올리기가 쉽지 않아 보입니다. 중국의 2022년 합계 출산율은 1.09명까지 낮아졌습니다. 앞으로 중국의 출산율이 반등하지 않는다면 2050년에는 중국 전체 인구의 3분의 1이 노인이 될 것으로 예측됩니다. 이 때문에 중국 정부가 지원해야 하는 노년층의 연금과 의료 서비스에 대한 압박이 커지고 있습니다.

우리나라에서도 중국과 비슷하게 정부 주도로 인구 정책을 시행했던 역사가 있습니다. 1950년대 6·25 전쟁 후 출생률이 높아지고 인구가 급증하자 정부에서는

우리나라의 시기별 대표적인 가족계획 표어	
1960년대	덮어놓고 낳다보면 거지꼴 못 면한다.
1970년대	무서운 핵폭발, 더 무서운 인구 폭발
1990년대	아들 바람 부모 세대, 짝꿍 없는 우리 세대
2000년대	아빠, 혼자는 싫어요. 엄마, 저도 동생을 갖고 싶어요.

우리나라에서는 1990년대까지 출산율을 낮추는 방향으로 가족계획 사업을 시행했지만, 이제는 출산을 장려하고 있습니다.

1960년대부터 가족계획을 실시했습니다. 이후 우리나라의 경제가 빠르게 성장하면서 국민의 교육 수준이 높아지고 여성의 사회 진출이 증가하면서 출생률이 빠르게 감소했습니다. 하지만 2000년대 이후에는 출생률이 지나치게 낮아져 문제가 되고 있습니다. 특단의 조치가 없다면 우리나라에서는 2030~2040년부터 '인구 지진age-quake'이 발생할 것으로 예상됩니다. '인구 지진'이란 고령 인구가 증가하면서 사회 근간이 지진처럼 뿌리째 흔들리는 것을 의미하는 말로, 영국 인구학자 폴 월리스Paul Wallace가 자신의 저서 『증가하는 고령 인구 다시 그리는 경제 지도Age-quake』에서 처음 사용했습니다.

선진국에서는 이 같은 인구 문제를 이미 오래전부터 겪고 있었습니다. 고령화로 인한 선진국의 인구 문제는 노동력 부족, 세대 간 일자리 경쟁, 노인 복지 비용의 증가 등 다양한 사회 경제적 문제로 이어집니다. 하지만 프랑스를 보면 저출생, 고령화 문제를 해결할 수 있다는 희망을 엿볼 수 있습니다. 경제협력개발기구OECD에 따르면 프랑스는 2022년 기준 합계 출산율이 1.8명으로 유럽 최고 수준입니다. 프랑스의 출산율이 증가한 데는 정부에서 지원한 각종 수당과 정책이 큰 역할을 했습니다. 프랑스는 경제적 수준에 상관없이 자녀 수에 따라 영유아 수당, 가족 보조금, 주택 수당 등을 지급하고 각종 출산과 양육의 부담을 덜어 주는 정책을 펼치고 있습니다. 또육아 휴직 장려와 근로 시간 단축 등의 조치도 출산율을 향상시키는 데 크게 기여한 것으로 평가됩니다.

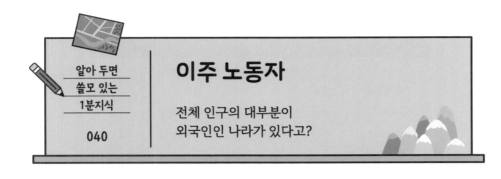

이주 노동자

전체 인구의 대부분이
외국인인 나라가 있다고?

카타르는 성공적으로 2022년 카타르 월드컵을 치르기 위해 축구 경기장과 공항, 고속도로, 호텔 등을 대규모로 건설하는 공사를 시행했어요. 그런데 이 과정에서 수천명의 외국인 노동자 사망 사건과 인권 문제가 발생해 논란이 되었습니다.

이 건설 사업에 카타르 국민들은 노동자로 참여하지 않았습니다. 천연가스와 석유가 풍부한 산유국인 카타르는 1인당 국민 소득이 8만 5,000달러에 육박하는 경제 부국입니다. 이처럼 풍부한 자원 개발로 얻은 막대한 부를 국민에게 복지 혜택으로 골고루 제공할 수 있는 축복받은 땅입니다. 카타르 정부는 전 국민에게 기본 소득을 지급하고 의료·주거·수도·전기도 모두 무상으로 제공합니다. 하지만 이 혜택을 받는 카타르 시민권자는 전체 인구의 10퍼센트에 지나지 않습니다.

카타르 전체 인구인 약 300만 명 중 대부분은 외국에서 이주한 노동자들입니다. 카타르는 월드컵 준비를 위해 인도와 방글라데시, 네팔, 스리랑카, 파키스탄 등 아시아 각국에서 노동자 250여만 명을 고용했습니다. 이들은 어떻게 생활했을까요? 카타르에는 노동법상 하루 10시간 이상 노동을 할 수 없고, 기온이 최고 섭씨 50도까지 치솟는 여름철 오전 11시 30분부터 오후 3시 사이에는 노동이 금지되어 있습니다. 하지만 이주 노동자들은 이 법의 보호를 받지 못했지요. 노동자 기숙사에 에어컨이 없거나 대부분 고장이 나 있고, 전기나 수돗물조차 쓸 수 없는 곳도 많았습니다. 이런 혹독한 환경 속에서 많은 노동자가 목숨을 잃었고 코로나 팬데믹 사태를 핑계로

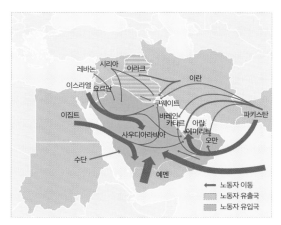

페르시아만 연안에서 이루어지는 외국인 노동자의 이동은 주로 주변 이슬람권 국가에서 오일 머니가 풍부하고 고용 기회가 많은 아라비아반도 국가로 향합니다.

무더기로 추방되기도 했습니다.

카타르뿐만 아니라 외국인 노동자의 이주는 서남아시아의 많은 국가에서 흔히 일어나는 일입니다. 서남아시아 일대는 1970년대 초 석유 파동으로 원유 가격이 폭등해서 많은 자본이 유입된 지역입니다. 서남아시아 지역에서는 석유를 팔아 벌어들인 오일 머니oil money를 사회 간접 시설, 기간 산업을 갖추는 데 투자했습니다. 석유 부국들이 각종 사업을 추진하는 과정에서 많은 노동력이 필요했고 인접 국가뿐만 아니라 인도, 파키스탄, 필리핀, 튀르키예, 우리나라의 노동력이 이주하며 이 지역에 외국인 노동자 수가 급증하게 되었죠.

대표적으로 아랍에미리트도 석유를 개발하며 산업화가 진행되면서 많은 외국인 근로자들이 건설, 석유 개발 사업에 유입되었습니다. 아랍에미리트의 외국인 근로자 비중은 전체 인구의 80퍼센트 이상이며, 이들은 주로 인도, 파키스탄, 방글라데시, 필리핀 등에서 일자리를 찾아 이주해 온 사람들입니다. 이로 인해 현재 아랍에미리트는 남자 인구 비율이 높아 성비 불균형을 보이며, 20세에서 40세 사이 인구가 전체 인구의 약 3분의 2를 차지하고 있습니다.

80억의 날
_ 전 세계 인구 증가를 무조건 반길 수 없는 이유는?

유엔은 2022년 11월 15일을 전 세계 인구 '80억의 날'로 선포하며 이를 '인류 발전의 이정표'라고 평가했습니다. 공중 보건과 영양, 개인 위생과 의학의 발달로 인간의 수 명이 길어지며 '80억 명 시대'를 맞게 된 것이라는 설명도 덧붙였습니다.

참고로 1805년 지구에는 10억 명 정도가 살았을 것으로 추정됩니다. 인구 80억 명은 1974년 40억 명에서 48년 만에 두 배로 증가한 수치입니다. 그리고 세계 인구 는 매일 새로운 최고치를 경신하고 있습니다. 최근 몇 년 동안 인구 증가율이 둔화 되면서 전 세계 인구 증가율은 현재 1퍼센트 미만이지만 인도를 비롯한 개발 도상국 을 중심으로 높은 출산율이 유지되면서 2037년에는 90억 명을 넘어설 것이라는 전 망도 나옵니다. 실제로 아프리카와 남부 아시아에서는 인구가 빠르게 증가하고 있지 요. 그중 콩고민주공화국, 이집트, 에티오피아, 인도, 나이지리아, 파키스탄, 필리핀, 탄자니아 등에서 집중적으로 증가할 것이라고 예상됩니다. 이런 추세가 이어진다면 세계 인구는 2050년에는 97억 명으로 늘어나다가 2080년 약 104억 명으로 정점을 찍고 2100년까지 이 수준을 유지할 것으로 전망됩니다.

지속적인 인구 증가의 흐름 속에 '용이 뒤처지고, 코끼리가 질주'하고 있습니다. '코끼리의 질주'는 최근 인도 인구가 중국 인구를 추월한 사실을 비유적으로 표현한

인구 기준 상위 20개 국가			
1. 인도	1,452,574,734	11. 멕시코	130,998,689
2. 중국	1,418,910,467	12. 일본	123,670,194
3. 미국	345,661,338	13. 이집트	116,769,261
4. 인도네시아	283,771,146	14. 필리핀	115,963,279
5. 파키스탄	251,768,435	15. 콩고민주공화국	109,722,493
6. 나이지리아	233,290,886	16. 베트남	101,065,211
7. 브라질	212,101,960	17. 이란	91,675,457
8. 방글라데시	173,831,278	18. 튀르키예	87,599,705
9. 러시아	144,715,432	19. 독일	84,491,373
10. 에티오피아	132,489,161	20. 태국	71,661,882

*2024년 현재 기준 세계 인구 약 81억 명
2063년에는 인도가 17억 명, 중국은 12억 명으로 격차가 더 커질 것으로 예상됩니다.

것입니다. 2023년 초 기준으로 세계 인구 1위 대국은 중국이었지만, 2024년부터는 인도(약 14억 5,000만 명)가 그 자리를 꿰차게 된 것입니다. 반면 중국은 오히려 인구가 줄어드는 경향을 보입니다. 유엔의 인구 전망에 따르면 2063년에는 인도가 17억 명, 중국은 12억 명으로 격차가 더 벌어질 것으로 보입니다. 게다가 향후 100년 동안 인도의 인구수를 따라잡을 나라는 없을 것으로 예상되지요. 젊고 풍부한 노동 인구와 넓은 소비 시장을 바탕으로 인도가 세계 3위 경제 대국으로 올라설 전망입니다.

하지만 인도에서 나타나는 인구 증가 현상을 전 지구적인 측면에서 보았을 때, 인구 증가에 따른 소비 증가와 환경 파괴, 자원 고갈 등의 문제를 생각할 수밖에 없습니다. 인구는 증가하지만 인간의 생존에 필요한 자원이 부족하면 저개발 국가를 중심으로 심각한 기근과 기아가 발생할 수 있습니다. 또 인구 증가로 인한 자원 경쟁, 공급과 소비의 불균형은 잘 사는 나라와 못 사는 나라의 격차를 더 심화할 수도 있습니다. 인구 증가를 가만히 지켜보며 환호만 하기에는 걱정거리가 많습니다.

5장

도시와 지리

- ☑ 도시화
- ☐ 식민 도시
- ☐ 세계 도시
- ☐ 젠트리피케이션
- ☐ 빌바오 효과
- ☐ 슬로 시티
- ☐ 인구 공동화 현상
- ☐ 도시 기후
- ☐ 공간적 불평등
- ☐ 생태 도시

도시화

경제가 성장하면
사람들은 도시로 몰려든다?

인류의 역사는 도시화의 역사이기도 합니다. 도시화는 현대인의 중요한 생활 공간이
자 정치·경제, 사회·문화의 중심지인 도시에 거주하는 인구가 증가하는 현상을 의
미합니다. 또한 도시의 수가 늘어나거나 촌락에 도시적 생활 양식이 확대되는 현상
도 포함됩니다. 한 나라의 도시화 진행 정도는 '도시화율'이라는 개념을 통해 쉽게 살
펴볼 수 있습니다. 도시화율은 한 나라의 전체 인구 중에서 도시 인구가 차지하는 비
율로, 인구 100명당 도시에 사는 인구수입니다. 전 세계적으로 그 변화를 보면 1800
년대까지만 해도 도시화율은 2.5퍼센트였지만, 현재 세계 도시화율은 55퍼센트를
넘습니다. 전 세계 인구의 55퍼센트 이상이 도시라는 공간에 살고 있다는 뜻이지요.

도시화 과정은 S자 형태의 도시화 곡선으로 표현할 수 있습니다. 도시화 곡선은
도시화율에 따라 초기 단계, 가속화 단계, 종착 단계로 구분합니다. 초기 단계는 도
시화율이 낮고 증가 속도가 매우 완만하게 나타나는 시기로 1차 산업의 비중이 높고
농촌 거주 인구 비율이 높은 국가에서 주로 나타납니다. 우리나라도 1960년대까지
는 초기 단계에 머물렀지요.

그리고 가속화 단계는 산업화와 도시화가 급속하게 진행됨에 따라 도시화율
도 급격히 높아지는 시기입니다. 청장년층을 중심으로 농촌을 떠나 도시로 활발
하게 이동하며 도시 인구 유입이 급속히 이루어지는 단계이지요. 우리나라에서도
1970~1990년대에 빠르게 진행된 산업화와 경제 성장으로 도시화율이 가파르게 상

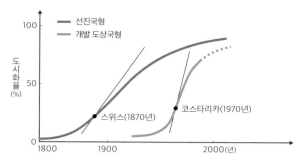

산업 혁명으로 일찍이 공업이 발달한 선진국(스위스)의 도시화는 200년이 넘는 기간 동안 서서히 진행되었습니다. 반면 개발 도상국(코스타리카)의 도시화는 제2차 세계 대전 이후 산업화가 급속히 이루어지며 짧은 시간 동안 빠르게 진행되고 있습니다.

승했습니다. 마지막으로 종착 단계는 도시화가 최고 수준에 이르게 된 시기입니다. 우리나라를 비롯한 유럽과 앵글로아메리카 지역의 도시화는 대부분 종착 단계입니다. 이때 일부 선진국에서는 도시와 농촌이 기능적으로 균형을 이루며 도시 인구가 농촌 지역으로 이동하기도 합니다. 이런 현상을 역도시화라고 하며 이로 인해 도시화율이 오히려 낮아지기도 하지요.

그런데 역사적, 경제적 측면에서 볼 때 선진국과 개발 도상국의 도시화 과정과 진행 속도에는 차이가 있습니다. 경제 발전 수준이 높은 선진국은 18세기 산업 혁명 이후 200년이 넘는 기간 동안 점진적으로 도시화가 진행되었습니다. 반면 개발 도상국의 도시화는 제2차 세계 대전 이후 약 30~40년 동안의 짧은 기간에 급속하게 진행되었지요. 또 선진국의 도시화에는 인구의 사회적 증가 요인이 중요하게 작용했지만, 개발 도상국의 도시화는 사회적 증가뿐만 아니라 도시로 이동한 청장년층의 높은 출산율로 도시 인구의 자연적 증가가 더해져 도시 인구가 더 가파르게 증가합니다. 이 때문에 도시의 산업 기반이나 생활 기반을 제대로 갖추지 못한 상태에서 도시화가 급속하게 진행된 많은 개발 도상국들은 현재 다양한 도시 문제를 겪고 있습니다.

식민 도시

라틴 아메리카 대도시의 이국적 경관을
아름답게만 보기 어려운 이유는?

아메리카 대륙은 문화적 기준으로 앵글로 아메리카와 라틴 아메리카로 나눌 수 있습니다. 그런데 이 명칭은 이탈리아 출신의 신대륙 탐험가 아메리고 베스푸치Amerigo Vespucci에서 유래한 '아메리카'와 '앵글로', '라틴'이 조합된 것으로 이 땅에서 유럽 열강이 주도한 식민 지배의 역사가 그대로 담겨 있지요. 특히 라틴 아메리카에서 이루어진 스페인과 포르투갈의 식민 통치 역사는 지금까지도 라틴 아메리카 주요 도시들의 형성 과정과 내부 구조에 영향을 미치고 있습니다. 현재 라틴 아메리카의 수도나 대도시들은 대부분 식민 도시colonial city로 성장했습니다. 무엇보다 스페인과 포르투갈은 식민 도시들의 경제적 기능을 가장 중요하게 생각했습니다. 그래서 가장 먼저 식민 도시로 성장하게 된 곳이 유럽과 식민지를 연결하기 위해 건설된 교통 중심 도시들이었지요.

이후 스페인의 아메리카 식민 도시는 왕실의 명령과 법령에 따라 질서 정연하게 건설되었습니다. 그래서 라틴 아메리카의 식민 도시화는 외형적으로는 유럽의 직사각형과 격자형 도시 형태를 그대로 옮겨 담는 과정이었습니다. 또 실질적으로 식민 도시는 식민지에 대한 지배와 사회 통제를 위한 제도를 시행하고 이에 필요한 권력이 집중된 곳이었지요. 그래서 식민 도시는 식민 행정의 중심지이면서 종교적, 행정적 서비스를 제공하는 공간이기도 했습니다. 식민 모국의 행정 기구와 종교적, 문화적 제도들 또한 식민지에 이식되어 건축 형태에 반영되었지요. 즉 식민 도시 건설은

멕시코시티 소칼로 광장에는 광장을 중심으로 유럽 풍의 성당, 대통령궁, 관공서 등이 자리 잡고 있습니다.

식민지 지배 효과를 극대화하기 위한 정치적 도구였다고 볼 수 있습니다. 이로 인해 브라질의 상파울루, 멕시코의 멕시코시티, 아르헨티나의 부에노스아이레스 등의 도시 중심부에는 고풍스러운 성당과 석조 건물, 관청 등이 큰 광장을 중심으로 배치되어 유럽 도시 같은 느낌을 줍니다. 이 외에 다른 라틴 아메리카 식민 도시들도 비슷하게 느껴진다면 가장 큰 이유는 이러한 식민 시대의 '화석 경관' 때문일 것입니다.

한편, 라틴 아메리카에 대한 식민 통치 기간이 길어질수록 식민 도시의 정치 · 경제적 역할이 커지고 정주하는 유럽인의 비중도 점차 높아졌습니다. 유럽인들은 점차 원주민을 '문명 대 야만'이라고 인식하면서 공간을 분리하기 시작했지요. 이로 인해 식민 도시 구조에서는 신분과 인종에 따라 엄격하게 공간을 분리한 '이중 도시'가 나타나게 되었습니다. 이중 도시는 라틴 아메리카뿐만 아니라 다른 대륙의 많은 식민 도시에서 관찰할 수 있는 지리적 특징입니다. 일제 강점기 경성(서울)에서 일본인이 거주하는 남촌과 조선인이 거주하는 북촌으로 분리된 것도 비슷한 사례이지요.

오늘날에도 라틴 아메리카의 '이중 도시'는 거의 그대로 남아 있습니다. 큰 대로나 광장 주변에는 고급 상점 지구, 중산층 이상의 주거지 등이, 도시 외곽은 빈민층이 만든 불량 주택 지구가 자리 잡고 있습니다. 이중 도시 구조의 특징이 식민 통치의 아픈 역사를 말해주고 있습니다.

세계 도시

매일 아침 뉴스에서 미국 증권시장 정보를
알려 주는 이유는?

증권가에서는 '미국이 콜록하면 한국은 감기에 걸린다'는 말이 있습니다. 이 말은 우리나라와 미국 증권 시장의 주가 연동성만 살펴봐도 쉽게 이해할 수 있지요. 우리나라 시각으로 새벽이면 뉴욕 증권 거래소 마감 결과가 전해집니다. 그리고 미국 증권 시장(증시)의 분위기는 몇 시간 뒤 시작되는 우리나라 증시에 큰 영향을 미치지요. 미국 증시뿐만 아니라 전 세계의 분쟁 상황이나 그에 따른 국제 유가 변동 상황은 우리나라 경제 상황에 즉각적으로 반영됩니다.

60년 전만 하더라도 세계의 분쟁 상황이나 경제 상황은 우리나라에 크게 영향을 주지 않았습니다. 하지만 교통·통신 수단이 발달하고 경제, 정치, 문화, 환경 등 여러 분야에서 세계화가 이루어지면서 특히 각 국가 간 경제적 통합을 촉진하는 데 큰 영향을 미치고 있습니다. 이런 경제의 세계화는 다국적 기업의 영향력이 확대되면서 자본과 금융의 국제화를 촉진합니다. 또한 국가 간의 무역 장벽이 낮아지고 국경의 개념이 희박해지며 전 세계 경제는 점차 하나로 통합되고 있지요. 즉 한 나라의 경제 상황이 다른 나라에 미치는 영향이 갈수록 커지고 있습니다. 더불어 경제의 세계화는 대도시의 세계적인 성장, 도시 간 연계와 경제적 통합을 강화했습니다. 이 과정에서 국가 단위의 폐쇄적인 도시 체계였던 기존의 구조에서 벗어나 세계를 기능적으로 연결한 세계 도시global city, world city 체계가 형성되었습니다. 또 이 체계의 정점에서 전 세계적으로 영향력을 행사하는 세계 도시가 있지요.

세계 도시는 자본이 집중되고 축적되어 전 세계 경제에 막대한 영향을 미칩니다.

'세계 도시'는 런던, 파리, 빈, 로마처럼 과거의 제국주의 시대를 주도하던 대도시들의 문화적 영향력을 가리키던 벨트슈타트Weltstadt라는 용어를 다시 사용한 것입니다. 세계 도시로 구분할 때는 그 도시의 인구 규모보다 도시의 기능을 더 중요한 기준으로 적용합니다. 세계 도시는 세계 경제의 의사 결정지며, 세계 자본이 집중되고 축적되는 장소이지요. 이런 도시에는 다국적 기업, 국제 금융 업무, 생산자 서비스 기능이 집중되어 있습니다. 그래서 이와 연관된 국제회의가 개최되고 인적, 물적 교류가 활발히 이루어지는 곳이기도 합니다. 또 지구적 차원의 경제와 정치, 문화를 연결하는 중심지 역할을 합니다.

세계 도시 중 최상위에 해당하는 도시로는 뉴욕, 런던, 도쿄 등이 있습니다. 이 도시들은 해당 도시들을 중심으로 국제 자본 네트워크가 형성되어 있기 때문에 '세계 경제를 엮는 고정핀', '국가 경계를 초월한 최상위 도시' 등으로 불립니다. 다국적 기업과 국제 금융 기업의 본사가 있으며, 실질적으로 세계 경제를 통제·조절하고 있습니다. 그다음 상위 세계 도시로는 파리, 로스앤젤레스, 브뤼셀, 싱가포르 등이며, 하위 세계 도시로는 토론토, 마드리드, 홍콩, 시드니, 리우데자네이루 등이 있습니다.

알아 두면
쓸모 있는
1분지식

044

젠트리피케이션

왜 개성 넘치던 동네와 골목도
시간이 지나면 매력을 잃게 될까?

서울의 서촌 일대, 인사동, 홍대 근처, 성수동에 대한 기억은 아마도 세대별로 다를 것입니다. 이곳들은 원래 고유한 골목 문화를 바탕으로 성장한 대표적인 장소들입니다. 예를 들어 서촌은 원래 조용한 주택가였는데, 2012년 무렵부터 동네 한쪽에 예술가들이 자리 잡았습니다. 그러면서 하나둘 모여든 예술가들이 만든 개성 있고 독특한 갤러리, 카페와 공방 등이 생기기 시작했지요. 거리를 따라 아기자기한 볼거리가 많아지자 입소문을 듣고 관광객이 모여들고 유동 인구가 많아지면서 지역 경제가 활성화되었습니다. 그러자 땅값(지가), 임대료 등이 점점 상승했습니다. 그러자 원래 그 지역의 거주민과 상권을 일군 입주 상인들이 높은 임대료를 감당하지 못해 다른 곳으로 내몰리는 젠트리피케이션gentrification 현상이 나타났습니다. 이후 대규모 상업 자본이 새로운 상권을 형성하고 고유한 골목 문화를 없애자 다른 곳과의 차별성이 없어져 기존의 매력을 잃게 되었어요.

또 다른 사례로 강남구 신사동의 가로수길이 있습니다. 원래 청담동에 있었던 디자이너 의류 상점들이 천정부지로 치솟은 청담동의 임대료를 견디지 못하고 가로수길로 밀려났습니다. 그러면서 가로수길에는 아기자기한 레스토랑과 커피숍, 개성 넘치는 의류 상점들이 들어섰어요. 이 덕분에 가로수길은 독특한 분위기가 있는 장소로 알려지며 젊은 층을 중심으로 큰 인기를 끌었습니다. 문제는 가로수길의 인기와 함께 임대료도 함께 치솟기 시작한 것입니다. 가로수길 상권을 이끌던 의류 매장 등

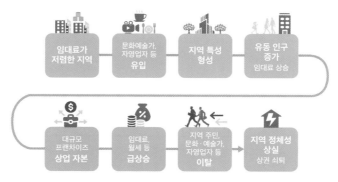

젠트리피케이션이 일어나는 과정

과 가로수길에서 새롭게 자리를 잡았던 젊은 예술가들은 다른 곳으로 밀려날 수밖에 없었지요. 그 자리를 대규모 프랜차이즈 상업 시설이 차지했어요. 하지만 최근 들어 가로수길 근처 압구정 로데오 거리가 옛 명성을 되찾으면서 소비자들이 걸음을 돌리자 가로수길의 대형 자본들도 버틸 수 없게 되었습니다.

지역의 고유한 문화가 사라진 곳을 외면하고 새로운 장소로 사람들의 발길이 돌아서자 거대 자본조차도 자리를 지키기 어려워진 것이죠. 결국 지금 가로수길에는 비싼 임대료를 감당할 수 있는 병원 관련 업종만 남아 예전의 개성 넘치던 거리 풍경은 거의 사라져 버렸습니다.

최근에는 기후 변화도 주거 환경과 주거 비용에 영향을 미치고 있습니다. 원래 해안가는 오래전부터 사람들이 거주지로 선호했습니다. 미국에서도 은퇴한 부유층이 선호하는 미국 플로리다주 마이애미, 그중에서도 해안가는 고급 주택이 들어섰던 곳입니다. 그런데 최근에는 해안가 집보다 상대적으로 지대地帶가 높은 곳의 집값이 더 오르고 있다고 합니다. 기후 변화 때문에 해수면이 상승하자 바닷가 주거지의 침수 위험이 높아지며 부유층이 안전한 고지대로 이주하고 있기 때문이지요. 이제는 고지대에 살던 기존 주민들이 밀려나는 '기후 젠트리피케이션' 현상이 일어나고 있는 것입니다.

빌바오 효과

어떻게 하면 침체된 도시에
활기를 불어넣을 수 있을까?

'빌바오 효과Bilbao effect'란 스페인 북부에 위치한 바스크 지방의 공업 도시 빌바오의 이름에서 유래한 말입니다. 지금은 한 지역의 랜드마크 건축물이 그 지역의 경쟁력을 높이는 현상을 이르는 말로 흔히 사용됩니다. 그렇다면 빌바오에서는 도대체 무슨 일이 있었던 걸까요? 빌바오는 유럽에서 손꼽히는 공업 도시였습니다. 하지만 1980년대부터 빌바오의 경제를 이끌던 철강업과 조선업이 쇠퇴하면서 위기를 맞았습니다. 이후 도시를 다시 부흥하기 위해 1997년에 문화 시설인 구겐하임 미술관을 유치했습니다. 구겐하임 미술관은 압도적인 외관과 함께 세계 유명 작품들을 전시하면서 도시 재생에서 핵심적인 역할을 하게 됩니다.

여기에 더해 도시 재생 사업을 추진하는 과정에서 지방 정부는 주민과 적극적으로 소통하고, 기존의 지역 자원을 활용하는 문화·예술 산업을 육성했습니다. 쇠락해 가는 도시를 살려보자는 시민의 공동 목표가 있었고, 과감한 행정적 결단과 실천 덕분에 도시 재생에 성공할 수 있었습니다. 이렇게 빌바오의 도시 재생은 성공적인 장소 마케팅으로 이어져 인구가 35만 명밖에 안되는 빌바오는 매년 100만 명 넘는 관광객이 방문하는 세계적인 관광지로 발전했습니다.

또 다른 도시 재생의 모범 사례로 자주 언급되는 곳은 미국 뉴욕 맨해튼의 남서부에 위치한 첼시의 하이 라인The High Line입니다. 하이 라인은 1934년 처음 운행하기 시작한 지역의 주요 화물수송로였습니다. 하지만 이후 트럭이 그 역할을 대신하면서

빌바오의 명물 구겐하임 미술관은 미국의 솔로몬 R. 구겐하임 재단이 설립한 구겐하임 미술관의 분관 중 하나로 세계적인 건축가 프랭크 게리Frank Gehry의 작품입니다.

하이 라인의 이용 가치가 떨어졌습니다. 결국 1980년에는 철도 운행이 완전히 중단되었지요. 이후 하이 라인은 20여 년이 넘도록 방치되었고, 그 결과 잡초와 쓰레기만 무성한 우범 지역으로 전락하고 말았습니다. 한때 철거 위기에 처하기도 했지만 이를 반대하는 시민들의 자발적인 노력으로 생존했고 공원으로 조성할 기회를 갖게 되었습니다. 기존 고가 철도를 활용하면서 녹색 공간과 휴식 공간이 어우러지도록 설계해서 시민에게 친근한 도심 공원으로 탈바꿈할 수 있었습니다.

과거 우리나라는 노후 주택이나 기반 시설을 대규모로 철거하는 '재개발' 방식으로 도시를 정비했습니다. 이런 방식은 주로 토지와 건물 소유자의 개발 이익을 중심으로 진행되는 경우가 많았습니다. 반면 도시 재생은 지역의 역사·문화적 자산을 활용하면서 낙후된 도시에 새로운 기능을 부여함으로써 사회·경제·환경적으로 부흥시키는 도시 사업입니다. 또 도시 재생은 해당 지역에 거주하는 주민들이 주체적으로 참여할 기회가 많습니다. 이 점이 기존 도시 정비 방식인 도시 재개발과의 큰 차이점입니다. 우리나라의 경우 부산의 감천 문화 마을이 문화·예술 활동을 통해 마을의 지역성을 보전하는 개발 방식을 선택함으로써 지역 활성화에 성공한 도시 재생의 대표 사례입니다.

슬로 시티

빠름의 편리함 대신
느림의 행복을 추구한다고?

햄버거로 대표되는 '패스트푸드'는 속도와 효율성을 최고의 가치로 여기는 현대 사회를 상징하는 음식입니다. 그런데 패스트푸드의 대명사인 맥도날드가 1986년에 이탈리아 로마에 매장을 열자 이탈리아 사람들은 큰 충격에 빠집니다. 그 후 지역 고유의 전통 음식을 지키려는 모임이 곳곳에서 생겨나기 시작했지요. 이렇게 슬로푸드 slowfood 운동이 시작되었습니다. 슬로푸드는 짧은 시간에 많은 양을 만들어 내는 패스트푸드와 달리 전통적인 발효 가공 등의 방법으로 만들거나 정성을 들여 만드는 음식을 말합니다. 그리고 이 슬로푸드 운동에서 슬로 시티slowcity 운동이 시작되었습니다.

슬로푸드 운동이 확산되자 1999년 10월, 이탈리아의 시장 몇 명이 모여서 음식에만 국한하지 말고 도시의 삶 전체에 느림을 도입하자고 뜻을 모았습니다. 인간다운 삶이 위협받는 미래를 염려해 시작한 이런 움직임이 바로 이탈리아어로 '치타 렌타Citta Lenta' 또는 '치타슬로Cittaslow'라고 불리는 '슬로 시티' 운동입니다.

슬로 시티 운동은 모든 인간이 사람답게 사는 세상을 염원합니다. 속도는 빠름이라는 편리함을 인간에게 주었으나, 느림이 주는 즐거움과 행복을 희생시켰다는 것에 주목합니다. 하지만 슬로시티의 슬로가 단순히 패스트의 반대 의미인 '느리다'를 의미하는 것만은 아닙니다. 느림을 통해 개인과 공동체의 소중한 가치에 대해 다시 인식하고 여유와 균형, 조화를 찾자는 의미입니다. 이는 결코 현대 문명을 부정하거나 반대하는 것이 아닙니다. 지역의 정체성을 찾고 옛것과 새것의 조화를 위해 현대의 기술을 활용하는 것을 지향하는 것입니다. 즉 '속도 숭배'를 '느림 숭배'로 대체하자는 운동이 아니라 '빠름'과 '느림'의 조화를 이루자는 겁니다.

슬로 시티의 마스코트는 느림을 상징하는 달팽이입니다. 그래서 슬로 시티로 지정된 지역에서는 달팽이 표지판이 곳곳에서 반겨줍니다.

1999년 국제 슬로 시티 운동이 출범한 이래 2024년 기준 33개국 301개 도시가 참여하는 운동으로 확대되었습니다. 우리나라는 아시아에서 가장 많은 슬로 시티가 있는 국가로서 완도, 신안, 담양 등 16개 지역이 지정되었습니다.

슬로 시티 운동은 지역민이 주체가 되어 지역의 고유한 자원을 지키고자 참여하는 운동입니다. 이를 통해 지역 특산물과 전통 음식의 가치 재발견, 환경 보존, 인간의 자연에 대한 기다림 등의 철학을 실천하며 지역 경제 살리기에도 기여합니다. 슬로 시티 운동은 속도 경쟁, 양적 성장 등을 중시한 기존의 도시 발전 모델에 대안을 제시합니다. 또 인간 사회의 진정한 발전과 미래를 위해 지속 가능한 도시 발전과 시민의 삶의 질 향상을 조화롭게 실현하고자 합니다.

실제로 많은 사람이 바쁜 일상에서 벗어나 슬로 시티를 방문해 지역의 대표적인 슬로푸드를 맛보고 성장보다는 성숙을, 삶의 양보다는 질을, 속도보다는 깊이와 품위를 추구하는 슬로 시티의 철학을 이해하는 시간을 갖고 있습니다.

인구 공동화 현상

세계적인 대도시가
도넛을 닮아가는 이유는?

도시는 생명체처럼 도시 내의 다양한 기능들이 상호 작용을 하면서 끊임없이 변화합니다. 도시 규모가 작을 때는 주택, 공장, 상점, 관공서 등이 혼재되어 나타납니다. 그러나 도시가 성장하면 도시의 기능이 복잡하고 다양해지면서 비슷한 종류의 기능은 가까이 모이고 서로 다른 기능은 분리되어 지역이 분화됩니다. 책꽂이에 책이 많더라도 교과서, 문제집, 노트 등으로 필요에 따라 체계적으로 정돈되는 것처럼 도시도 규모가 커지고 기능이 다양해지면 도시 내부의 지역이 분화하며 성장하는 것이죠.

도시 내부의 지역 분화에 영향을 주는 가장 큰 요인은 접근성과 땅값, 지대地代입니다. 같은 도시 내부에서도 지역별로 접근성과 지대가 서로 다르고, 기능별로 지대 지불 능력에 차이가 있기 때문입니다. 먼저 접근성은 특정 지역이나 시설에 얼마나 쉽게 연결될 수 있는지를 의미하는데, 보통 교통의 편리성이나 위치에 따라 달라집니다. 한편 땅값은 토지의 시장 거래 가격을 의미합니다. 마지막으로 지대는 토지를 경제적으로 이용해 얻을 수 있는 수익 또는 토지 이용자가 소유자에게 지불하는 사용료, 임대료 같은 비용입니다. 정리하면 접근성이 높은 지역은 땅값과 지대가 높지요.

그래서 접근성이 높은 도심 지역에서 기능 간에 경쟁이 발생하면 상업·업무 기능 같은 지대 지불 능력이 높은 기능은 도심에 자리 잡고, 주택, 학교, 공장 등과 같은 지대 지불 능력이 낮은 기능은 땅값이 낮은 주변 지역에 자리 잡게 됩니다. 이러한

도심 지역에서 주거 기능이 약화하면 상주 인구 밀도가 감소하는데 이를 인구 공동화 현상이라고 합니다.

현상을 각각 집심執心 현상과 이심離心 현상이라고 합니다. 이에 따라 일반적으로 도심에는 상업·업무 지역이 위치하고 거리가 멀어짐에 따라 공업 지역, 주거 지역으로 분화되지요.

먼저 도심은 대기업 본사, 주요 관청 같은 중추 관리 기능과 고급 상점, 백화점, 전문 서비스업과 중심 업무 기능이 집중된 중심 업무 지구Central Business District, CBD를 이룹니다. 그래서 낮 동안에는 업무와 상업 활동을 하는 사람들로 인해 인구가 급증하고, 밤에는 도심의 상주 인구가 감소하는 인구 공동화 현상이 나타납니다. 낮에는 많은 유동 인구와 차량으로 북적이다가 밤이 되면 텅 빈 동굴처럼 변해버린 도심을 떠올리면 이해할 수 있을 거예요.

이런 도심에서 나타나는 인구 공동화 현상을 '도넛 현상doughnut pattern'이라고도 합니다. 시민들이 도심을 떠나 외곽으로 몰리는 것이 마치 도넛 같은 모양을 이룬다는 이유에서입니다. 우리나라의 5대 대도시는 물론 미국의 뉴욕, 샌프란시스코 등에서도 도넛 현상이 뚜렷하게 나타납니다. 전 세계적으로 코로나19를 겪으며 재택 근무 비중이 늘어난 근무 형태의 변화도 이런 현상을 부추기고 있다고 합니다.

도시 기후

대도시에서만 나타나는
독특한 기후 특성이 있다고?

산업화, 도시화가 진행되면서 소음, 대기 오염 및 각종 폐기물과 폐수 등으로 인한 환경 문제도 발생하고 있어요. 최근 산업화를 겪고 있는 국가들의 대도시에서는 대기 오염이 시민들의 건강을 위협하는 수준에 이르고 있습니다. 자동차나 각종 건물 등에서 배출되는 대기 오염 물질이 도시의 하늘을 덮고 있어 이것이 마치 온실의 유리 같은 역할을 해 온실 효과를 일으킵니다. 또 자동차나 냉난방 기구 등에서 열이 많이 발생하고, 지표면을 뒤덮고 있는 아스팔트나 콘크리트가 태양 에너지를 많이 흡수합니다. 이러한 이유로 도시의 중심부는 주변부보다 기온이 높게 나타나는데, 이를 열섬 현상heat-island effect이라고 합니다. 도시에서 유독 벚꽃 피는 시기가 점점 빨라지는 이유이지요. 여름철 도시민들이 더 더운 여름을 보내는 이유도 기후 변화에 열섬 현상이 더해졌기 때문입니다.

또 도심의 고층 빌딩은 바람의 장애물이 되어 풍속을 약하게 만드는 원인입니다. 그래서 바람이 잘 통할 수 있게 하는 바람길 조성이 중요한 과제가 되었어요. 실제로 2005년에 청계천 복원공사의 일환으로 서울 도심의 청계천을 덮고 있던 아스팔트와 고가 도로를 걷어 내자 풍속이 약 7퍼센트 정도 빨라졌습니다. 그로 인해 오염 물질이 잘 배출되어 공기가 전보다 맑아졌을 뿐만 아니라 평균 기온도 최대 13퍼센트가량 낮아지는 효과가 나타났다고 합니다.

한편 도시에서는 시가지를 무분별하게 개발하면 도시 홍수urban flood로 인한 피해

일본 사이타마현 가스카베시의 도쿄 수도권 외곽 방수로

도 증가하게 됩니다. 도시화 과정에서 녹지 공간이 줄어들고 콘크리트와 아스팔트로 포장된 곳이 증가하면 토양의 빗물 흡수 능력이 낮아지면서 빗물이 흘러넘쳐 홍수 발생 위험이 높아지는 것이지요.

그런데 도시 홍수가 발생하는 기간을 제외하면 대부분 도시는 각종 '사막'이 겹쳐 나타나는 공간입니다. 자연 상태에서 토양은 빗물의 절반 정도를 흡수해 증발시켜서 대기 중으로 천천히 내보냅니다. 하지만 도시는 콘크리트, 아스팔트로 뒤덮여 있어 빗물이 지하로 침투하지 못하지요. 대신 지표 위를 흘러 지하에 매설된 우수관이나 하수관을 통해 인근 하천으로 들어갑니다. 또 지표나 식생의 수분 증발산량이 감소하고 여기에 인공적인 열이 더해져 기온은 상승하고 습도는 낮아지는 도시 사막화가 나타나는 것입니다.

열섬 현상과 도시 홍수, 도시 사막화를 완화하기 위해서는 녹지를 확보하고 지표면 포장재를 바꿔야 합니다. 도시에 남는 자투리땅을 녹색 공원으로 조성한다든지, 건물 옥상을 정원으로 꾸미는 등의 노력이 필요합니다. 최근 화제가 된 일본 도쿄 지하에 있는 도쿄 수도권 외곽 방수로 같은 거대 빗물 저장 시설도 해결책이 될 수 있겠지요. 또 도로의 포장재로 투수성이 높은 재질을 사용하면 도시의 습도를 높여 열섬 현상은 물론이고 도시 홍수와 도시 사막화를 해결할 수 있습니다.

공간적 불평등

혁신 도시와 기업 도시는 왜 만들었을까?

우리나라는 국토를 개발하는 과정에서 각 지역 간의 사회 경제적 차이가 커져 공간적 불평등이 나타났습니다. 1970년대 이후 우리나라의 성장 거점이었던 수도권과 남동 임해 공업 지역에 인구와 기능이 집중되면서 나타난 결과이지요. 특히 수도권은 국토 면적의 12퍼센트 정도에 지나지 않지만 우리나라 전체 인구의 약 50퍼센트가 거주하는 지역입니다. 수도권으로 인구와 기능이 집중하면서 비수도권 지역에서는 인적·물적 자원이 부족해지고 지역 경제가 침체되고 있습니다. 수도권과 비수도권의 공간적 불평등은 산업 구조, 소득 수준, 고용 기회 등의 경제적 측면에 더해 교육, 문화, 의료 등의 서비스, 정보 격차 등 생활 환경의 지역 격차로 이어져 나타납니다.

이러한 문제를 해결하기 위해 정부는 행정 중심 복합 도시, 혁신 도시, 기업 도시 등을 전국에 조성하고 있습니다. 먼저 혁신 도시는 수도권에 있는 공공 기관을 지방으로 이전하고 기업, 학교, 연구소, 관공서 등과 협력을 통해 성장할 것으로 기대되는 미래형 도시를 말합니다. 혁신 도시는 시도별 지역 산업과 연계해 도시별로 설정한 테마에 따라 지역별로 특색 있는 도시로 개발됩니다. 혁신 도시와 관련된 정책이 시행된 지 20년이 된 현재, 혁신 도시 10곳은 우리나라의 공간적 불평등과 수도권 집중 문제를 해결하는 데 얼마나 효과가 있었을까요? 2030년을 기점으로 세운 목표 대비 인구 분포, 인구 증가율, 가족 동반 이주율, 지역 인재 채용 비율 등을 통해 알아볼 수 있습니다.

정부에서 조사한 결과에 따르면(혁신 도시 발전 추진단, 〈2022년 지역 발전 추진 실적 및 2023년 추진 계획〉, 2024. 07. 18), 중앙·지방 정부가 혁신 도시 설계 당시에 지원하기로 한 생활·교육 기반 시설 조성 이행 정도가 혁신 도시 성공 여부에 많은 영향을 미친 것으로 나타났습니다. 일부 혁신 도시에는 정부가 약속한 도서관·전시관 설치, 외국 의료 기관 유치 등의 약속이 지켜지지 않은 것으로 확인되었습니다. 지속 가능한 혁신 도시 개발과 공간 불평등 문제를 해

* 원주는 혁신 도시와 기업 도시 모두 해당됨.

● 혁신 도시 10곳
● 기업 도시 4곳

우리나라의 혁신 도시, 기업 도시는 정부가 국토 균형 발전을 위해 추진하고 있는 주요 발전 전략입니다.

결하기 위해서 정부의 적극적인 사회 기반 시설 조성과 계획된 사업의 이행 여부가 무엇보다 중요함을 알 수 있습니다.

한편 기업 도시는 개발이 활성화되지 않은 지역에 민간 기업 주도로 주거, 교육과 의료 시설, 문화, 관광 시설 등이 갖추어진 자급 자족형 도시입니다. 일본의 도요타 시는 세계적인 기업 도시 성공 사례 중 하나입니다. 도요타시는 지역의 의지와 노력을 바탕으로 도요타 본사와 자동차 관련 부품 업체 등이 산업을 집적화해서 크게 성공한 도시입니다. 우리나라도 2005년부터 세계 여러 기업 도시를 벤치마킹해서 현재 원주와 충주, 태안, 영암·해남 모두 네 곳의 기업 도시가 있습니다. 하지만 아직은 뚜렷하게 성장하지 못하고 균형 발전 측면에서도 부족함이 많아 개선할 점이 많습니다.

생태 도시

사람과 자연환경이
공존하는 도시는 어떤 모습일까?

우리나라의 버스 전용 차선과 광역 버스 정책, 편리한 환승 시스템은 사실 브라질 쿠리치바의 독창적인 교통 체계를 본떠 만든 것입니다. 브라질 남부 파라나주의 주도인 쿠리치바는 세계에서 가장 유명한 생태 도시ecological polis입니다. 생태 도시는 친환경적으로 폐기물을 처리하고, 무공해 에너지를 사용하며 자원을 절약하고 재사용하는 순환 체계를 확립한 도시를 말합니다. 하지만 쿠리치바가 처음부터 생태 도시였던 것은 아닙니다. 1960년대까지만 해도 쿠리치바는 가난하고 범죄가 많은 도시로 악명이 높았지요. 게다가 제2차 세계 대전 후 본격적으로 산업화가 진행되면서 무분별한 개발과 인구 증가로 인한 환경 문제도 심각했습니다.

이런 쿠리치바의 환경 문제를 해결하고 세계에서 가장 유명한 생태 도시로 탈바꿈시킨 인물은 1971년에 시장으로 취임한 자이메 레르네르Jaime Lerner 시장입니다. 레르네르 시장의 핵심 정책은 시민 중심의 교통 정책과 환경 개선을 위한 재활용 정책이었습니다. 쿠리치바는 그가 세 번의 임기를 마치는 동안 꾸준한 정책 시행을 통해 '지구에서 환경적으로 가장 올바르게 사는 도시', '세계에서 가장 혁신적인 도시'로 평가받게 되었습니다. 그런 명성에 걸맞게 쿠리치바의 쓰레기 재활용률은 70퍼센트, 대중교통 이용률은 80퍼센트나 되지요. 1인당 녹지율은 54제곱미터에 이르는데 이는 유엔과 세계보건기구가 권고한 수치의 4배 이상이나 됩니다.

독일의 프라이부르크도 모범적인 생태 도시입니다. 프라이부르크는 전체 도시

브라질의 생태 도시 쿠리치바에서는 비용이 많이 드는 지하철을 건설하는 대신에 기존 도로망을 활용한 버스 교통 체계를 마련했습니다. 급행 버스를 도입하고 버스 승강대와 같은 높이로 원통형 승강장을 만들어 시민들의 승차 안전성을 갖추었습니다.

면적의 40퍼센트가 숲으로 이루어져 있을 정도로 자연환경이 잘 보존되어 있습니다. 특히 태양 에너지를 적극적으로 활용해서 '태양의 도시'라고도 불립니다. 프라이부르크의 이러한 명성은 환경을 최우선으로 생각하는 주민들의 자발적 참여가 큰 역할을 했습니다. 주민들의 환경 의식이 원자력 대신 태양 에너지를 활용하는 도시로 만든 것이지요. 프라이부르크는 독일에서 최초로 시간제 전기 요금제를 도입했으며 자전거와 전차(트램) 중심의 교통 체계를 갖추었어요. 프라이부르크는 2030년까지 탄소 배출량을 1992년 대비 50퍼센트 감축하고, 오는 2050년까지 '탄소중립 도시'가 되겠다는 목표를 세웠습니다. 이를 위해 신재생 에너지 전문 연구 기관, 환경 단체, 시 정부가 협력해 목표를 달성하기 위해 노력하고 있습니다.

생태 도시는 도시를 유기체로 보고 사람과 자연환경이 조화를 이루는 공생을 목표로 합니다. 제2의 쿠리치바를 꿈꾸는 생태 도시들이 점점 늘어나고 있지요. 성공적으로 생태 도시를 조성하기 위해서는 기존 도시가 안고 있는 환경 문제와 도시 문제를 해결하면서도 지역의 생태적·문화적 다양성을 보존하고 경쟁력을 향상할 수 있도록 다방면에서 지속 가능한 발전을 추구해야 합니다. 무엇보다 훌륭한 리더십을 갖춘 지도자와 시민들의 적극적인 참여와 의지가 중요합니다.

도시 브랜드
_도시에도 브랜드 마케팅이 필요한 이유는?

2023년 서울시의 새 브랜드가 '서울, 마이 소울Seoul, My Soul'로 최종 확정되었습니다. 2002년 처음 '하이 서울Hi Seoul'을 슬로건으로 도입했고 이후 '아이 서울 유I·Seoul·U'를 거쳐 '서울, 마이 소울'이 세 번째 브랜드가 되었지요.

도시의 브랜드는 지역화 전략 중 하나로 도시 마케팅에 활용됩니다. 지역화 전략은 지역 그 자체 또는 지역에서 생산되는 상품을 소비자에게 특별한 브랜드로 인식시키는 것입니다. 백화점이나 쇼핑몰에 갔을 때 이미 잘 알고 있는 브랜드는 한 번 더 관심을 갖고 살펴본 경험이 있을 거예요. 이런 브랜드 효과 때문에 소비자들은 낯선 브랜드에 비해 익숙한 브랜드의 상품을 재구매할 확률이 높아집니다. 도시 브랜드도 이러한 효과를 기대하고 관광객이 선호하는 이미지, 제도, 시설 개발을 통해 도시 마케팅에 활용합니다. 도시 공간을 상품화하고 도시 상품의 가치를 상승시켜 지역 경제를 활성화하려는 전략에 활용하는 것이죠. 그렇게 하려면 가장 중요한 것은 짧은 시간에 많은 사람이 쉽게 인식할 수 있는 친숙함이 필요합니다.

세계적으로 가장 유명한 도시 브랜드는 아마 미국 뉴욕시의 '아이 러브 뉴욕I♥NY'일 겁니다. 'I♥NY' 로고는 밀턴 글레이저Milton Glaser가 만들었습니다. 당시 뉴욕시는 '범죄 도시'란 오명을 벗고 관광객을 모으기 위해 글레이저에게 캠페인 로고 디자

국가	도시	슬로건
네덜란드	암스테르담	I amsterdam
덴마크	코펜하겐	cOPEN HAGEN open for you
영국	글래스고	PEAPLE MAKE GLASGOW
싱가포르	싱가포르	Passion Made Possible
미국	뉴욕	I♥NY
일본	도쿄	Tokyo Tokyo Old meets New

세계 많은 도시들이 도시 브랜드를 만들어 마케팅에 활용하고 있습니다.

인을 의뢰한 것이지요. 글레이저는 유명 팝 아티스트인 로버트 인디애나Robert Indiana 의 대표작 〈LOVE〉에서 영감을 얻어 사각형을 4등분한 뒤 위에는 I와 ♥를, 아래에 는 N과 Y를 배치한 로고를 탄생시켰습니다. 반응은 폭발적이었어요. 뉴욕 시민들은 너도나도 'I♥NY' 로고가 있는 티셔츠를 입고 거리를 활보했지요. 로고를 새긴 기념 품은 뉴욕을 방문하는 관광객이라면 반드시 사야 하는 명물이 되었고요. 놀라운 것 은 글레이저가 자신의 디자인이 뉴욕의 공공 재산이 되길 바라는 마음으로 'I♥NY' 의 저작권을 뉴욕시에 넘겼다는 점입니다. 덕분에 더 많은 사람이 뉴욕의 이미지를 공유할 수 있게 되었습니다.

이처럼 성공적인 도시 브랜딩은 도시의 경제적인 발전과 사회적 발전에 긍정적 인 영향을 미칠 수 있으며, 도시의 경쟁력 향상에도 효과가 큽니다. 그래서 전 세계 많은 도시에서 다른 도시와 차별화된 그 도시만의 독특한 가치를 강조할 수 있도록 도시의 로고, 브랜드, 색상, 디자인 등의 시각적인 요소를 활용해 도시의 이미지를 만듭니다. 그 과정에서 지역 주민들, 방문객과 소통하는 것도 매우 중요하지요. 마지 막으로 너무 자주 바뀌는 도시 브랜드는 많은 사람이 알아보기도 전에 잊혀질 가능 성이 높으므로 오랫동안 홍보하는 것도 중요합니다.

6장

정치와 지리

- ☑ 분쟁
- ☐ 쿠르디스탄
- ☐ 난민
- ☐ 하나의 중국
- ☐ 정치적 수도
- ☐ 북대서양 조약 기구
- ☐ 비무장지대
- ☐ 독도
- ☐ 장벽 정치
- ☐ 자원 외교

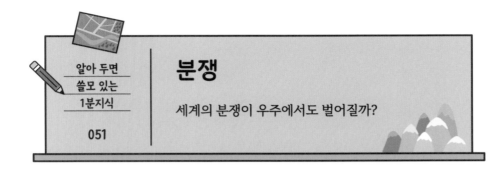

분쟁

세계의 분쟁이 우주에서도 벌어질까?

21세기에 들어서면서 세계적 규모의 전쟁은 발생하지 않았지만, 국지적 수준에서 평화를 위협하는 분쟁은 끊이지 않고 있습니다. 이러한 지역 분쟁은 영역, 자원, 민족, 종교 등 다양한 이유로, 복잡하게 얽혀 발생하는 경우가 많습니다.

보통 영토 분쟁은 국경선이 명확하게 설정되어 있지 않은 지역, 한 국가가 다른 국가의 영역을 무력으로 점령한 역사가 있는 지역, 종교가 다른 소수 민족이 분리 독립하려는 지역에서 주로 발생합니다. 특히 아프리카는 식민 국가들이 독립하는 과정에서 부족, 종교 등의 문화적 특성을 무시한 채로 강대국의 이해관계에 따라 국경선을 설정했습니다. 이로 인해 다양한 부족들이 한 국가에 포함되거나, 하나의 부족이 국경을 두고 둘로 나누어지기도 했습니다. 게다가 아프리카의 풍부한 지하자원은 그것을 둘러싼 이권 경쟁으로, 축복이 아닌 저주가 되고 있지요. 이에 따라 아프리카에서는 곳곳에서 분쟁이 발생하고 지금도 끊임없이 난민이 발생하고 있습니다.

석유와 천연가스 같은 에너지 자원을 둘러싼 분쟁은 바다에서도 예외 없이 발생합니다. 남중국해에 위치한 난사 군도는 최근 석유, 천연가스 등 지하자원이 풍부하게 매장되어 있다고 알려지면서 중국, 베트남, 필리핀, 말레이시아, 타이완, 브루나이 등 6개국 사이의 분쟁이 커지고 있습니다. 또한 센카쿠 열도를 둘러싸고 일본, 중국, 타이완이 심각하게 대립하는 이유도 이 열도에 속한 섬들이 동중국해 항로의 요충지이며 주변에 석유 자원이 풍부하게 매장되어 있다는 조사 결과 때문입니다.

우주 강국을 중심으로 달 탐사와 자원 개발 경쟁이 치열해지고 있습니다. 2023년 인도의 달 탐사선 찬드라얀 3호가 인류 최초로 달 남극에 착륙하는 데 성공하면서 전 세계의 달을 둘러싼 경쟁이 더 가속화될 전망입니다. (도판 출처: 인도우주연구기구ISRO 유튜브)

　　최근에는 북극해를 둘러싸고 강대국들이 치열하게 각축전을 벌이며 긴장도를 높이고 있습니다. 북극해에는 미개발 석유와 천연가스가 대량 묻혀 있을 것으로 추정됩니다. 이에 따라 미국, 캐나다, 러시아, 덴마크, 노르웨이 등 북극해 연안 국가들의 영유권 분쟁이 본격적으로 벌어지고 있습니다.

　　인간을 비롯한 생물의 생존에 없어서는 안 되는 물 자원을 두고도 마찰이 증가하고 있습니다. 나일강, 유프라테스강과 티그리스강, 메콩강 같은 국제 하천의 상류 지역 국가에서 댐을 건설하자 하류 지역의 국가들이 물 부족 사태를 겪게 되면서 국가 간 분쟁으로 확대되고 있습니다. 더욱이 기후 변화로 사막화가 진행되면서 물 부족 사례는 점점 증가하고 있습니다.

　　그런데 이제는 인류의 자원 분쟁 무대가 우주까지 확대될 듯합니다. 특히 달의 남극은 우주 강국들이 가장 눈독을 들이는 곳입니다. 달 남극의 분화구에는 희토류 등의 자원이 풍부할 것이라고 기대됩니다. 1979년 우주 자원을 개별 국가 소유가 아닌 인류 공동 유산으로 하는 '달 조약Moon Treaty(달 협정, 달 및 기타 천체의 국가 활동을 관리하는 협정)'이 제정됐지만 미국과 중국, 러시아 등 우주 강국들이 협정에 참여하지 않아 실질적 효력이 없는 것과 마찬가지입니다. 앞으로 본격적인 달 자원 개발이 시작되면 경쟁은 더욱 치열해질 것입니다.

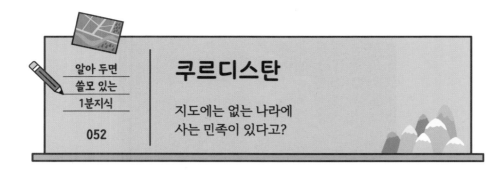

쿠르디스탄

지도에는 없는 나라에
사는 민족이 있다고?

지난 20여 년 동안 세계 지도의 국경선은 거의 바뀌지 않았지만, 지도상의 경계선이 항상 실제 경계를 의미하는 것은 아닙니다. 아직 지도에는 표기되어 있지 않지만 공식적인 국가로 인정받기를 고대하는 곳들이 있습니다.

대표적인 나라가 쿠르디스탄입니다. 세계 지도를 아무리 훑어 봐도 찾아볼 수 없는 이름이지요. '서남아시아의 집시'라고 불리는 쿠르드족은 자신들의 고유 언어인 쿠르드어와 이슬람 전통문화를 지키고 있지만 지금도 국가라는 실체 없이 중동 각지에 흩어져 살고 있습니다. 이들은 아나톨리아 일대 등 고지대에서 거주하며 목축을 주요 생업으로 삼아 살아가고 있습니다. 쿠르드족의 정확한 인구는 집계하기 어렵지만 대략 그 수가 무려 3,000~4,000만 명에 이르는 것으로 알려져 있습니다. 이는 독자적인 국가가 없는 민족으로서는 세계에서 가장 많은 인구입니다. 그래서 쿠르드족을 '국가 없는 세계 최대 민족'이라고도 부릅니다.

그렇다면 쿠르드족의 본격적인 고난은 언제부터 시작되었을까요? 중세부터 근대까지 쿠르드인의 거주 영역은 오스만 제국에 속해 있었습니다. 하지만 제1차 세계대전에서 패전국으로 전락한 오스만 제국에 포함된 영토는 서구 열강들의 이해관계에 따라 나뉘었지요. 이 과정에서 쿠르디스탄 지역은 튀르키예, 이란, 이라크, 시리아 등에 편입되고 쿠르디스탄은 힘없이 분단되었습니다.

이후 20세기 후반부터 쿠르드족 내에서도 정치 세력이 탄생하면서 튀르키예와

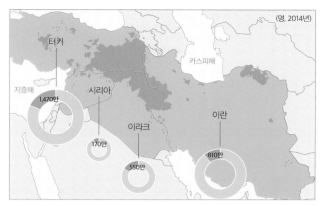

(명, 2014년)

터키

카스피해

지중해

시리아

1,470만

이란

이라크

170만

810만

550만

'서남아시아의 집시'라고 불리는 쿠르드족은 국가 없는 세계 최대 민족으로 중동 각지에 흩어져 살고 있습니다.

이라크에서는 분리 독립을 요구하기도 했습니다. 하지만 각국의 이해관계가 얽혀 있기 때문에 주변 국가들과 많은 갈등을 빚고 있답니다. 현재 쿠르드족이 가장 많이 거주하고 있는 나라는 튀르키예입니다. 무려 약 1,500만 명이 튀르키예 동남부 산악 지대에 살고 있지요. 이라크 북부 지역에도 현재 쿠르드족 550만 명이 거주하고 있습니다. 이들은 쿠르드 자치 정부Kurdistan Regional Government, KRG라는 조직을 만들고, 일부 주에서 자치권을 행사하고 있습니다. 이라크로부터 완전히 독립하기 위해 주민 투표를 시행하기도 했어요. 주민 투표의 투표율은 78퍼센트로 높았고 찬성이 92퍼센트이 이르렀지만 이라크 중앙 정부는 쿠르드족의 독립을 강력하게 반대하고 있습니다. 쿠르드족이 나라를 세우고자 하는 키르쿠크 지역에 석유가 많이 매장되어 있기 때문이지요. 게다가 쿠르드족이 살고 있는 다른 나라들에서 쿠르드족이 잇달아 독립을 요구할까 두려워 튀르키예, 시리아, 이란에서도 이라크 정부와 함께 쿠르드족 독립을 반대하고 있어요.

이렇게 쿠르드족은 독립 국가를 세우지 못한 채 주변국의 이해관계에 따라 이용당하고 탄압당하는 실정입니다. 지금도 여전히 쿠르드족의 나라 없는 설움은 끝날 기약이 없어 보입니다.

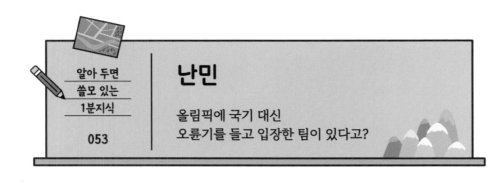

알아 두면
쓸모 있는
1분지식

053

난민

올림픽에 국기 대신
오륜기를 들고 입장한 팀이 있다고?

2020 도쿄 올림픽(2021년 개최) 개막식에서 늘 첫 번째로 입장하는 그리스 선수단 다음으로 두 번째로 입장한 선수단을 아시나요? 바로 '올림픽 난민 선수단Refugee Olympic Team, ROT'입니다. 난민 선수단은 국제 올림픽 위원회International Olympics Committee, IOC가 난민들에게 용기와 희망을 주기 위해 구성한 팀입니다.

역대 올림픽에서 난민 선수단이 출전한 것은 도쿄 올림픽 직전 대회인 2016년 리우데자네이루 올림픽에 이어 도쿄 올림픽이 두 번째였지요. 도쿄 올림픽에 출전한 난민 선수단은 시리아, 이란, 아프가니스탄 등 11개국 출신의 난민 29명으로 구성되었습니다. 리우데자네이루 올림픽 당시 시리아 출신 수영 선수가 "다음 올림픽에서는 난민 선수단이 없길 바란다. 개인적으로는 내 나라 국기를 달고 뛰면 좋겠다"라는 바람을 전하기도 했습니다. 하지만 도쿄 올림픽의 난민 선수단은 리우데자네이루 올림픽 당시 난민 선수단 선수 인원이 10명이었던 점을 고려하면 약 3배 수준까지 오히려 규모가 더 커진 것이지요.

그러면 난민이란 어떤 사람들을 말하는 걸까요? 난민의 정의는 1951년 체결된 '난민의 지위에 관한 협약'에 나와 있습니다. 이 협약에는 우리나라를 포함한 100여 개 국가가 가입되어 있습니다. 협약 내용에 따르면 난민은 인종, 종교, 정치적 의견 차이 등으로 인한 박해를 피해 고국을 탈출한 사람이에요. 그래서 난민은 허가 없이 다른 나라에 가더라도 쫓겨나지 않고 보호를 받을 수 있지요. 또 협약에는 본국으로

2016년 리우데자네이루 올림픽과 2020년 도쿄 올림픽에서는 오륜기를 들고 입장하는 팀이 등장했습니다. 바로 난민 출신의 선수들로 구성된 난민 선수단입니다.

보냈을 때 박해를 받을 가능성이 있는 난민을 돌려보내지 못하도록 규정되어 있습니다. 게다가 난민도 다른 국민과 동등하게 사회 경제적인 혜택을 받을 권리가 있다고 명시하고 있어요. 실제로 많은 나라에서 헌법과 국내법으로 난민, 특히 정치 난민을 보호하고 있습니다.

이렇게 노력함에도 여전히 세계의 여러 분쟁으로 난민이 끊임없이 발생하고 있습니다. 최근에는 기후 변화로 인한 자연재해 때문에 기후 난민도 증가하고 있습니다. 해수면이 상승해 국토가 물에 잠기는 남태평양의 투발루, 방글라데시의 해안이나 사막화 현상이 심한 수단, 몽골 등에서도 기후 난민이 발생하고 있지요.

더 안타까운 것은 지구촌 난민 중 절반이 '난민 어린이'라는 점입니다. 난민 어린이는 인종·종교·국적·신분·전쟁 등으로 자신의 나라를 벗어난 사람 중 18세 미만의 청소년을 의미합니다. 이들은 불안정한 상황에 놓여 있어 보호를 제대로 받지 못하고 있지요. 국제법에 따르면, 모든 어린이에게는 출생 등록의 권리가 있습니다. 이를 통해 인간으로서의 권리를 누리고 보호받을 수 있기 때문이지요. 하지만 난민 어린이는 출생 등록을 하지 못하고 있어요. 이처럼 출생 등록을 못한 어린이는 무국적자로 분류돼 생존권 보장은 물론 의료, 교육 등과 관련된 서비스도 받지 못하는 안타까운 상황에 처해 있습니다.

하나의 중국

왜 많은 나라들이 베이징 동계 올림픽을
보이콧했을까?

2024년 1월 타이완의 라이칭더賴淸德가 우리나라의 대통령격인 총통으로 선출됐습니다. 라이칭더의 당선은 타이완 민심이 지난 2016년과 2020년에 이어 '중국과 타이완은 서로 예속되지 않는다'라는 주장에 손을 들어준 결과입니다. 하지만 중국은 타이완 총통 선거 직후 해외 각국으로부터 빠르게 '하나의 중국' 원칙을 재확인했습니다. 즉 세계에는 오직 하나의 중국만 있고, 중국과 타이완, 홍콩, 마카오가 나뉠 수 없으며 중화 인민 공화국 정부가 전 중국을 대표하는 유일한 합법 정부라는 것을 더욱 강조한 것입니다.

　중국에는 인구의 90퍼센트에 해당하는 한족漢族을 비롯해 55개의 소수 민족이 거주하고 있습니다. 소수 민족의 총인구는 적지만 이들의 분포 면적은 중국 전체 영토에서 상당히 높은 비중을 차지합니다. 중국 정부는 소수 민족과의 융화를 위해 그들의 전통과 고유성을 인정하고 소수 민족 자치 지역을 설정하며 자치를 일정 부분 보장하는 제도를 시행합니다. 하지만 소수 민족 자치 지역의 독립은 철저히 억제해 왔습니다. 이 과정에서 한족과 소수 민족 간의 갈등이 나타나고 있지요. 특히 티베트족이 거주하는 시짱 자치구(티베트 자치구)와 위구르족이 거주하는 신장 웨이우얼 자치구는 중국으로부터의 독립을 강력하게 주장해 왔습니다. 중국 정부가 이들의 독립운동을 저지하는 과정에서 소수 민족의 인권을 심각하게 탄압했지요. 하지만 자세한 내용은 중국의 철저한 언론 통제 때문에 세상에 잘 알려지지 못하는 실정입니다.

중국 헌법에는 모든 민족은 평등하며 정치·경제·문화 생활에서 한족과 동등한 대우와 권리를 보장하고 있습니다. 하지만 중국 정부는 여러모로 헌법과 사뭇 다른 태도를 보입니다.

2022년 베이징 동계 올림픽이 개최되기 전에도 중국의 위구르족 탄압에 대한 의혹이 불거졌습니다. 미국의 인권 단체들은 이를 문제 삼으며 미국 선수단의 베이징 동계 올림픽 보이콧을 요구했습니다. 곧 미국, 오스트레일리아, 영국 등은 인권 탄압을 문제 삼으며 외교적 보이콧을 선언하기도 했습니다. 외교적 보이콧은 국가가 어떤 이벤트나 행사에 참여하지 않거나 정상적인 외교 관계를 유지하지 않는 것을 의미합니다. 즉 해당 국가가 특정 국가의 정책이나 행동을 비판하거나 거부함으로써 그 국가를 압박하는 방법이지요. 보이콧을 통해 중국 정부를 향해 인권 문제를 해결하고 개선하기 위해 노력하라고 촉구한 것입니다.

하지만 이후에도 중국은 홍콩이나 티베트 지역과 신장 웨이우얼 자치구는 물론 타이완과 관련된 국제적 정치 문제가 발생할 때마다 여전히 '하나의 중국'을 고수하고 있습니다. 게다가 중국은 물론 타이완, 홍콩, 우리나라에서 활동하는 중국 국적의 연예인까지 동원해 여론 조성에 힘쓰고 있습니다. 최근 우리나라 국민이 중국 출장 길에 개인 수첩에 있는 세계 지도 때문에 공항에 억류된 적도 있습니다. 이유는 해당 지도에 타이완이 중국과 별개의 국가로 표기되어 있고 신장 지역이 중국 영토에서 빠져 있다는 이유에서였습니다.

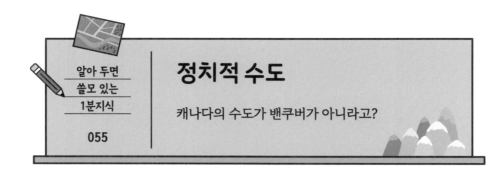

알아 두면
쓸모 있는
1분지식

055

정치적 수도

캐나다의 수도가 밴쿠버가 아니라고?

"캐나다의 수도는? 오스트레일리아의 수도는?" 나라 이름은 친숙할지 몰라도 실제로 많은 사람이 캐나다의 수도를 밴쿠버 또는 토론토, 오스트레일리아의 수도를 시드니라고 틀린 답을 말합니다.

하지만 많은 사람이 이렇게 헷갈려 하는 데는 그럴 만한 이유가 있습니다. 캐나다의 공식 수도인 오타와는 1867년 수도로 지정될 당시 인구가 2만 명에 불과했고 지금도 약 100만 명으로 인구 300만 명의 토론토와 비교해 3분의 1 수준밖에 되지 않습니다. 또 경제 교류 측면에서도 태평양 연안에 있는 밴쿠버에 비해 우리나라와 교류가 적어 익숙하지 않은 편이죠. 오스트레일리아의 수도 캔버라도 오스트레일리아에서 인구 규모로 여덟 번째에 해당하는 도시이며 시드나나 멜버른에 비해 인지도가 낮은 편입니다. 마지막으로 미국의 수도인 워싱턴 컬럼비아 특별구Washington, District of Columbia, 줄여서 워싱턴 D. C.는 익숙하게 잘 알고 있겠지만, 인구는 70만 명뿐인 작은 구역입니다.

앞서 언급한 세 도시는 수도치고는 규모가 작다는 것 외에도 '정치적 수도'라는 공통점이 있습니다. 수도라는 공간 자체가 정치적 기능을 수행하는 곳이 대부분이지만, 세 도시는 수도로 정해지는 과정에 정치적인 배경이 강하게 작용했습니다.

먼저 캐나다의 수도로 오타와가 결정된 과정에는 당시 캐나다를 식민 통치하고 있던 영국 빅토리아 여왕의 정치적이면서도 지리적인 안목이 적용했습니다. 캐나다

수도 입지 선정 당시 상황을 살펴보면 오타와 서쪽에 위치한 토론토와 동쪽에 위치한 몬트리올의 수도 유치 경쟁이 매우 치열했습니다. 게다가 토론토가 속한 온타리오주는 영국계 주민으로, 몬트리올이 속한 퀘백주는 대부분 프랑스계 주민으로 구성된 지역이라 언어, 민족, 종교 등 갈등

캐나다의 수도 오타와는 수도 선정 과정에서 정치적 이유가 크게 작용했습니다.

을 겪고 있었지요. 결국 1857년 12월 31일, 빅토리아 여왕은 제3의 도시인 오타와를 수도로 지정해 논란을 잠재웠습니다.

오스트레일리아의 수도 캔버라도 정치적 타협의 결과로 정해진 수도입니다. 영국의 식민지였던 오스트레일리아가 식민 지배에서 벗어나 자치령이 되자 시드니와 멜버른이 본격적으로 수도 유치 경쟁에 들어갔습니다. 그런데 시드니와 멜버른의 경쟁이 갈수록 치열해지자 절충안으로 정해진 곳이 캔버라였던 것이죠.

미국 50개 주 어느 곳에도 소속되지 않는 미국의 연방 수도 워싱턴 D. C.도 정치적 결정의 결과입니다. 미국 동부에 위치하는 영국의 식민지 13개 주가 연방국으로 독립한 후 처음에는 뉴욕, 그 이후에는 필라델피아가 수도의 역할을 했습니다. 하지만 독립 이후 북부 주와 남부 주가 갈등을 빚으면서 문제가 되었지요. 그래서 연방 수도가 북부 주에 치우쳐 있는 것에 불만을 가졌던 남부 주들의 연방 이탈을 막기 위해 중간 지점에 수도를 정하게 되었으며, 그곳이 바로 1800년부터 지금의 세계 정치의 중심지가 된 워싱턴 D. C.입니다.

이처럼 새로운 수도의 입지가 지역 간 갈등을 해결하는 수단으로 활용되었다는 측면에서 '정치적'이라는 단어를 써서 정치적 수도라고 합니다.

북대서양 조약 기구

러시아는 왜 우크라이나를 공격했을까?

우크라이나는 2022년 2월 24일부터 러시아와 전쟁을 치르면서 러시아와의 역사·문화적 관계도 빠르게 정리하고 있습니다. 우크라이나의 러시아에 대한 '캔슬 컬처Cancel Culture' 움직임이 문화 영역 전반에서 일어나고 있지요. 먼저 러시아와 관련된 도로명과 기관명 등을 빠르게 바꾸고 있습니다. 대표적으로 우크라이나의 수도 키이우의 지하철역 이름을 레프 톨스토이 광장역에서 우크라이나 시인인 바실 스투스 역으로 바꾸었지요. 또한 대문호 레프 톨스토이Lev Tolstoi의 『전쟁과 평화War and Love』의 내용이 러시아군을 미화한다는 이유로 학교 수업에서 공식적으로 다루지 못하게 했습니다. 크리스마스에 가장 많이 연주되는 표트르 차이콥스키Pyotr Chikovskii의 〈호두까기 인형The Nutcracker〉 같은 발레곡도 우크라이나에서는 들을 수 없게 되었습니다. 사실 우크라이나와 러시아는 역사적, 문화적 연관성이 깊은 국가입니다. 그런데도 왜 러시아는 우크라이나를 침공했고, 전쟁은 계속되고 있는 걸까요?

2019년 우크라이나 대선에서 볼로디미르 젤렌스키Volodymyr Zelensky가 대통령에 당선되었습니다. 이후 우크라이나 정부는 우크라이나 개정 헌법에 '북대서양 조약 기구North Atlantic Treaty Organization, NATO(나토) 가입을 추구한다'라는 문구를 추가하는 등 친서방 움직임을 본격화했습니다. 나토는 1949년에 설립되었으며, 유럽과 북아메리카 지역 회원국 간의 집단 방위를 통해 안보를 보장하는 정치, 군사 동맹을 추구하는 국제 기구입니다. 그래서 전문가들은 러시아-우크라이나 위기와 전쟁의 본질적인

러시아가 우크라이나를 침공하자 2023년에는 러시아와 국경을 접한 핀란드가, 2024년에는 스웨덴이 중립국의 지위를 버리고 나토에 합류했습니다. 이로써 나토는 2024년 현재 32개 회원국으로 그 규모가 더 확대된 군사 동맹체가 되었습니다.

원인으로 우크라이나 나토 가입 가능성에 대한 러시아의 안보 불안감을 꼽습니다.

그러면 나토는 왜 만들어졌고 어떤 점이 러시아에 위협적인 걸까요? 1945년 제2차 세계 대전이 끝나고 국제 사회에는 미국, 영국, 프랑스를 중심으로 한 민주주의 국가들과 소련을 중심으로 한 동유럽 공산권 국가 간의 냉전 구도가 형성됐습니다. 당시 소련과 공산권 국가들의 군사적 팽창에 위기의식을 느낀 서유럽 국가와 미국이 이에 대응할 군사 동맹체가 필요하다고 생각한 것이지요.

나토가 출범한 1949년에는 미국, 캐나다 등 북아메리카 지역 2개국과 유럽 10개국의 12개 나라로 구성되었습니다. 이후 1991년에 소련이 해체된 후 폴란드, 체코, 헝가리 등 구소련 국가들이 속속 가입하면서 2020년에는 회원국이 30개까지 늘어났습니다. 당연히 러시아가 주변 국가들의 나토 가입을 반길 리가 없겠죠. 이런 상황에서 우크라이나가 나토에 가입하려 하자 러시아의 블라디미르 푸틴Vladimir Putin 대통령은 이를 큰 위협으로 받아들였습니다. 결국 2022년 2월 24일 러시아는 키이우 지역에 대한 공격을 시작했지요. 그리고 2025년 현재 만 3년째 이어지고 있는 전쟁은 엄청난 인명 피해와 유럽 최대 규모의 난민을 만들어 내고 있습니다.

비무장지대

DMZ는 우리나라에만 있는 것이 아니다?

2018년 4월, 남한과 북한 두 정상이 만나는 역사적 사건이 일어났습니다. 장소는 비무장지대인 DMZ 안에 있는 판문점이었지요. 한 번쯤은 들어봤을 DMZ는 영어 'demilitarized zone'의 줄임말로 '무장을 해제한'이라는 뜻의 demilitarized와 지역을 뜻하는 zone을 합친 단어입니다. 그래서 DMZ에서는 국제 조약이나 협약에 따라 군대가 주둔할 수 없고 무기나 다른 군사 시설도 설치할 수 없죠. 만약 이미 설치된 군사 시설이 있다면 모두 철거해야 합니다. 이 때문에 DMZ는 평화의 상징으로 부릅니다.

그런데 평화의 상징인 DMZ가 만들어진 이유는 역설적이게도 대부분 전쟁 때문입니다. 극심한 전쟁을 치른 후 더 이상의 군사적 충돌을 막기 위해 군사 분계선(휴전선)을 설정하고 일정 지역을 완충 지대로 설치하는 것입니다. 1953년 우리나라에서도 6·25전쟁의 정전 협정을 맺으면서 양측의 군사 충돌을 막기 위해 비무장지대가 만들어졌어요. 군사 분계선 남북으로 2킬로미터 지점에 남방 한계선과 북방 한계선을 설정하고, 그 사이의 폭 4킬로미터 지역을 비무장지대로 명명했습니다. 안타깝게도 한반도의 DMZ는 만들어진 지 60년이 지났지만 사라지지 않고 있습니다. 한반도에서 전쟁은 끝난 것이 아니라 일시적으로 중단된 상태이기 때문이지요.

DMZ는 전쟁이나 분쟁이 일어난 세계 곳곳에 있습니다. 세계 최초로 DMZ가 된 올란드 제도에는 오랫동안 스웨덴의 지배를 받아 온 핀란드의 아픈 역사가 담겨 있습니다. 이곳은 DMZ의 의미와 역할을 가장 상징적으로 보여주는 곳이지요. 한편 지

우리나라에서도 1953년 6·25전쟁의 정전 협정을 맺으면서 양측의 군사 충돌을 막기 위한 완충 지대로 비무장지대를 설치했습니다.

금은 사라지고 없지만 독일과 프랑스가 맞닿은 '라인란트'는 1919년 베르사유 조약 Treaty of Versailles에 따라 제1차 세계 대전 패전국인 독일을 감시하기 위해 만든 비무장지대였습니다. 또 지금도 여전히 긴장감이 감도는 키프로스 지역과 카슈미르 지역에도 DMZ가 있습니다. 카프로스는 그리스계 주민이 살아가는 남쪽과 튀르키예계 주민이 살아가는 북쪽이 문화 차이로 갈등을 빚으면서 남북으로 분단된 상태입니다. 둘 사이의 군사적 갈등을 방지하기 위해 설치한 지역이 키프로스의 중앙에 위치한 DMZ인 것이지요. 인도와 파키스탄 사이에 위치한 LoCLine of Control도 사실상 DMZ로 간주됩니다. 이 지역은 카슈미르 지역을 가로지르며, 인도와 파키스탄 사이의 군사적 갈등을 조절하기 위해 설치한 중립 지대이지요.

국제 수로의 자유 항행을 위한 비무장화의 사례도 있습니다. 1888년 콘스탄티노플 조약Convention of Constantinople에 따른 수에즈 운하의 비무장화가 대표적입니다. 그밖에 광범위한 지역을 비무장화한 지역으로 남극(남극 조약Antarctic Treaty)과 우주(우주 조약Space Treaty)가 있습니다. DMZ가 설정된 배경에는 대부분 전쟁의 상처와 분단의 아픔이 있습니다. 그래서 전쟁의 아픈 기억을 반복하지 않고 완전한 평화로 가기 위해서 DMZ가 만들어진 이유에 대해 잊지 말고 서로를 존중하고 대화를 통해 문제를 해결해 나가야 할 것입니다.

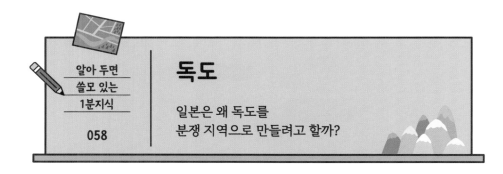

독도

일본은 왜 독도를
분쟁 지역으로 만들려고 할까?

2023년 12월 국방부는『정신 전력 교육 기본 교재』에서 대한민국 고유 영토인 독도를 센카쿠 열도, 쿠릴 열도와 동일시하면서 영토 분쟁이 진행 중인 지역으로 기술한 것에 대해 잘못을 인정하고 해당 교재를 전량 회수했습니다. 독도는 엄연히 대한민국의 주권이 미치는 우리의 땅이므로 처음부터 분쟁 지역이 될 수 없기에 이 사건은 많은 비난을 받았습니다. 또 이 일로 독도를 '분쟁 지역화'하려는 일본에 명분을 줄 여지를 남겼기 때문에 크나큰 잘못임이 분명합니다.

그렇다면 일본은 언제부터 독도를 자기네 땅이라고 우겼을까요? 일본이 독도 영유권을 본격적으로 주장하게 된 것은 1952년입니다. 당시 이승만 대통령이 독도가 포함된 해양 주권선인 '평화선'을 선포했는데, 일본이 이에 즉각 반발하면서 시작되었어요. 일본이 독도를 일본 영역이라고 주장하는 근거로 사용한 것은 1951년 9월 연합국과 맺은 샌프란시스코 강화 조약Treaty of San Francisco입니다. 조약문의 '일본은 제주도, 거문도, 울릉도를 포함한 한반도와 그 부속 도서에 대한 모든 권리, 자격, 영유권을 포기한다'라는 문구에 '독도가 명시되지 않았다'는 것이 일본 측 논리이지요. 당시 연합국은 독도를 울릉도의 부속 도서로 인식했기 때문에 일본 측의 주장은 억지일 수밖에 없습니다.

일본은 1990년대 후반부터 자국 교과서를 통해 독도 영유권을 주장하고 있습니다. 또 1954년부터 지속적으로 우리나라에 국제 사법 재판소International Court of Justice,

독도는 대한민국 주권이 미치는 명백한 우리 땅으로 영토 분쟁의 대상이 될 수 없습니다.

ICJ 회부를 제안했지만 우리는 "독도는 대한민국 영토가 명백하므로 분쟁 대상이 될 수 없고, 따라서 일본의 요구에 응할 이유가 없다"는 입장입니다.

우리 측의 '당연한 거부'에도 일본이 독도 문제를 여러 차례 ICJ에 회부하려는 속내는 무엇일까요? ICJ는 1945년에 설립된 국가 간의 갈등을 국제법으로 해결하는 유엔의 사법 기관으로 네덜란드 헤이그에 있습니다. 그런데 ICJ에 소송을 제기하려면 분쟁 당사국 모두 소송에 찬성해야 합니다. 한 나라라도 반대하면 시작되지 않지요. 만약 영토 분쟁 소송이 시작되면 재판관들은 국제법을 적용해 판결을 내립니다.

한편, 일본은 현재 일왕의 장인인 오와다 히사시小和田恒 판사를 비롯해 네 명의 ICJ 판사를 배출했습니다. 2018년부터는 이와사와 유지岩澤雄司가 재임 중이지요. 또 일본은 ICJ 운영비의 상당 부분을 부담하고 있습니다. ICJ 재판부와 사무처가 있는 헤이그의 평화궁 1층에는 '일본의 방'이라는 공간이 있을 정도로 영향력이 큽니다. 이 방은 평화궁의 주요 시설 가운데 특정 국가의 이름을 딴 유일한 공간이지요. 그래서 '독도 문제가 ICJ로 가면 대한민국에 불리할 것'이라는 우려가 있지요. ICJ에서 차지하는 일본의 이런 국제적 위상을 무시할 수 없기 때문입니다. 독도와 관련된 일본의 터무니없는 주장이 확산되지 않도록 대한민국의 국제적 위상을 높이고 국제법 전문 인력 확충을 위해 노력해야 합니다.

장벽 정치

지리적 장벽은
어떻게 정치적으로 활용될까?

인류는 현재 사람, 사물, 공간 등이 인터넷으로 연결된 초연결 사회를 살고 있습니다. 하지만 오히려 전 세계의 지역 간 '차이'는 이전보다 더 극명하게 드러나고 있기도 합니다. 경제 수준, 종교, 인종, 이념, 민족, 계급 등 국가마다 다양한 형태로 나타나고 있지요. 그리고 이 차이를 극명하게 보여 주는 장치가 바로 '장벽'입니다.

인류가 만든 거대 장벽의 시초라고 할 수 있는 것은 중국이 한족과 북방 유목 민족 사이의 경계선으로 쌓은 만리장성萬里長城입니다. 만리장성 이전과 이후에도 동서양을 막론하고 수많은 장벽이 만들어지고 허물어지기를 반복했습니다. 제2차 세계 대전 이후 독일이 동독과 서독으로 분단되면서 세워진 것도 베를린 '장벽'입니다. 분단의 상징이던 베를린 장벽은 1989년에 무너지면서 지금은 평화의 상징으로 남았습니다.

21세기에도 세계에는 자국의 이익을 지키는 수단으로 존재하는 많은 장벽이 있습니다. 미국이 라틴 아메리카로부터 이민자 유입을 차단하기 위해 만든 장벽은 '미국판 만리장성'이라 불리며 길이가 미국과 멕시코 국경을 따라 무려 1,600킬로미터에 이릅니다. 또 '중동의 화약고'라고 불리는 이스라엘과 팔레스타인 간의 분리 장벽, 한반도를 가로지르는 휴전선까지 세상에는 수많은 사연을 가진 장벽이 있습니다.

세계화로 인해 물자와 사람이 자유롭게 교류하는 세상에 왜 장벽이 더 많이 만들어지는 걸까요? 실제 국제 관계를 들여다보면 지리적 장벽이 얼마나 중요한 역할을

이스라엘과 팔레스타인 간의 가자 지구와 서안 지구를 에워싸고 있는 분리 장벽은 더 길어지고 높아지고 있습니다.

하는 시대인지 실감할 수 있습니다. 세계화 속에서도 여전한 다른 민족, 다른 국가에 대한 의심과 두려움이 새로운 장벽을 만들어 내는 것이지요. 장벽으로 인한 물리적 분리는 '너와 나'를 가로막는 분열과 대립의 상징이지만 국가 안보 같은 군사적 측면에서는 효과가 있기도 합니다.

이처럼 장벽은 국가 간의 관계에서도 중요한 역할을 합니다. 장벽은 상황과 목적에 따라 다양한 형태로 만들어지기도 하지요. 특히 정치적 장벽은 외부의 침입이나 불법 이주 등을 차단하는 역할을 하며, 국가의 주권을 지키는 데 도움을 주기도 합니다. 그래서 장벽은 종교 분쟁, 테러, 전쟁을 억제하는 수단으로 세워지는 경우가 많습니다.

장벽이 차단 기능을 탁월하게 수행하기 때문에 지금도 충돌이 빚어지는 지역에는 어김없이 장벽이 세워집니다. 대표적인 사례가 이스라엘과 팔레스타인 사이에 설치된 장벽입니다. 이 장벽은 두 지역 사이의 이동을 제한하고 경계를 강화하기 위해 설치되었습니다. 그래서 두 지역의 정치적 갈등이 깊어지고 서로의 정체성과 안위를 지키려는 마음이 커지면 커질수록 이곳의 장벽은 더 견고해지고 높아지고 있습니다.

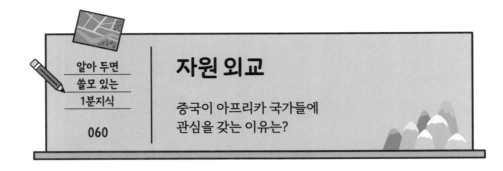

자원 외교

중국이 아프리카 국가들에
관심을 갖는 이유는?

중국이 아프리카에 대한 영향력 확대와 관계 강화에 공을 들이고 있습니다. 특히 중국은 자원이 풍부한 국가에 대해 더 적극적인 모습을 보이고 있지요. 이미 콩고민주공화국의 구리·코발트cobalt 광산업의 70퍼센트 이상은 중국 기업이 소유한 것으로 알려져 있습니다. 또 아프리카 2위 구리 생산국인 잠비아는 몇 년 동안 중국의 원조를 받고 있지요. 최근에는 중국 기업들이 짐바브웨에서 배터리 제조 산업에 꼭 필요한 리튬lithium 광산을 잇달아 인수했다는 공격적 투자 소식도 전해집니다. 더불어 중국은 세계 최대 보크사이트 매장량을 자랑하는 기니에서 가장 많은 양을 수입하는 국가입니다. 게다가 기니에 매장된 세계 최대 규모의 철광석 광산 개발을 위해 대규모 투자도 한 상황이지요.

중국의 3대 핵심 외교 정책 중 하나인 자원 외교는 아프리카를 비롯해 중앙아시아, 중남미 등에서 공격적으로 이루어지고 있습니다. 중국은 원유를 확보하기 위해서 아프리카의 수단이나 리비아, 서남아시아의 이란처럼 서방 회사들은 진출을 꺼리는 지역까지 집중적으로 공략하고 있습니다. 특히 서방의 오랜 경제 제재를 받으며 경제적 어려움을 겪고 있는 이란과도 돈독한 관계를 맺고 있지요. 이란, 아프리카 국가와 적극적으로 자원을 교류함으로써 미국 등 서방의 압박에 맞서 세계 무역 주도권을 공고히 하고 자원을 확보하겠다는 중국의 의도를 여실히 보여 줍니다.

아프리카 기니의 보크사이트 광석 운반 열차

중국의 이런 아슬아슬한 행보에 대해 다소 무모하다는 지적도 있었지만, 고유가 시대에 효율적인 성과를 올렸다는 평가도 많습니다. 중국과 교역량이 많은 이란의 원유 매장량은 세계 3위입니다. 그리고 이 원유의 약 90퍼센트가 중국으로 수출되고 있지요. 서방은 이 점이 상당히 껄끄럽겠지만 중국은 자원 외교를 통해 든든한 원유 공급처를 얻은 셈입니다.

최근 중국은 매년 아프리카 지역을 순방하며 아프리카 대통령들을 만나 자원 외교에 더 정성을 기울이고 있습니다. 또 아프리카의 농업, 보건 등 각종 사회 기반 시설 조성에 지원을 약속하며 확실한 우방국으로 다가서려는 모습을 보여 주고 있습니다. 중국은 이 밖에도 다양한 지원을 통해 총력전을 펼치며 아프리카 국가와 경제 외 분야에서도 관계를 공고히 하고 있습니다.

실제로 중국은 아프리카에서 발생하는 분쟁을 해결하기 위한 중재자의 역할을 하겠다는 의지를 밝히기도 했습니다. 중국 광산 기업들이 콩고민주공화국의 분쟁을 해결하기 위해 수도 킨샤사를 직접 방문하기도 했지요. 이는 중국이 아프리카와 맺은 자원, 경제 외교 관계를 넘어 정치적 문제까지 관심이 있다는 뜻을 내비친 행보입니다. 중국이 아프리카 국가들을 어느 정도로 중요하게 생각하는지를 엿볼 수 있습니다.

유엔 안전 보장 이사회
_대한민국이 세계 정치에서 맡을 수 있는 역할은?

"우크라이나, 유엔 안보리 긴급 소집 요청", "하마스와 이스라엘 충돌, 유엔 안보리 긴급 소집" 등 뉴스 제목에서 '유엔 안보리'라는 이름을 자주 볼 수 있습니다.

유엔 안보리는 유엔 안전 보장 이사회United Nations Security Council, UNSC를 줄여서 표현한 것인데, 보통 유엔 안보리와 관련된 뉴스에는 좋은 일보다는 안 좋은 일이 더 많지요. 우리나라에서는 북한 관련 소식이 전해질 때 함께 자주 등장하는 단어가 유엔 안보리입니다.

유엔 안보리는 어떤 기관이기에 북한 미사일 발사 소식이나 핵 실험 정황이 포착될 때마다 등장하는 것일까요? 유엔 안보리는 유엔의 중요한 기구 중 하나로 유엔이 창립할 때 설립되었습니다. 안보리는 거부권을 행사할 수 있는 상임 이사국(미국, 영국, 프랑스, 중국, 러시아)과 2년마다 교체되는 비상임 이사국 10개 국을 합해 총 15개 국가로 구성되어 있지요. 비상임 이사국은 평화 유지에 대한 회원국의 공헌과 지역적 배분을 고려해 총회에서 매년 5개국이 선출되며 연임할 수 없습니다. 거부권 행사를 제외하면 비상임 이사국은 상임 이사국과 표결에서 동등한 지위를 갖습니다. 비상임 이사국은 상임 이사국과 협력해 안보리의 공식, 비공식 회의에 모두 참석해 발언하고 투표권을 행사하며 안보리의 임무를 수행하지요.

2024년 현재 우리나라는 1996~1997년과 2013~2014년에 이어 세 번째로 유엔 안보리 비상임 이사국으로 활동하고 있습니다.

안보리의 주요 임무는 국제 사회의 안보와 평화를 위협하는 사안을 조사하고 분석한 뒤, 국제 사회에 대응 조치를 권고하거나 의사 결정을 하는 것입니다. 안보리의 결정은 유엔 회원국에게 법적 구속력이 있으며 이 결정을 무시하는 경우 국제 사회의 비판과 제재를 받을 수도 있습니다. 또 안보리는 국가 간 갈등이나 분쟁, 테러, 핵무기, 인권 등 세계 평화를 위협하는 사안 해결 과정에서 중요한 역할을 수행합니다. 1950년 6·25 전쟁이 일어났을 때 이를 '북한의 남침'으로 규정하고 유엔에서 군사를 파병하기로 결정한 것도 안보리에서 이루어졌습니다. 이사회에서 채택한 권고가 효과적이지 않다면 군사력을 사용해 강제 조치도 시행할 수 있습니다. 예를 들어 시위나 봉쇄 같은 군사적 조치, 항해·항공·통신을 중단하는 경제적 제재, 외교 관계 단절 같은 조치가 있지요.

2023년 미국 뉴욕 유엔 본부에서 열린 유엔 안보리 비상임 이사국 선출 투표에서 우리나라는 192개 회원국 가운데 180국의 찬성표를 얻어냈습니다. 이로써 우리나라는 1996~1997년과 2013~2014년에 이어 11년 만에 세 번째로 비상임 이사국으로 활동하게 되었습니다. 우리나라의 이사회 임기는 2024년부터 2년간입니다. 국제 사회의 수많은 안보 문제 해결에 우리나라가 중요한 역할을 맡게 되었습니다.

7장

경제와 지리

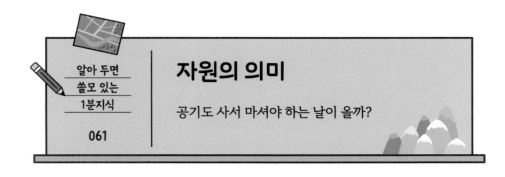

자원의 의미

공기도 사서 마셔야 하는 날이 올까?

만약 인간의 생존을 위해 없어서는 안 될 '공기'를 독점하는 기업이 있고, 공기를 공급받을 수 있는 계급과 그렇지 못한 계급이 철저히 나뉜 사회에서 살게 된다면 어떨까요? 최근 OTT 드라마로도 제작된 웹툰 〈택배기사〉가 이 같은 내용을 다루었는데요, 이 작품은 많은 사람들이 대기 환경에 대한 경각심을 갖고 '공기'를 자원으로 인식하는 계기가 되었습니다.

아직은 사람들에게 공기를 사 마신다는 것은 생소한 일입니다. 아마도 1990년대 중반 생수가 본격적으로 판매되기 전에 물 구매에 대해 사람들이 가졌던 생각과 비슷할 겁니다. 우리나라에서 생수 판매가 본격적으로 시작된 것은 1995년 「먹는 물 관리법」이 제정된 이후입니다. 그 전에는 생수를 돈 주고 사 먹는 일은 봉이 김선달 이야기에서나 나올 법한 것이었지요.

그런데 최근에는 생수처럼 공기를 판매하는 사례도 늘고 있습니다. 사실 몇 년 전 우리나라에서도 지리산과 한라산의 공기를 채취해 판매한 적이 있습니다. 하지만 당시에는 공기를 돈 주고 산다는 개념이 대중에게 익숙하지 않아 시중에서 곧 사라졌지요. 하지만 중국에서는 이미 10여 년 전에 캐나다 로키산맥의 청정 공기를 담은 캔 상품이 큰 인기를 끌었어요. 공기 캔의 가격이 생수보다 무려 50배나 비쌌음에도 공급 물량이 수요를 못 쫓아갈 정도였지요.

그런데 우리나라도 몇 년 사이 급격히 대기 환경이 나빠지자 점차 깨끗한 공기의 소중함을 깨닫고 '공기를 돈 주고 살 수도 있겠다'는 생각을 하게 된 사람들이 늘고 있습니다.

최악의 대기오염에 신음하는 인도 수도 뉴델리에는 이미 산소 카페가 등장해 공기를 판매하고 있지요. 산소 카페는 우리 돈 5,000원 정도에 15분 동안 정화된 산소를 마실 수 있는 곳입니다. 인도 국민의 월평균 소득이 우리 돈으로 20만 원 정도인 것을 감안하면

자원은 자연물 중에서 일상생활과 경제 활동에 쓸모가 있고, 기술적·경제적으로 이용할 수 있는 것을 말합니다.

결코 저렴한 가격이 아니지요. 그런데도 시민들의 반응은 아주 뜨겁다고 합니다.

미국에서는 많은 호텔에서 이미 객실 공기의 질을 새로운 경쟁력으로 삼고 '공기 경영'을 하는 곳이 늘어나고 있습니다. 보통 공기 청정 시스템이 설치된 객실을 이용하려면 더 높은 요금을 지불해야 하지만 방문객들에게 인기가 많지요. 앞선 사례들을 살펴보면 깨끗한 공기를 마시기 위해 본격적으로 비용을 지불하는 시대가 곧 올 것 같습니다.

일반적으로 자원은 자연물 중에서 일상생활과 경제 활동에 쓸모가 있고 기술적·경제적으로 이용할 수 있는 것을 말합니다. 기술적으로 개발해 사용할 수 있는 자원을 기술적 의미의 자원이라 하고, 그중 경제성이 있어 상업적으로 널리 이용되는 자원을 경제적 의미의 자원이라고 하지요. 또 자원의 가치가 과학 기술의 발달 정도나 경제적 수준, 문화적 배경에 따라 달라지는 것을 자원의 가변성이라고 합니다. 이처럼 인류에게 공기가 자연물이 아닌 시장에서 거래할 수 있는 상품이 된다면 공기도 경제적 의미의 자원이 되는 것이지요. 지금보다 환경 오염이 더 심해지면 머지 않은 미래에 모든 사람이 공기를 사서 마시는 일이 현실이 될지도 모릅니다.

자원의 저주

자원이 풍부해도 경제적으로
풍요롭지 않을 수 있다고?

20세기 이후 석유 소비량이 급증하면서 석유 자원이 풍부한 사우디아라비아, 아랍에미리트 등 서남아시아의 여러 국가가 석유 수출로 큰 호황을 누렸습니다. 이런 나라들은 풍부한 천연자원을 바탕으로 고도의 경제 성장을 이루며 '자원의 축복'을 누리는 대표적인 지역입니다.

하지만 풍부한 자원이 반드시 그 지역의 경제적 풍요와 행복을 보장해 주는 것은 아닙니다. 오히려 천연자원이 자칫 '악마의 축복'으로 전락할 수도 있습니다. 자원이 풍부한데도 자원 수출로 얻은 이익이 일부 계층에게만 돌아가 오히려 경제 성장이 늦어지고 국민 삶의 질이 낮아지는 부정적 현상을 '자원의 저주', '풍요의 역설'이라고 합니다. 자원의 저주는 자원을 둘러싼 부패와 분쟁으로 얼룩진 일부 중동과 아프리카, 중남미 자원 부국들이 겪고 있는 현실입니다. 영화 〈블러드 다이아몬드Blood Diamond〉로 잘 알려진 아프리카 시에라리온의 참상이 대표적인 사례이지요.

그뿐만 아니라 무리하게 자원을 개발하면서 대기·수질·토양 오염 등의 환경 문제가 발생해 주민들의 건강과 생태계에 악영향을 미치기도 합니다. 또 자원 개발과 관련된 산업만 발전해 산업이 균형 있게 발전하지 못하는 문제도 발생하지요. 한때 남아메리카 최대 산유국으로 남아메리카에서 부유한 나라로 꼽히던 베네수엘라는 국가 수입의 약 90퍼센트를 원유 수출에 의존했습니다. 이런 베네수엘라 경제의 석유 자원에 대한 지나친 의존은 2014년 하반기부터 국제 유가가 떨어지기 시작하

국가	수출품	GDP 대비 원자재 수출액 비중(퍼센트)	민주화 지수 순위	경제 자유 지수 순위
아랍에미리트	원유	31	150	63
베네수엘라	원유	30	93	148
베트남	원유, 쌀	26	145	135
볼리비아	천연가스, 콩	21	81	123
러시아	원유, 천연가스	18	102	134
아르헨티나	밀, 콩, 양	14	108	108
케냐	커피, 차	9	101	82
남아프리카공화국	금, 플래티늄	7	29	57
브라질	철광석, 소고기	6	42	101

*자료 출처: 세계은행, 헤리티지재단

자원이 풍부하다고 해서 그 지역의 경제적 풍요와 행복을 보장해 주는 것은 아닙니다. 오히려 '자원의 저주', '풍요의 역설'로 전락할 수도 있습니다.

자 휘청거렸습니다. 국제 원유 가격 하락으로 베네수엘라의 재정 상태는 곧바로 악화되었고 포퓰리즘populism에 의존하는 무능한 정치 지도자들 때문에 초인플레이션 hyperinflation이 닥쳤습니다. 베네수엘라의 화폐 가치는 바닥으로 곤두박질치며 종이접기 재료로 전락하게 되었지요. 지폐를 접어 만든 작품의 가치가 재료로 사용한 돈의 가치보다 높다고 하니 베네수엘라판 '자원의 저주'를 엿볼 수 있는 대목입니다.

이렇듯 아프리카나 중남미에 속한 나라들이 자원의 저주를 경험하고 있습니다. 하지만 모범적인 사례도 있습니다. 최근 떠오르는 자원 부국 중 아시아의 카자흐스탄, 아프리카의 보츠와나는 정치부터 안정시켰지요. 또 자원 수출에만 의존하지 않고 산업을 다변화하고 있습니다. 특히 보츠와나는 1966년 영국으로부터 독립한 후 보츠와나 민주당이 집권하며 정치적 안정을 유지하고 있습니다. 보츠와나는 세계 다이아몬드 생산량의 22퍼센트를 차지하는 국가로, 개발을 통해 얻은 이익으로 교육, 보건 등 각종 사회 기반 시설 구축에 투자하고 있습니다. 이 덕분에 눈부신 경제 성장을 이뤄냈고 1인당 국민 총생산도 아프리카 최고 수준입니다.

세계 무역 기구

세계 강국이라도 무역 협정을
쉽게 어길 수 없는 이유는?

2019년 세계 무역 기구World Trade Organization, WTO가 대한민국의 일본 후쿠시마 수산물 수입 금지 조치가 타당하다는 상소 기구 판정을 최종 확정했습니다. 이로써 우리나라에 대한 일본의 제소에서부터 최종 판정에 이르기까지 4년이나 걸린 분쟁이 끝났습니다. WTO가 2011년 동일본 대지진으로 인해 원전 사고가 발생한 지역의 일본산 식품에 대해 엄격한 검역 조치를 하겠다는 우리나라의 손을 들어준 것입니다. 하지만 일본 정부는 WTO 패소 이후에도 결과를 인정하지 않고 계속해서 우리나라에 수입 금지 철회를 요구했지요. 당시 아베 신조安倍晋三 일본 총리는 WTO의 조치를 비판하고 WTO 개혁을 강조하며 불만을 드러내기도 했습니다.

그러면 WTO는 어떤 기구이길래 국가 간 분쟁에 대한 판결과 제재를 할 수 있는 걸까요? 먼저 WTO의 설립 목적을 이해하기 위해 무역이 무엇인지부터 알아보겠습니다. 무역은 '지역과 지역 사이에 서로 물건을 사고팔거나 교환하는 행위'로, 오늘날에는 흔히 '국가 간에 상품, 자본, 기술 같은 것을 사고파는 경제 활동'을 말합니다. 그런데 무역을 하는 동안 각 국가는 손해를 최소화하고 더 많은 이익을 얻으려고 합니다. 거래를 하면서 손해를 보고 싶은 나라는 없을 테니까요. 그러다 보니 간혹 불합리한 일이 생길 수도 있고 작은 갈등이 무역 분쟁으로 이어지는 등 문제가 발생했어요.

그래서 물건을 사고팔 때는 '이렇게 하자'라고 정한 '관세 및 무역에 관한 일반 협정General Agreement on Tariffs and Trade, GATT'이 만들어졌습니다. 이 협정은 1948년에 정

WTO의 등장으로 자유 무역과 경제의 세계화가 더욱 촉진되는 동시에 무역 분쟁도 해결하고 조정할 수 있게 되었습니다.

식으로 출범했으며 1995년에 WTO가 생기기 전까지 국제 무역의 흐름을 주도했어요. 그런데 자유 무역과 세계화가 확대되면서 무역량이 증가하자 무역을 둘러싼 여러 가지 문제점들이 발생하기 시작했습니다. 종종 GATT를 위반하는 나라들도 생겨났고 국가 간 복잡해진 무역 관계는 단순한 협정만으로 관리할 수 없게 되었어요. 그래서 무역을 보다 체계적으로 관리하고 감독할 수 있는 기구 설립에 대한 필요성이 요구되었고, 그 결과 WTO가 만들어진 것이죠.

WTO는 GATT와 달리 단순한 협정이 아니라, 정식 국제 기구로서 회원국들 사이의 무역을 총괄합니다. 그리고 GATT에는 없었던 기능들도 WTO에 추가되었습니다. 특히 세계 무역 분쟁 조정 기능, 관세 인하 요구, 반덤핑 규제 등의 법적 권한과 구속력을 행사할 수 있게 되었습니다. 즉 협정을 어기고 세계 무역 질서를 어지럽히는 국가를 제재할 수 있게 된 것이죠. 이런 WTO의 무역 분쟁 해결과 조정 역할 덕분에 어떤 나라도 쉽게 협정을 어길 수 없게 되었습니다.

로코노미

지역 제품 소비자가 많아지면
어떤 점이 좋아질까?

로코노미loconomy(지역 특화 경제)가 젊은 층에서 인기입니다. 로코노미는 지역local과 경제economy의 합성어로, 지역 특산품 또는 지역성을 활용해 지역 경제를 활성화하는 경제 현상을 의미합니다. 로코노미는 신선한 재료로 만든 제품을 소비자에게 제공한다는 점, 탄소 배출량이 적어 친환경적이라는 점 등에서 긍정적인 평가를 받고 있지요. 또한 제품의 가격보다는 소비 행태에 더 큰 의미를 부여하는 '가치 소비' 문화와도 맞닿아 있습니다. 게다가 로코노미가 활성화되면 지역의 안정적인 판매 시장 확보와 지역 일자리 창출로 이어져 경제적 이익 증대 효과도 커집니다. 이런 선순환 덕분에 생산자와 소비자, 도시와 농촌이 상생하는 효과를 얻을 수 있습니다.

최근 로코노미 흐름에 발맞춰 기업들도 지역 특산물을 활용한 제품을 잇달아 출시하고 있습니다. 우리나라에서 많은 매장을 운영하는 스타벅스도 로컬 푸드local food와 제철 식재료를 활용한 메뉴와 지역성이 잘 드러나는 한정 메뉴를 꾸준히 출시하고 있습니다. 특히 제주에서만 판매하는 메뉴는 제주 지역 특산품을 홍보하는 효과도 있고, 관광객으로 하여금 해당 제품을 더 특별한 음식으로 인식하게 함으로써 판매 효과를 높이고 있지요.

또한 지역에서 나는 식재료로 만든 로컬 푸드 제품은 환경에 미치는 긍정적인 효과가 큽니다. 반면 전 세계로 유통되는 식자재들은 운반되는 과정에서 온실가스 배출의 주범인 화석 연료를 많이 사용하기 때문에 환경에 부정적 영향을 줍니다. 우리

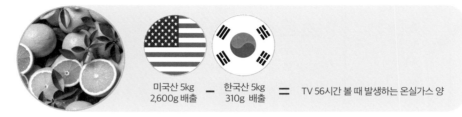

미국산 5kg   한국산 5kg   TV 56시간 볼 때 발생하는 온실가스 양
2,600g 배출 － 310g 배출 ＝

푸드 마일리지는 먹거리가 생산지에서 소비자의 식탁에 오르는 데 이동한 거리를 반영합니다. 로컬 푸드를 이용하면 푸드 마일리지를 낮출 수 있습니다.

식탁에 올라오는 식자재들의 푸드 마일리지food mileage를 계산해 보면 한눈에 그 정도를 알 수 있어요. '푸드 마일리지'란 식품이 생산지에서 소비자의 식탁에 오르기까지 이동한 거리를 반영합니다. 즉 식품 수송량(t)에 수송 거리(킬로미터)를 곱한 수치로, 식자재가 생산·운송·소비되는 과정에서 발생하는 환경에 미친 부담 정도를 나타내는 지표로 사용됩니다. 예를 들어 미국 캘리포니아산 오렌지 5킬로그램이 미국에서 서울까지 이동한 거리는 모두 11,000킬로미터이며, 이 과정에서 이산화 탄소는 2,600그램이 배출됩니다. 반면, 같은 양의 제주도산 감귤이 서울까지 이동하는 과정에서 배출되는 온실가스는 310그램으로 2,000그램 이상 차이가 납니다. 이 정도 양이면 TV를 56시간 볼 때 발생하는 온실가스 양과 맞먹습니다.

그래서 로컬 푸드를 이용하면 장거리 운송을 하지 않고 가까운 지역 내에서 소비되기 때문에 이산화 탄소 배출량을 크게 줄일 수 있지요. 소비자들은 농산물의 이동 거리가 짧아지면 신선한 먹거리를 확보할 수 있는 장점도 누릴 수 있습니다. 앞으로 우리도 로컬 푸드를 즐기는 사람들을 뜻하는 '로커보어locavore(지역을 뜻하는 Local과 먹을 거리를 뜻하는 vore가 합쳐진 신조어)'가 되어 보면 어떨까요?

초크 포인트

중국은 왜 중앙아메리카의
니카라과에 운하를 만들려고 했을까?

대항해 시대를 살았던 영국의 군인이자 탐험가 월터 롤리Walter Raleigh는 "바다를 지배하는 자가 무역을 지배하고, 세계의 무역을 지배하는 자가 세계의 부를 지배하며, 마침내 세계 그 자체를 지배한다"라는 말을 남겼습니다. 실제로 세계 주요 바닷길을 확보한 스페인과 네덜란드, 영국, 미국이 차례로 세계 최강국의 지위를 누렸지요. 그런데 어쩌면 롤리의 말은 지금 더 잘 들어맞는 것 같습니다. 현재 전 세계 수출입 물류의 약 90퍼센트가 바닷길로 이동하고 있으므로, 바닷길 패권을 장악하는 국가가 국제 사회의 주도권을 좌우할 수 있기 때문이지요.

무역로로 이용되는 해로의 병목 지역 중 대형 상선이나 군함이 자주 드나드는 해협이나 운하를 초크 포인트choke point 또는 조임목이라고 합니다. 이곳은 해상의 요충지로 물자 수송뿐만 아니라 군사 작전 등 전략적으로도 매우 중요합니다. 초크 포인트 중 가장 널리 알려진 곳으로는 세계 3대 운하로 불리는 파나마 운하, 수에즈 운하, 코린토스 운하가 있어요.

먼저 파나마 운하는 길이 약 80킬로미터의 운하로 남아메리카와 북아메리카 대륙을 연결하는 파나마 지협을 가로질러 태평양과 대서양을 잇는 운하입니다. 수에즈 운하는 프랑스가 19세기 중반 아시아와 아프리카 두 대륙의 경계인 이집트의 시나이반도 서쪽에 건설했지요. 길이 약 200킬로미터에 이르는 세계 최대 운하로 지중해와 인도양을 연결합니다. 이 운하가 개통되면서 아시아와 유럽을 잇는 기존 항로보

바닷길의 병목 지역 중 대형 상선이나 군함이 자주 드나드는 해협이나 운하를 초크 포인트 또는 조임목이라고 합니다.

다 약 1만 킬로미터의 거리가 단축됐습니다. 한편 코린토스 운하는 코린토스만과 사로니코스만을 연결하는 운하로 길이는 약 6.3킬로미터입니다. 기존 항로는 펠로폰네소스반도를 돌아가는 700킬로미터였는데 코린토스 운하 건설로 그 거리가 단축되었죠.

마지막으로 페르시아만에서 생산되는 원유의 주요 수송로인 호르무즈 해협이 있습니다. 세계 원유의 약 20퍼센트(해상을 통해 거래되는 원유의 약 35퍼센트)가 호르무즈 해협을 통과하기에 경제적으로 아주 중요한 곳입니다. 하지만 잦은 분쟁이나 갈등이 발생하는 호르무즈 해협에는 긴장감이 돌아 세계 물류에 큰 영향을 미치기도 하지요.

국제 사회의 패권을 둘러싸고 말라카 해협에서 미국과 중국이 벌이는 경쟁을 통해서도 바닷길의 주도권을 잡는 것이 중요하다는 사실을 알 수 있습니다. 튀르키예도 이스탄불 운하를 건설하며 초크 포인트로서 보스포루스 해협의 가치를 높이기 위해 안간힘을 쓰고 있지요. 심지어 중국은 중앙아메리카에 위치한 니카라과에 새로운 운하를 건설해 미국의 영향력이 큰 파나마 운하를 대체하려 하기도 했어요. 하지만 현재는 건설 비용과 경제성 때문에 잠정적으로 중단된 상태입니다.

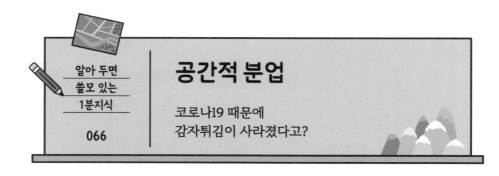

공간적 분업

코로나19 때문에
감자튀김이 사라졌다고?

20세기 후반 교통·통신 수단의 발달로 국제 교류가 활발해짐에 따라 국가 간의 경계가 허물어지고 국제 사회의 상호의존성이 증가하고 있습니다. 이렇게 세계가 하나의 단일한 체계로 묶이는 것이 세계화입니다. 세계화는 개인의 일상생활은 물론 사회 전반에 걸쳐 다양한 양상으로 나타납니다. 특히 경제적 측면에서는 자본과 노동력 등 생산 요소의 국제 이동이 이전보다 자유로워졌지요. 이에 따라 상품 하나를 생산하는 데 여러 나라가 협력하기도 하며, 상품 판매 대상도 전 세계로 확대되었습니다.

그런데 2020년 초 전 세계로 빠르게 전파된 코로나19가 세계화의 흐름을 완전히 멈춰 세웠어요. 팬데믹 상황을 해결하기 위해 전 세계의 물류가 완전히 멈춰 버린 것이지요. 그 여파는 곧 우리 생활 곳곳에서 나타나기 시작했어요. 이를 계기로 일상생활에서 사용하는 많은 것들이 다국적 기업이 생산한 물품과 서비스였다는 것을 새삼 깨닫게 되었습니다. 그런데 다국적 기업은 어떤 활동을 하길래 세계화와 깊은 관계가 있는 걸까요?

다국적 기업이란 글자 그대로 여러 나라에서 활동하는 기업입니다. 최초에 한 지역에서 설립한 기업이 규모가 커지고 조직이 복잡해지면 기능별로 분화되기 시작합니다. 이때 의사 결정을 하는 본사, 생산을 하는 공장, 판매를 하는 지사, 연구·개발을 하는 연구소 등으로 각각의 기능을 수행하는 데 적합한 지역을 찾아 세계 각지로 흩어져 자리 잡게 되는데, 이를 기업의 공간적 분업이라고 해요. 즉 다국적 기업은

코로나19 팬데믹이 길어지면서 전 세계 물류의 운송과 수급이 불안정해졌습니다.

공간적 분업을 통해 기업 조직의 효율성을 높이는 경영을 하는 곳이죠.

세계적인 다국적 기업인 맥도날드조차도 코로나19로 인한 세계 물류 정지 사태를 피하지 못했어요. 우리나라 맥도날드는 미국에서 냉동 상태로 수입된 재료와 매뉴얼을 그대로 사용합니다. 전 세계적인 물류 대란으로 원재료 수급이 불안정한 기간이 길어지자 상상하지 못했던 일어났어요. 바로 감자튀김 없는 햄버거 세트가 등장한 것이지요.

전 세계적으로 유명한 완성차 기업들도 생산 중단 사태를 피할 수 없었습니다. 자동차 공업은 수천에서 수만 개의 부품을 조립해 자동차 한 대를 완성하는 대표적인 조립형 공업입니다. 그런데 다국적 자동차 기업인 경우, 세계 물류가 멈추면서 해외에서 부품을 공급받지 못해 완성차를 생산할 수 없게 되었습니다. 세계적으로 신차 공급이 급감하자 중고차 가격이 새 차 못지않은 가격으로 팔리는 사태가 1년 이상 이어졌습니다.

쉽게 구입할 수 있었던 수입 브랜드 제품도 당시에는 온라인 쇼핑몰에서 '품절'인 경우가 다반사였지요. 이처럼 먹거리부터 제조업, 서비스업까지 전 세계적으로 수급이 어려워지자 곧 물가가 급격히 상승했습니다. 코로나19로 인한 팬데믹 기간은 경제의 세계화를 주도하는 다국적 기업이 얼마나 우리 일상에 많은 영향을 미치는지 깨닫는 시간이었습니다.

산업 구조의 고도화

야구 역사를 보면
우리나라 경제 구조의 변화가 보인다?

1982년에 시작한 우리나라 프로 야구의 역사도 벌써 40년이 넘었습니다. 하지만 출범 당시의 이름을 지금까지 유지하는 팀은 삼성 라이온즈와 롯데 자이언츠 두 팀뿐입니다. 그래서 1990년 후반 이후 두 해가 멀다 하고 모기업이 바뀌는 우리나라 프로 야구의 역사를 보면 우리나라 산업의 고도화와 탈공업화 흐름을 읽을 수 있습니다. 이렇게 해석할 수 있는 이유는 프로 야구단의 모기업이 각 시대를 이끌던 산업들을 주도했기 때문입니다.

먼저 우리나라 프로 야구 리그는 당시 정부에서 지역별로 지정한 기업들이 팀을 하나씩 맡았습니다. 이후 약 10년 동안 야구단 모기업으로 이름을 가장 많이 올린 업종은 의류와 식음료 회사였습니다. 이 시기에 리그에 들어가고 나간 팀 11개 중 절반 가까운 5개가 의류, 식음료 회사의 이름을 달고 뛰었지요.

이는 우리나라 공업의 역사와도 관련이 깊습니다. 우리나라에서 공업이 본격적으로 발달하기 시작한 시기는 1960년대 초반입니다. 당시 우리나라는 풍부한 저임금 노동력을 섬유, 의복, 신발 등 노동 집약적 산업인 경공업을 육성해 국가 경제 성장의 발판으로 삼았지요. 1980년대 중반까지만 하더라도 우리나라 1인당 GDP는 2,400달러(약 334만 원) 수준이었지요. 즉 먹고 입는 문제가 가장 중요했던 그때 그 시절에는 제과, 음료, 의류 등이 다른 산업에 비해 호황을 누렸습니다.

1970년대부터는 남동 임해 공업 지역의 항구 도시를 중심으로 중화학 공업이 발

1960년대	생사, 텅스텐, 생선, 합판, 면직물
1970년대	섬유, 합판, 가발, 철광석, 전자 제품
1980년대	의류, 철강 판, 신발, 선박, 음향 기기
1990년대	의류, 반도체, 신발, 영상 기기, 선박
2000년대	반도체, 컴퓨터, 자동차, 석유 제품, 선박
2010년대	반도체, 선박, 자동차, 디스플레이, 석유 제품

시대별 주요 수출 품목의 변화를 프로 야구의 역사와 함께 보면 우리나라 산업의 고도화와 탈공업화 흐름을 읽을 수 있습니다.

달했고, 1980년대에는 자동차, 조선 등 자본과 기술 집약적인 중화학 공업이 경쟁력을 갖추면서 성장했습니다. 반면 의류, 식품 산업은 1990년대 중반부터 중국과 동남 아시아 지역에서 값싼 제품을 생산하면서 내리막길을 걷게 됩니다. 결국 가격 경쟁력에서 뒤처져 부도가 난 쌍방울이 1999년 SK에 팀을 넘기면서 의류 기업의 이름을 새긴 유니폼은 야구장에서 자취를 감추게 되지요.

1997년 외환 위기 이후 프로 야구는 대기업 독주 시대를 맞게 됩니다. 2001년부터 2007년까지 7년 동안 우리나라 프로 야구에는 롯데, 두산, 기아, 현대, 삼성, 한화, LG, SK 등 대기업들만 참여했습니다. 그 이후는 본격적으로 반도체, 컴퓨터, 신소재, 생명 공학 등 기술 집약도가 높아 관련 산업에 기술 파급 효과가 크고 부가 가치가 높은 산업의 성장이 두드러진 시기입니다. 특히 IT 산업이 크게 성장하면서 게임 회사인 엔씨소프트가 NC 다이노스를 창단했지요. 뒤이어 통신 회사인 KT의 KT 위즈가 합류했습니다. 가장 최근에는 인터넷 전자 상거래와 서비스업의 성장을 대변하듯 관련 프로 야구팀들이 큰 활약을 펼치고 있습니다.

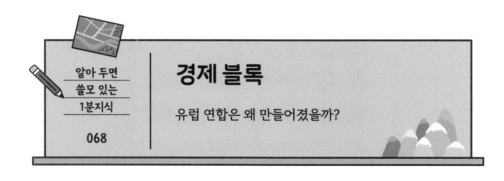

경제 블록

유럽 연합은 왜 만들어졌을까?

영국은 2016년 6월에 실시한 브렉시트Brexit(영국Britain과 탈퇴exit를 합쳐서 만든 합성어) 국민 투표를 거쳐 유럽 연합European Union, EU 탈퇴를 결정했습니다. 이후 2019년 3월까지 EU와 영국의 관계를 재설정하기 위한 협상이 진행되었지만 2020년 1월 31일에 결국 EU에서 정식으로 탈퇴했습니다.

EU는 대표적인 경제 블록Economic block입니다. 경제 블록이란 지리적으로 인접하고 경제적으로 상호 의존도가 높은 국가들이 공동의 이익을 위해 구성하는 배타적인 경제 협력체를 말합니다. 경제 블록에 속한 회원국 간에는 무역량이 증가하고 국가 간 경제 교류가 활성화하면서 생산비 절감의 효과가 있으며 자원을 효율적으로 이용할 수 있다는 장점이 있어요.

그러면 세계에서 통합 수준이 가장 높은 경제 블록인 EU는 언제 만들어졌을까요? EU는 제2차 세계 대전 이후 유럽의 불안정한 정치·경제 재건을 도모하기 위해 1952년에 출범한 유럽 석탄 철강 공동체European Coal and Steel Community, ECSC에서 시작되었습니다. 이후 1967년 유럽의 공동 시장을 창설하기 위한 유럽 공동체European Community, EC가 설립되면서 동맹국 간의 관세가 철폐되고 공동 대외 관세 정책이 시행되었지요. EC를 통해 경제 통합의 성과를 이루어 낸 유럽은 동시에 정치적 통합까지 실현하기 위해 1992년 마스트리흐트 조약Treaty of Maastricht을 체결했습니다.

마스트리흐트 조약에 따라 탄생한 EU는 유럽 내 단일 시장을 구축하고, 유로Euro

라는 단일 화폐를 사용함으로써 회원국 간의 경제적 결속력을 강화했습니다. 이를 통해 유럽 공동의 경제적 발전뿐만 아니라 세계 시장에서 경쟁력도 확보할 수 있었지요. 또 EU는 입법·사법의 독자적인 법령 체계와 자치 행정 기능을 갖추고 있으며, 정치·사회 분야에서도 공동 정책을 확대해 왔습니다. EU에 가입한 국가는 꾸준히 늘어 2004년 몰타, 키프로스와 동부 유럽 8개국에 이어 2007년 루마니아·불가리아, 2013년 크로아티아가 가입하면서 2017년에는 회원국이 28개국으로 늘어났습니다.

	자유 무역 협정	관세 동맹	공동 시장	완전 경제 통합
역내 관세 철폐	■	■	■	■
역외 공동 관세 부과		■	■	■
역내 생산 요소 자유 이동 보장			■	■
역내 공동 경제 정책 수행				■
초국가적 기구 설치·운영				■

통합 단계에 따른 경제 블록의 여러 유형으로, EU는 완전 경제 통합 단계의 경제 블록입니다.

그러나 2000년대 이후 가입한 동부 유럽 지역 국가와 기존의 서부 유럽 지역 국가 간에 경제적 격차가 크고, 포르투갈, 그리스, 아일랜드 등 일부 국가의 국가 재정 위기가 EU의 통합에 걸림돌이 되었어요. 더불어 유럽으로 유입되는 이주민이 증가하면서 문화적 갈등의 원인이 되었습니다. 게다가 2008년 세계 금융 위기로 인해 유럽 재정에도 위기가 발생하자 영국의 EU 분담금에 대한 부담이 증가했습니다. 이를 계기로 영국 내에서 브렉시트 여론이 일어나기 시작했습니다. 취업하기 위해 아프리카나 아시아에서 영국으로 이동하는 이민자의 수가 증가하면서 영국인의 일자리가 줄어든다는 의견도 브렉시트 여론에 영향을 미쳤습니다.

영국 내부에서도 경제 상황 악화 등의 이유로 반대 의견이 많았지만 최종적으로 영국은 EU 탈퇴를 결정했습니다. 그래서 2020년 이후 EU 가입국은 28개국에서 27개국이 되었습니다. 하지만 EU는 여전히 전 세계 어떤 경제 블록보다 높은 통합 수준을 자랑하는 경제 협력체입니다.

공정 무역

왜 생산국은 계속 빈곤하고
수입국만 풍요로워질까?

우리가 일상생활에서 즐겨 먹는 커피, 차, 초콜릿 같은 기호 식품의 원료가 되는 작물을 기호 작물이라고 합니다. 기호 작물은 식량 작물과 달리 생산지와 소비지가 일치하지 않는다는 특징이 있어요. 이러한 특징은 16세기 이후 아시아와 아프리카, 남아메리카의 많은 국가가 유럽 열강 등에 식민지 지배를 받으며 뚜렷하게 만들어졌습니다. 지금은 식민 통치를 받았던 대부분의 국가가 정치적으로 독립했지요. 하지만 지금도 여전히 식민지 지배 당시 조성된 커피와 카카오, 사탕수수 등을 재배하는 플랜테이션 농장은 선진국과 개발 도상국 간 불공정 무역 구조하에 있습니다.

특히 20세기 후반부터 개발 도상국의 농장으로 다국적 기업들의 대규모 자본이 유입되었습니다. 이 과정에서 다국적 기업은 상품 작물 재배를 통해 많은 이익을 얻었지만, 생산국에는 정당한 대가를 지급하지 않은 일이 많았지요. 대표적인 생산국인 코트디부아르의 예를 살펴볼까요? 코트디부아르는 초콜릿의 원료인 카카오를 세계에서 가장 많이 생산하는 나라입니다. 문제는 약 26만 명의 어린이가 카카오 농장에서 일하고 있다는 것이지요. 이 어린이들은 제대로 된 교육도 받지 못하고 농약의 위험에 노출된 채 하루 12시간 이상 쉴 새 없이 카카오를 수확하고 있습니다. 더 안타까운 사실은 코트디부아르 어린이 노동자들이 초콜릿을 맛보기는커녕 그것이 무엇인지도 모른다는 것이죠.

이처럼 다국적 기업이 이윤을 극대화하는 과정에서 많은 기호 작물을 생산하는

아프리카 어린이들이 400개 정도의 카카오 콩을 수확해야 500그램의 초콜릿을 만들 수 있다고 합니다.

국가는 적정한 보상을 받지 못한 채 빈곤에서 벗어나지 못하는 악순환을 겪습니다. 이로 인한 빈부 격차, 노동력 착취, 인권 침해, 환경 오염 등도 심각하지요.

이런 문제를 해결하고 개발 도상국의 노동자를 보호하기 위해 만들어진 대안으로 공정 무역 운동이 전개되고 있습니다. 개발 도상국의 생산지에서 커피를 비롯한 기호 작물의 판매를 통해 얻은 이익을 지역의 생산 활동에 재투자하거나 교육, 의료 시설 등의 기반 시설을 구축하는 데 사용하는 것이지요. 이렇게 하면 지역 주민의 삶의 질도 개선할 수 있습니다. 소비자도 공정 무역 인증 마크가 있는 상품을 구입하면 더 질 좋은 상품을 구입하는 혜택을 누릴 수 있습니다. 또 이런 소비를 함으로써 개발 도상국의 경제적 자립과 복지 향상에 기여하는 효과를 기대할 수 있습니다.

공정 무역 품목으로는 커피, 초콜릿, 설탕, 차 등의 식료품이 주를 이루며, 그 밖에도 공정 무역의 시작을 알린 수공예품, 침구류, 목재 등 다양한 물품이 포함됩니다. 공정 무역의 중요성을 깨닫고 다양한 노력이 이루어지고 있습니다. 하지만 공정 무역은 여전히 세계 교역 규모의 0.01퍼센트에 불과합니다. 현재의 불공정한 무역 구조에서 개발 도상국이 얻는 이익의 비율이 단 1퍼센트만 높아져도 세계 1억 3,000만 명이 극심한 빈곤에서 벗어날 수 있다고 하니, 조금 더 적극적인 공정 무역 운동이 전개되길 바랍니다.

포스트 오일 시대

산유국들이 오일 머니를 예술과 스포츠에
투자하는 이유는?

오일 머니는 전 세계 산유국이 원유와 관련 상품을 수출해서 벌어들인 돈을 일컫는 말입니다. 1970년대 이후 원유 가격이 상승하면서 중동 지역을 포함한 산유국들은 오일 머니로 막대한 부를 축적했습니다. 이 오일 머니는 대규모 사회 간접 자본 시설 등에 투자되어 국가 경제 성장의 원천이 되었지요. 2000년대 들어서도 꾸준히 해외 기업 인수, 부동산 투자 등을 하고 있습니다.

그런데 문제는 석유가 언젠가는 고갈되는 가채 매장량이 한정된 자원이라는 것입니다. 그래서 산유국들은 석유 의존형 경제에서 벗어나도 지속 가능한 발전을 할 수 있도록 만반의 준비를 하고 있습니다. 가장 빠른 성과를 보인 대표적인 곳은 아랍 에미리트의 7개 토후국土侯國 중 하나인 두바이입니다. 두바이는 석유가 생산되지만 다른 산유국에 비해 매장량이 적은 편입니다. 그래서 주변국보다 더 빠르게 금융, 항공, 관광 시설을 갖춘 국제 무역의 중심지로 발전 방향을 바꿨지요. 현재 두바이는 아부다비와 함께 중동 여행의 중심지로 유명해졌습니다. 특히 세계 최고층 빌딩인 부르즈 할리파Burj Khalifa와 팜 아일랜드 같은 거대한 인공 섬들은 두바이의 눈부신 발전상을 잘 보여 줍니다.

최근에는 많은 중동 국가들이 '포스트 오일Post-oil' 시대를 준비하기 위해 다양한 분야에서 총력을 기울이고 있습니다. 석유에만 의존하던 경제 구조에서 벗어나 지속 가능한 미래 먹거리를 찾기 위해서이지요. 특히 중동 산유국들의 예술과 스포츠 분

세계적인 건축가 장 누벨Jean Nouvel이 설계한 루브르 아부다비

야에서의 행보가 두드러집니다.

오일 머니로 엄청난 부를 쌓은 중동 산유국들이 예술 산업의 메카로 변신하기 위해 세계적인 박물관, 미술관을 유치하는 데 아낌없이 투자하고 있습니다. 자국의 문화 산업을 육성해 관광 산업을 활성화하겠다는 목표를 실현하기 위한 적극적인 움직임이 여기저기서 확인됩니다. 이미 아부다비에 루브르 박물관 분관이 들어서고 미술품 경매 사상 최고가에 낙찰된 레오나르도 다빈치의 〈살바토르 문디Salvator Mundi〉도 전시되어 있지요. 2025년에는 뉴욕에 있는 구겐하임 미술관도 아부다비에서 문을 엽니다. 또한 스포츠 투자에도 나서고 있는데, 2022년 카타르 월드컵 개최도 그 일환이었지요. 잉글랜드 프리미어 리그에 속한 맨체스터 시티의 구단주는 아랍에미리트의 왕자이면서 부총리인 만수르 빈 자이드 알 나하얀, 뉴캐슬의 실질적인 구단주는 무함마드 빈 살만 왕세자입니다. 파리 생제르망 구단주는 타밈 빈 하마드 알사니 카타르 국왕이지요. 이처럼 산유국들이 해외 명문 구단을 인수하는 것뿐만 아니라 세계적인 축구 스타들을 본국의 리그로 영입하기도 합니다. 크리스티아누 호날두, 카림 벤제마, 네이마르 주니오르 등 유럽 빅리그 출신 선수들이 지금은 사우디아라비아의 리그에서 뛰고 있지요. 최근에는 골프, e스포츠 등 각종 스포츠에도 아낌없이 투자하고 있습니다.

자원 민족주의
_중국이 희토류로 미국을 압박할 수 있는 이유는?

자원은 무한하지 않고 또 일부 자원은 지역적으로 고르게 분포하지 않고 특정 지역에 집중적으로 분포합니다. 이러한 자원의 유한성과 편재성 때문에 자원 수출국들이 생산량을 조절하고 가격을 인상하는 등 자원을 무기화(어떤 일을 이루는 데 힘이나 방패가 되는 수단)하려는 자원 민족주의가 나타나기도 하지요. 이 과정에서 국제적 갈등이 발생하기도 합니다. 자원 민족주의의 대표적인 사례가 바로 석유 수출국 기구OPEC입니다. 이 기구의 출범 이후 1970년대에 두 번 발생한 석유 파동oil shock이 전 세계 경제를 흔들었고 지금도 서구 국가들에 대항해 정치적·경제적 영향력을 발휘하고 있지요.

17개의 희귀 금속을 총칭하는 희토류는 첨단 산업에 폭넓게 사용되며 '산업의 비타민'으로 불리는 자원입니다. 중국은 전 세계 희토류 생산의 약 60퍼센트, 희토류 가공과 정제 산업의 약 90퍼센트를 점유하고 있습니다. 그래서 중국은 2010년 일본과 센카쿠 열도 분쟁이 격화되었을 때 대일 희토류 수출 금지 카드를 꺼내며 자원 민족주의의 전형을 보여 주었습니다. 이후 일본은 앞으로도 반복될 가능성이 있는 원료 수급 불안정을 없애기 위해 오스트레일리아와 아프리카 등에 투자해 희토류 공급망을 다양하게 만들며 중국 의존도를 낮췄지요.

또 '신냉전'이라고 불리는 미중 무역 관계에서도 반도체와 희토류의 공급망을 둘

천연자원의 유한성과 편재성은 자원 민족주의(자원의 무기화)의 배경이 됩니다.

러싸고 미국과 중국의 패권 갈등이 격화되고 있습니다. 미국이 최신식 첨단 반도체 규제를 강화하자 중국은 디스플레이 장치에 필수 소재인 갈륨gallium, 반도체 공정용 가스 소재인 저마늄germanium, 전기차 배터리 핵심 소재인 흑연 등의 자원 수출을 제한해 버렸습니다. 여기에 중국은 희토류 가공 기술까지 수출 금지 결정을 내렸지요. 이런 중국의 조치는 미국을 중심으로 한 서방 국가들이 경제 제재를 가하자 자원 무기화로 대응한 것입니다. 미국 전기 자동차, 의료 기기, 무기 생산 등에 쓰이는 희토류의 공급과 가공에 타격을 주려 한 것이지요.

중국뿐만 아니라 '하얀 석유'로 불리는 배터리의 주원료 리튬lithium과 니켈nickel, 코발트cobalt, 망간mangan 등 핵심 광물에 대한 자원 민족주의도 강해지고 있습니다. 전 세계 리튬의 58퍼센트가 매장된 칠레와 멕시코, 아르헨티나, 볼리비아는 자원을 국유화하며 한목소리를 내기 시작했습니다. 인도네시아와 말레이시아 정부도 니켈과 희토류 수출을 철저히 관리하고 있지요. 자원이 부족한 우리나라는 안정적인 원료 확보를 위해 적극적인 해외 자원 개발 투자와 탐사가 필요한 시점입니다.

8장

재해와 지리

하인리히 법칙

자연재해가 언제 일어날지
미리 알 수는 없을까?

자연재해는 오랫동안 인간에게 두려움의 대상이었습니다. 자연재해란 자연 현상으로 발생하는 인명과 재산 피해를 말합니다. 해마다 우리는 지구촌 곳곳에서 일어나는 자연재해 소식을 접하지요. 천재지변天災地變이라고도 불리는 자연재해는 크게 열대 저기압, 홍수, 가뭄, 해일 등의 기후적 요인으로 인한 재해와 화산, 지진, 지진해일(쓰나미tsunami) 등의 지형적 요인으로 인한 재해로 분류해 살펴볼 수 있습니다.

과학이 발달한 현대에도 갑작스럽게 닥쳐오는 자연재해 앞에서는 속수무책으로 피해를 입는 경우가 많습니다. 전문가들은 자연적으로 발생하는 현상을 막을 수는 없지만 예측할 수 없는 재앙은 없다고 말합니다. 즉 자연재해로 발생할 수 있는 피해를 줄일 방법을 찾아 적극적으로 대비한다면 그 결과는 달라질 수 있다는 것이지요. 이를 잘 설명해 주는 법칙이 하인리히 법칙Heinrich's Law입니다. 이 법칙을 정리한 허버트 윌리엄 하인리히Herbert William Heinrich는 대형 사고가 일어나기 전에 이와 관련된 작은 사고와 징후들이 반드시 나타난다고 주장합니다. 즉 이 법칙은 작은 사고가 일어났을 때 가볍게 여기지 않는다면 큰 사고를 예방할 수 있다는 교훈을 줍니다.

이 법칙이 알려지기 전에도 옛사람들은 평소와는 다른 동물들의 움직임이나 지형의 변화를 관찰해서 지진이나 화산 활동을 예측했습니다. 또 자연의 작은 변화에도 관심을 기울이며 앞으로의 날씨 변화를 내다보고 대비했지요. 우리나라에도 '개구리 울면 비 온다', '개미가 집을 높이 쌓으면 큰 물이 난다' 등 날씨와 관련된 속담이

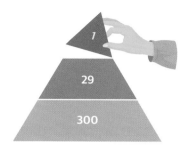

'1 대 29 대 300 법칙', 즉 하인리히 법칙은 대형 사고가 일어나기 전에 수많은 경미한 사고와 징후들이 나타난다는 교훈을 줍니다.

나 이야기가 있습니다. 그 내용을 보면 우리 조상들도 자연 현상이 일어나기 전에 그 전조 현상이 나타난다는 사실을 알고 있었던 것 같아요.

하지만 우리 주변에서 일어나는 자연재해의 결과를 보면 하인리히 법칙의 교훈을 간과한 사례가 반복되는 것을 알 수 있습니다. 우리나라에서도 마찬가지입니다. 우리나라는 여름철에 강수가 집중되는 기후 특성으로 인해 거의 매년 물난리를 겪지요. 이로 인해 매년 호우로 인한 피해가 반복되고 있습니다. 하지만 해마다 비슷한 자연재해를 경험했음에도 비극적인 결과가 발생합니다. 예측하기 어려운 자연 현상의 특성도 원인이겠지만, 철저히 대비하기보다는 '에이, 설마'하는 안이한 자세가 더해져 안타까운 결과를 만들어냅니다.

2023년 여름, 충청북도 오송 지하차도에서 발생한 사고도 실제로 사고 전날부터 주변 제방이 무너질 것 같은 징조가 포착되었습니다. 하지만 이에 제대로 대비하지 못하면서 지하차도가 침수되어 안타까운 사고로 이어졌지요.

이와 같은 비극이 반복되지 않으려면 자연재해를 막기 위한 정확한 데이터 분석과 예보, 재해 지도를 이용해 피해 예상 지역에 대한 정보를 신속하게 전달하는 체계 등이 필요합니다. 무엇보다 개인과 정부 모두 자연재해의 피해를 줄이는 방안을 모색하고 실천하는 자세가 가장 중요할 것입니다.

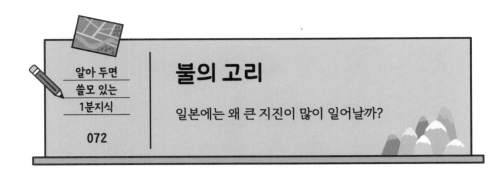

불의 고리

일본에는 왜 큰 지진이 많이 일어날까?

지진, 번개, 화재, 아버지. 이는 옛날부터 일본 사람들이 무서워하는 네 가지를 순서대로 나열한 것입니다. 가장 먼저 지진을 언급한 것만 봐도 오래전부터 일본인에게 지진이 얼마나 두려운 존재였는지 알 수 있습니다. 실제로 일본은 바로 이웃한 우리나라와 달리 지진이 빈번하게 일어나는 지역입니다. 그러면 왜 일본에서는 크고 작은 지진이 자주 발생하는 걸까요?

먼저 지진의 발생 원인을 이해하려면 판 구조론을 이해해야 합니다. 육지와 바다로 둘러싸인 지구 표면은 10여 개의 판으로 구성되어 있습니다. 판은 지각과 맨틀의 최상부를 포함하는 부분이며 해양판과 대륙판으로 나눌 수 있습니다. 판의 두께는 대략 20~200킬로미터 정도로 알려져 있습니다. 이 판들은 지구 내부의 에너지로 인해 서서히 이동하면서 서로 부딪치기도 하고 멀어지기도 하고, 하나의 판이 다른 판 아래로 파고들기도 합니다. 이와 같은 판의 이동을 판 구조 운동이라고 합니다.

지진은 주로 지각판이 충돌하거나 분리되는 곳에서 발생하는데, 이러한 지역을 조산대라고 합니다. 지진과 함께 지진 해일, 화산 활동이 활발하게 일어나는 곳은 지도상에서 띠 모양으로 이어져 조산대와 대체로 그 분포가 일치합니다. 대표적인 조산대로는 환태평양 조산대, 알프스 조산대, 히말라야 조산대가 있습니다.

먼저 환태평양 조산대는 북아메리카판과 유라시아판이 태평양판과 만나는 경계선에서 발생한 지각 운동으로 인해 형성되었습니다. 길이가 약 40,000킬로미터에

태평양을 둘러싸고 있는 환태평양 조산대는 세계에서 지진 활동이 가장 활발한 지진대로, 화산대와 지진대가 겹쳐 있는 지대입니다.

이르며 태평양을 둘러싸고 있고, 뉴질랜드에서부터 인도네시아, 필리핀, 일본, 알루샨 열도, 북아메리카의 로키산맥, 남아메리카의 안데스산맥까지 이어집니다.

환태평양 조산대를 따라 분포하는 판의 경계는 판과 판이 옆으로 스쳐 지나가는 보존형 경계인 산안드레아스 단층을 제외하고는 모두 수렴형 경계에 해당합니다. 서로 다른 두 판이 마주 보며 부딪히는 경계를 수렴형 경계라고 하는데, 환태평양 조산대에서는 대륙판과 해양판, 해양판과 해양판이 만나는 경계가 넓게 분포합니다. 조산대에는 판이 서로 만나 마찰이 일어나면서 엄청나게 높은 열이 발생해 마그마가 생기고 많은 화산 활동이 일어납니다. 특히 환태평양 조산대 주변에서 전 세계의 지진 중 약 90퍼센트가 발생하며, 이곳에 전 세계 활화산 중 약 75퍼센트가 분포합니다. 그래서 환태평양 조산대를 '불의 고리'라고도 하지요.

그중 일본은 유라시아판, 태평양판, 필리핀판 등 여러 지각판이 만나는 경계에 위치해 지진과 화산 활동이 활발하게 일어나고 있습니다. 실제로 세계에서 발생하는 진도 6.0 이상의 지진 중 약 20퍼센트가 일본에서 발생하는 것으로 확인되고 있지요.

다크 투어리즘

즐거움 대신 아픔을 기억하기 위해
떠나는 여행이 있다고?

'여행'이라 하면 어떤 이미지가 떠오르나요? 보통 일상에서 벗어나 새로운 공간에서 즐거움을 찾는 이미지가 떠오를 거예요. 하지만 여행 중에는 과거의 슬픈 역사에서 교훈을 얻는 '다크 투어리즘Dark Tourism'이라는 여행도 있답니다. 다크 투어리즘은 '어둡다'라는 의미의 '다크'와 '여행, 관광'을 의미하는 '투어리즘'이 합쳐진 말로 '역사 교훈 여행'이라고도 합니다. 즉 역사적으로 비극적인 사건이 일어났던 곳이나 재난, 재해의 현장을 돌아보며 반성과 교훈을 얻는 여행이지요.

대표적인 다크 투어리즘 장소로는 유대인 학살이 자행된 폴란드의 아우슈비츠 수용소, 9·11 테러가 발생한 미국 뉴욕의 그라운드 제로, 베트남 전쟁 박물관 등이 있습니다. 국내에서는 서대문 형무소와 제주 4·3 평화 공원 등을 꼽을 수 있어요. 이렇듯 다크 투어리즘에서는 전쟁이나 테러, 항쟁과 학살의 현장이 대표적인 여행 지역입니다. 이와 더불어 재난과 재해를 기억하는 공간도 다크 투어리즘의 대상 공간이 될 수 있어요.

이웃 나라 일본의 사례도 있습니다. 1995년 1월 17일, 일본 남부 지역에서 발생한 고베 대지진(한신·아와지 대지진)으로 인해 사상자 4만여 명, 피해 금액 10조 엔이라는 천문학적인 피해가 발생했어요. 특히 고베시의 피해가 컸지요. 당시 고베항은 아시아 제1의 항구였지만 고베 대지진으로 부산항에 그 지위를 내주었을 정도로 심각한 피해를 입었어요.

국내에서 대표적인 다크 투어 장소로는 서대문 형무소 역사관, 제주 4·3 평화 공원 등이 있습니다.

큰 피해를 남긴 지진인 만큼 복구하는 데에도 천문학적인 비용과 시간이 필요했습니다. 피해 복구만으로도 힘든 상황에서 일본은 재난으로 인한 상처를 기억하고 고베 시민들의 재해 극복 노력 등을 담아내기 위한 작업도 함께 진행했습니다. 그 결과 고베 지진 당시의 현장 모습을 보존한 고베항 지진 메모리얼 파크가 만들어졌습니다. 이 메모리얼 파크에는 당시 지진으로 인해 갈라진 부두의 모습과 기울어진 가로등이 그대로 보존되어 있어요. 또 지진 피해 지역과 시설을 복구한 과정도 전시되고 있어 어떤 과정으로 재건되었는지 확인할 수 있습니다. 이렇듯 일본은 피해 당시의 흔적을 지우지 않고 지진의 상처를 고스란히 보여 줌으로써 자연재해에 대한 경각심을 일깨우고 앞으로 발생할 재해에 잘 대비하자는 교훈을 새기고 있습니다.

일본에는 고베항 지진 메모리얼 파크 외에도 운젠다케 재해 기념관 같은 화산 재해 현장과 부흥 노력 등을 전시하는 재해 기념관도 있어요. 이러한 공원은 일본인뿐만 아니라 외국인들도 많이 방문하는 장소입니다. 아마도 이 공간을 방문한 사람이라면 재해에 대한 두려움은 물론이고 재해 당사자들의 아픔, 회복의 과정을 이해하고 교훈으로 새기는 계기가 될 겁니다. 우리나라에서도 자연재해가 발생하면 피해 복구와 재건은 물론이고, 그 지역에서 어떤 피해가 발생했고 어떻게 그것을 극복했는지를 후대에도 확인하고 교훈으로 삼을 수 있도록 돕는 공간 조성도 중요하게 다루어야 할 것입니다.

생존 가방

재난 대비를 위한 생존 가방은
어떻게 준비할까?

2019년 개봉한 영화 〈백두산〉 속 백두산 화산 폭발은 갑작스러운 재난 상황의 혼란과 충격을 잘 보여줍니다. 한반도는 판 경계부에서 떨어져 있어 화산과 지진 활동이 빈번하게 일어나는 불의 고리에서는 벗어나 있어요. 하지만 중국, 홍콩, 베트남, 싱가포르, 오스트레일리아 등과 함께 화산 활동 및 지진 간접 영향권으로 분류되며 완전히 안심할 수는 없는 처지입니다.

실제로 최근 우리나라는 경주, 포항 대지진, 코로나19 팬데믹, 동해안 대형 산불, 북한의 군사 도발 등 다양한 위험 요인들을 겪어 왔습니다. 중요한 건 그 누구도 재난을 정확히 예측할 수 없다는 사실입니다. 그래서 잘 준비하고 대비하는 것이 최선이지요. 그중 가장 손쉬운 방법은 재난 상황에 꼭 필요한 비상용품을 담은 '생존 가방'을 미리 준비해 두는 것입니다. 실제로 다양한 재난, 재해를 겪으며 비상 상황에 대비해 생존에 필요한 물품을 미리 준비하는 프레퍼prepper(자연재해나 재난 따위에 대비해 미리 준비하는 사람)가 증가하고 있습니다.

우리나라 행정안전부는 대피소나 야외에서 72시간을 버틸 수 있게 생존 가방을 준비하도록 권고하고 있어요. 재해로 인해 전기, 통신, 교통이 차단될 경우 우리 정부가 고립된 지역에 구호품을 지급하는 데 걸리는 시간이 최대 3일, 72시간이기 때문입니다. 가장 중요한 것은 물과 음식입니다. 흔히 떠올리는 라면은 비상식량으로 적절하지 않습니다. 라면을 조리하려면 물과 불이 필요하고, 유통 기한도 5~6개월밖

비상사태에 대비해 준비해 두는 생존 가방에 들어가야 하는 물품으로는 생존 필수품과 생활용품, 비상약 등이 있습니다.

에 되지 않기 때문입니다. 포장을 뜯고 바로 먹을 수 있는 에너지바, 사탕, 통조림 등이 적합합니다. 또 나침반, 손전등, 호루라기, 라디오, 마스크, 보온 모자, 우비 등 일곱 가지는 꼭 챙겨야 할 생존 필수품입니다. 나침반과 손전등으로는 어두운 곳에서 방향을 찾을 수 있습니다. 호루라기를 힘껏 불면 멀리까지 구조 신호를 보낼 수 있습니다. 보온 모자와 우비는 체온을 유지하는 데 큰 도움을 주지요. 이 밖에 담요, 핫팩, 접이식 다용도 칼, 비상약, 양초, 식기, 휴지, 야광봉 등이 생존 가방의 필수품입니다. 일부 물건은 집에서 사용하지 않는 물건을 활용하거나 저렴한 제품으로 대체할 수도 있습니다. 음식의 경우 유통 기한이 있는 제품은 주기적으로 교체해야 하며, 가족 구성원들이 함께 비상식량을 먹어 보는 것도 추천합니다.

또 생존 가방은 가족 인원수에 맞게 준비해야 하며, 가방의 총 무게는 몸무게의 15~20퍼센트 정도가 적당해요. 단 어린이나 노약자의 경우에는 몸무게의 10퍼센트가 적당합니다. 또 생존 가방은 빠르게 찾아 대비할 수 있도록 현관 옆 신발장이나 수납장에 보관하는 것이 좋습니다. 평소에 대피 장소를 익히는 것도 좋겠지요. 또한 재난 상황이 길어질 경우를 대비해 다양한 생존 기술도 익혀두는 것이 중요합니다.

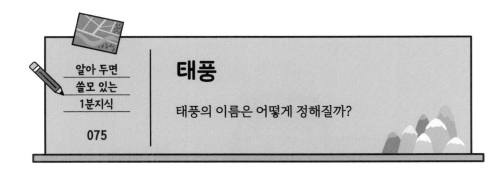

태풍

태풍의 이름은 어떻게 정해질까?

열대성 저기압은 열대 지역의 해상에서 발생해 중위도 지역으로 이동하면서 강한 바람과 많은 비를 동반하는 저기압으로, 중심 부근의 최대 풍속이 초속 17미터 이상인 것을 말합니다. 일반적으로 열대성 저기압은 해수면 온도가 높으며 대기가 따뜻하고 불안정해서 공기 중에 수증기가 많은 해상에서 잘 발생합니다. 열대성 저기압은 발생 지역에 따라 다른 이름으로 불려요. 북태평양 필리핀 동부 해상에서 발생하는 것을 태풍typhoon, 북중미 지역에서 발생하는 것은 허리케인hurricane, 인도양과 남태평양에서 발생하는 것은 사이클론cyclone이라고 부릅니다. 태풍은 한 해에 30개 정도가 발생하고, 우리나라에는 여름철에서 초가을 사이에 2~3개 정도가 직접적인 영향을 줍니다.

열대성 저기압은 아주 오래전부터 발생한 자연 현상이지만 본격적으로 관측하기 시작한 것은 1950년대부터입니다. 특히 인공위성을 이용해서 열대성 저기압을 관측하기 시작한 것은 1960년대 이후의 일이었지요. 그런데 같은 지역에서 두 개 이상의 태풍이 동시에 발생하는 경우도 간혹 있었습니다. 이런 상황에서 태풍 예보에 혼란을 주지 않으려는 방안으로 태풍에 이름을 붙이게 되었습니다. 미국의 합동 태풍 경보 센터Joint Typhoon Warning Center, JTWC에서는 처음에 예보관들의 아내나 애인 이름을 태풍에 붙였기에 대부분 여성 이름이었습니다. 하지만 태풍에 여성의 이름을 붙이는 것이 성차별이라는 주장이 제기되자 1979년부터는 남성의 이름도 함께 사용하기 시작했습니다.

2000년부터는 우리나라를 포함한 태평
양 연안의 14개국이 참여하는 태풍 위원회에
서 결정한 새로운 규칙에 따라 태풍의 이름을
붙이기 시작했습니다. 2000년부터는 태풍 위
원회 14개 회원국이 각자의 고유 언어로 만든
10개의 이름을 제출해서 번갈아 사용하고 있
어요. 회원국이 10개씩 제출한 총 140개 이름
을 28개씩 5개조로 나누고 1조부터 5조까지
차례대로 사용합니다. 140개를 모두 사용하
고 나면 1번부터 다시 사용합니다. 태풍은 보
통 연간 30개쯤 발생하므로 140개를 다 사용

열대성 저기압은 발생 지역에 따라 이름이 다릅니
다. 북태평양 필리핀 동부 해상에서 발생하면 태풍,
북중미 지역에서 발생하면 허리케인, 인도양과 남태
평양에서 발생하면 사이클론이라 부르지요

하는 데 4~5년이 걸리지요. 태풍 이름에 한국어가 유독 많다고 느껴지는 이유는 이
위원회에 남북한이 모두 참여하기 때문입니다. 즉 태풍 이름 140개 중 20개가 한국
어 이름인 것이죠.

그런데 태풍 이름이 교체되는 경우도 있어요. 바로 큰 피해를 입힌 태풍의 경우
앞으로 유사한 피해가 없기를 바라며 해당 이름을 퇴출하고, 퇴출된 이름을 제출한
국가는 새 이름을 다시 제출하는 것이지요. 2003년 우리나라를 강타한 태풍 '매미'는
북한이 제출한 이름인데, 사망자가 100명 넘게 발생하자 목록에서 빠졌습니다. 북
한은 대신 '무지개'를 제출했는데, 2015년 발생한 태풍 '무지개'도 중국과 필리핀에서
29명이 숨지는 바람에 다시 목록에서 제외되었어요. 지금은 무지개 대신 '수리개(솔
개)'가 들어가 있습니다. 2020년 10월 최대 풍속 시속 약 200킬로미터로 필리핀을 강
타해 막대한 인적, 물적 피해를 남긴 태풍 '고니'도 같은 규정에 따라 퇴출되고 '개나
리'로 대체되었습니다.

재난 불평등

비슷한 재해가 발생해도
피해 정도가 다른 이유는?

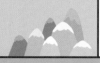

'재난 불평등'이라는 말을 들어본 적이 있나요? 먼저 재난은 '뜻밖에 일어난 재앙과 고난'이라는 의미입니다. 그래서 재난은 사회 계층을 구분하지 않고 찾아오는 무차별적인 현상으로 보이지만 그 결과는 결코 평등하다고 볼 수 없습니다.

실제로 재난은 가난한 사람들에게 더 심각한 피해를 줍니다. 비슷한 형태와 규모의 자연재해가 발생하더라도 그 피해 정도는 자연재해 발생 지역의 사회 경제적 상황에 따라 달라지지요. 대표적인 사례가 2010년에 발생한 아이티 대지진입니다. 2010년 1월에 규모 7.0의 지진이 발생해 22만 명이 넘는 사람이 목숨을 잃었습니다. 반면 같은 해 2월에 발생한 규모 8.8의 칠레 지진에서 사망자는 약 700명이었습니다. 지진의 강도와 규모는 칠레에서 더 컸지만 그 피해는 아이티 지진에서 인명 피해가 더 심각하게 나타났지요. 이웃 나라인 일본에서도 주기적으로 큰 규모의 지진이 발생하는 것을 알고 있지요? 하지만 지진의 발생 빈도에 비해 일본의 평균 재난 인명 피해는 비슷한 규모의 다른 재난 지역과 비교해 보았을 때 매우 낮은 수준입니다.

왜 비슷한 규모의 재해가 발생해도 다른 결과가 나타나는 것일까요? 일본 같은 선진국에서는 자연재해에 대비한 시설이 잘 갖추어져 있습니다. 또 다양한 재해에 대비할 수 있는 전문가들도 많기 때문에 재난이 발생해도 신속하게 대피하고 대응할 수 있습니다. 또 재해 상황이 발생하더라도 빠르게 재해를 복구하고 인명 피해를 줄일 수 있는 의료 시설들이 확보되어 있지요.

칠레		아이티
2010년 2월 27일	발생일	2010년 1월 12일
8.8	지진 규모	7.0
700명	사망자	22만 명
150억~300억 달러	재산 피해액	81억~139억 달러
1만 3,331달러	1인당 GDP	830달러
의무화	내진 설계	규정 없음
실시	지진 대비 교육 실시 여부	미흡

칠레와 아이티에서 같은 해 일어난 지진 피해의 결과입니다. 지진의 강도와 규모는 칠레에서 더 컸지만 인명 피해는 아이티 대지진에서 더 심각하게 나타났습니다.

반면 아이티 같은 후진국에서는 재난을 예방하기 위한 각종 비용을 감당하기가 어려운 게 현실입니다. 그래서 재난 대비 안전시설이나 재난 경보 시스템을 갖추지 못한 상황에서 재난이 발생하면 사람들은 속수무책으로 당할 수밖에 없습니다.

이렇듯 재난은 선진국에 사는 이들보다 후진국에 사는 이들에게, 같은 나라 안에서도 가난한 사람들에게 더 위협적입니다. 실제로 아이티 대지진으로 숨진 이들은 대부분 슬럼가나 빈농 지역에 사는 사람들이었습니다. 이들이 살던 불량 주택이 지진에 무너져 내리면서 큰 인명 피해가 발생한 것이지요. 반면 아이티에서도 부유한 계층이 사는 고급 주택 지역은 별다른 피해를 입지 않았습니다.

2023년 2월에 발생한 튀르키예·시리아 대지진 피해에 대해 튀르키예 대통령이 "재난에 준비돼 있기는 불가능"이라고 말해 빈축을 샀지요. 재난에 대비하는 선진국의 모범적인 사례를 통해 '재난은 피할 수 없지만 그 피해를 최소화할 수 있음'을 배울 수 있습니다. 특히 한 나라 안에서도 취약 계층의 재난 대비에 더 많은 관심을 기울인다면 분명 재난 불평등의 격차도 해소할 수 있을 겁니다.

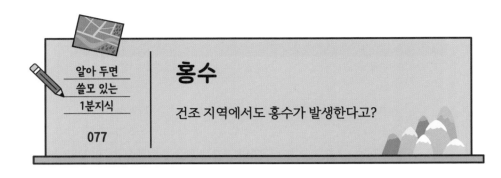

홍수

건조 지역에서도 홍수가 발생한다고?

물은 사람이 사는 데 반드시 필요합니다. 하지만 무엇이든 과하면 좋지 않듯이 물도 과하게 많으면 인간에게 피해를 줍니다. 홍수가 바로 그런 현상이지요. 한꺼번에 많은 비가 내려 하천이 범람하고 사람들의 생활 터전이 물에 잠기기도 하는 것이 홍수입니다. 홍수가 나면 농경지와 가옥, 도로 등이 물에 잠기고 산사태가 일어나는 등 많은 재산과 인명 피해가 발생했습니다. 농경지가 물에 잠겨 한 해 농사를 망치기도 하고, 흙이 물에 쓸려가서 농사지을 터전을 잃게 되지요. 홍수로 인해 사람이나 가축이 목숨을 잃을 수도 있고, 전염병이 퍼지는 경우도 많습니다.

홍수는 다양한 유형으로 발생합니다. 보통 고온 다습한 계절풍의 영향을 강하게 받거나 열대 저기압의 영향을 받아 집중 호우가 내리는 동남아시아나 동아시아의 대하천 유역에서 자주 발생합니다. 우리나라도 장마철이나 태풍이 오는 여름마다 홍수 피해 소식을 듣습니다.

한편 북극해로 유입되는 하천에서는 겨울철에 내렸던 눈이 봄에 녹으면서 홍수가 발생하기도 해요. 러시아는 유라시아 내륙에서 발원해 북극해로 흘러가는 하천의 많은데, 하천의 발원지는 냉대 기후인 반면 북극해 연안은 한대 기후입니다. 봄에는 하천 상류 지역이 하류 지역보다 따뜻한 상태가 되는 것이지요. 이 때문에 봄이 와서 상류 지역의 얼음이 녹아 흘러가던 강물이 하류 지역의 얼음에 막혀 주변으로 흘러 넘쳐버리는 홍수가 반복해서 발생합니다. 그래서 러시아는 폭격기를 동원해서 인위

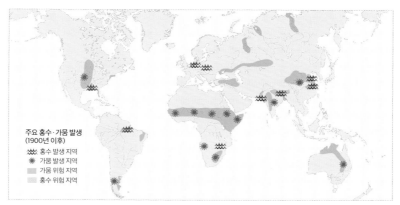

주요 홍수·가뭄 발생
(1900년 이후)
〰️ 홍수 발생 지역
✳️ 가뭄 발생 지역
⬛ 가뭄 위험 지역
⬛ 홍수 위험 지역

홍수는 다양한 유형으로 나타나는데 최근에는 기후 변화의 영향으로 예상치 못했던 홍수 지역이 생기고 있습니다.

적으로 하류의 얼음을 부수어 홍수를 예방하기도 해요.

또 홍수와는 거리가 먼 것 같은 건조 지역에서 발생하는 홍수도 있습니다. 사막에서 홍수는 드물게 일어나지만 한 번 발생하면 엄청난 피해를 입혀요. 사막은 땅이 단단하게 말라붙어 있어서 물을 잘 흡수하지 못하는 데다가 식물도 거의 없습니다. 그래서 조금만 비가 와도 물이 땅으로 흡수되지 않고 낮은 곳으로 그냥 흘러내립니다. 그러면서 여러 곳에서 모여든 물길과 만나고 순식간에 엄청난 양으로 불어나게 됩니다. 또 물의 흐름을 늦출 만한 장애물이 없습니다. 마치 방바닥에 물을 엎지른 것처럼 확 퍼져 나가 순식간에 큰 피해를 입힙니다.

이 밖에도 봄철에 기온이 올라서 겨울 동안 쌓여 있던 눈이 녹으며 발생하는 홍수, 온도가 높고 습기가 많은 기류가 산맥에 부딪히면서 일어나는 집중 호우, 산사태 때문에 하천이 막혀 발생하는 홍수 등이 있어요. 최근에는 기후 변화의 영향으로 홍수 피해가 더 커지거나 빙하 호수 붕괴 홍수처럼 새로운 홍수 지역이 생기기도 합니다. 빠르게 변하는 기후 변화로 인해 발생하는 새로운 홍수 유형에 현명하게 대처해야 할 것입니다.

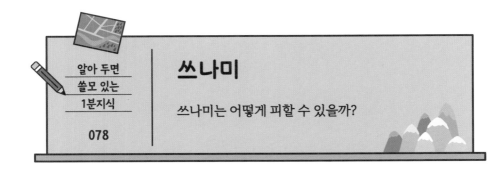

쓰나미

쓰나미는 어떻게 피할 수 있을까?

2024년 새해 첫날 오후 4시경 일본 이시카와현 노토반도 지역에서 규모 7.6의 강진이 발생해 이시카와현 해안에 지진 해일이 발생했습니다. 이 지진 해일로 강원도 동해 일부 지역에까지 영향을 미쳤습니다. 다행히 지진 해일 높이가 주의보 발령 기준에 못 미치는 0.5미터 미만이었습니다. 하지만 2011년 동일본 대지진(규모 9.0) 당시 발생한 높이 10미터짜리 쓰나미의 위력은 우리에게도 큰 충격으로 남아 있어 일본발 지진 해일 예보에 긴장을 늦출 수 없었습니다.

해일은 바다에서 높은 파도가 밀려오는 현상으로 폭풍으로 인해 생기는 것을 폭풍 해일이라고 합니다. 그리고 지진, 해저 지진, 화산 분화 등으로 인해 발생한 것을 지진 해일(쓰나미)이라고 구분해서 부릅니다. 지진 해일은 보통 쓰나미라고 부르는데 이 말은 일본어에서 유래했습니다. 원래 일본에서는 쓰나미를 지진 해일뿐만 아니라 폭풍 해일 등까지 통틀어 가리키는 용어였다고 합니다. 그러다 1963년에 열린 국제 과학 회의에서 '쓰나미'가 국제 용어로 공식 채택된 이후 지진 해일만이 쓰나미로 통용되고 있지요. 특히 2004년 인도양 대지진으로 인한 대규모 지진 해일 피해가 발생한 이후부터는 그 의미가 확실히 정착되었습니다.

그러면 쓰나미는 어떻게 발생하는 걸까요? 쓰나미는 보통 해저 지진이 원인이 되어 발생합니다. 해저 지진으로 바다 밑 지각이 움직이면 그 위를 채우고 있는 바닷물이 해저에서부터 해수면까지 통째로 움직이면서 거대한 파도를 만들지요. 이 파도

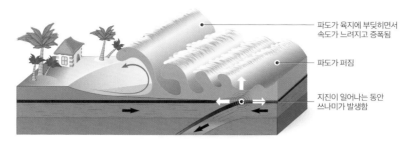

파도가 육지에 부딪히면서
속도가 느려지고 증폭됨

파도가 퍼짐

지진이 일어나는 동안
쓰나미가 발생함

해저 지진으로 인해 발생한 파도는 깊은 해저에서는 높지 않지만, 수심이 얕은 해안으로 접근할수록 파동이 커지고 높아집니다.

는 깊은 해저에서는 높지 않지만, 수심이 얕은 해안으로 접근할수록 파동이 커지며 높아집니다. 쓰나미의 속도(시속 500~700킬로미터)는 매우 빠르며, 높이가 수십 미터에서 수백 미터에 이를 수 있습니다. 이로 인해 해안 도시나 섬 등의 지역에서는 막대한 피해를 입지요. 무엇보다 쓰나미는 예측하기 어려운 자연재해 중 하나이므로 사전에 잘 대비해야 합니다. 그리고 쓰나미가 발생하면 빠르게 대피하는 것이 중요합니다.

2004년 인도양 쓰나미 이후 전 세계가 힘을 모아 국가 간 협력할 수 있는 쓰나미 조기 경보 시스템 구축을 위해 힘을 모았습니다. 이 과정에서 쓰나미에 대응할 수 있는 기술도 많이 발전해 대응 능력이 큰 폭으로 향상되었지요.

쓰나미는 개인적인 차원에서도 바닷물이 갑자기 빠지는 현상이나 파도의 움직임과 크기가 평소와 다른 쓰나미 전조 현상을 알고 있다면 대피할 수 있습니다. 푸껫에서 가족과 함께 휴가를 즐기던 틸리 스미스Tilly Smith는 2004년 12월 26일 바닷가를 산책하다가 프라이팬에서 기름이 튀듯이 바닷물이 부글거리는 것을 보고 해안에 있던 100여 명을 재빨리 대피시켰습니다. 지리 수업 시간에 쓰나미의 전조 현상에 대해 배운 내용이 눈앞에서 펼쳐지고 있었기 때문이었지요. 당시 인도양 쓰나미로 인해 인도네시아, 태국 등 인도양에 접한 나라에서 무려 30만 명이라는 사망자가 나왔지만 틸리가 머문 해변에서는 단 한 명의 피해자도 발생하지 않았습니다.

화산의 두 얼굴

화산 용암의 열기로
구워 먹는 피자는 어떤 맛일까?

화산 활동은 인간에게 큰 피해를 주는 자연재해 중 하나입니다. 화산이 폭발하면 뜨거운 용암이 흘러나오면서 화산 가스를 포함해 화산재, 화산 모래, 화산 자갈 등의 크고 작은 암석 파편들이 함께 뿜어져 나옵니다. 이 중에서 화산 분출로 발생하는 화산 쇄설물류와 화산 이류토는 빠른 속도로 이동해 순식간에 가옥과 농경지를 덮어버립니다. 게다가 뜨거운 용암 때문에 산불이 나기도 하지요. 또 하늘을 뒤덮은 화산재는 시야를 가려 항공기 운항을 어렵게 하고 햇빛을 차단해 농작물 생육에 큰 지장을 초래합니다. 특히 바다 근처에서 발생하는 화산 활동은 해일을 일으키기도 합니다. 이렇듯 화산 활동은 사람의 생명과 재산에 피해를 주고 생태계에 큰 타격을 주는 자연재해로 알려져 있습니다.

하지만 장기적으로 보면 화산 활동은 인간과 생태계에 여러 가지 혜택을 주기도 합니다. 먼저 화산 폭발로 화산재가 쌓여 만들어진 화산회토에는 식물이 자라는 데 좋은 성분인 무기질이 풍부하게 포함되어 있습니다. 이 때문에 인도네시아, 필리핀 등 전 세계 인구의 10퍼센트는 위험한 줄 알면서도 활화산 주변에서 농사를 지으며 살고 있지요.

또 화산 활동 지역에는 마그마가 식으면서 생성된 금, 은, 구리, 망간, 유황 등의 각종 금속 광물들이 풍부합니다. 이런 금속 광물은 경제적으로도 큰 이득을 주는 자원이지요.

과테말라 파카야 화산 용암의 열기에 피자를 구워 팔아 관광객들에게 큰 인기를 끌어 화제가 되기도 했습니다.

또한 화산 지대에서는 땅속의 열에너지를 이용한 지열 발전으로 전기를 생산할 수도 있어요. 지열 발전은 재생 에너지 중에서도 가장 친환경적이고 에너지 효율도 높아요. 활화산이 150여 개 있는 아이슬란드는 땅속 마그마 열을 이용한 지열 발전 비중이 높은 대표적인 나라입니다.

무엇보다 화산 지형은 온천, 간헐천을 비롯해 독특한 매력이 있는 장소가 많아 지형 경관을 관광 자원으로 활용하기에 좋아요. 온천은 땅속의 마그마로 인해 지하수가 끓어 지표면으로 뜨거운 물이 솟아올라서 만들어진 것입니다. 그래서 인체에 좋은 광물질들이 많이 녹아 있는 것으로 알려져 있지요.

아이슬란드 레이캬네스반도에서 '800년 만에 분출'이란 소식에 관광객들이 몰려오고, 과테말라 파카야 화산 용암의 열기에 피자를 구워 팔아 사람들에게 큰 인기를 끌었다는 이야기들은 자연재해로 인식되는 화산 폭발의 이미지와는 달라 흥미롭습니다. 게다가 이웃 나라 일본은 해저 화산 활동으로 인해 새로운 섬이 생겨나 영토와 영해가 넓어지는 혜택을 누리고 있다고 하니 화산 활동으로 얻는 이익이 의외로 다양합니다. 오래전 화산 활동은 신의 분노라며 두려움의 대상으로 여겨졌습니다. 하지만 다양한 사례를 통해 화산 활동을 긍정적으로 활용해 살아가는 모습도 많다는 것을 알 수 있습니다.

알아 두면
쓸모 있는
1분지식

080

2차 재해

2011년에 발생한
동일본 대지진은 왜 아직도 언급될까?

자연재해는 재해 자체가 원인이 되는 1차 재해와 자연재해가 모두 끝난 후에 발생하는 2차 재해로 구분할 수 있습니다. 예를 들어 지진의 1차 피해는 지진이 발생할 때 가장 먼저 나타나는 피해입니다. 강한 진동으로 인해 지표나 지하 구조물의 파괴, 지반 붕괴, 해일로 인한 가옥, 선박의 유실이나 파괴 등이 발생합니다.

1차 피해를 줄이기 위해서는 내진 설계 같은 안전한 건축 기준 마련, 대피 시설 조성, 응급 의료 서비스, 재난 대응 시스템 구축 등이 중요합니다. 이를 통해 1차 피해를 최소화하고 인명과 재산을 보호할 수 있지요. 그러나 이렇게 발생한 피해는 그 자체만으로 끝나지 않습니다. 지진 같은 자연재해는 발생 직후 심각한 피해를 주지만, 이후에도 다양한 2차 재해를 유발합니다.

지진의 2차 재해로는 화재 발생, 수도·전기·가스·통신망 파괴, 생활 물자 유통망 파괴로 인한 사회 혼란 등이 있습니다. 재해로 수도나 전력 시스템이 손상되면 기본적인 생활 편의와 안전에 영향을 줍니다. 수도 공급이 중단되면 음식 조리, 세면, 위생 유지 등에 어려움이 생기며, 전력 공급이 중단되면 가정이나 기업 활동에 지장을 줄 수 있습니다. 또 지진으로 도로나 다리 등의 기반 시설이 파손되면 교통 체계가 마비되고, 이로 인해 경제 활동에도 부정적인 영향을 미치게 됩니다. 또한 자연재해로 사업장이 피해를 보거나 생산 시설 가동이 중단되면 경제적인 손실이 발생합니다. 1995년에 발생한 고베 대지진(한신·아와지 대지진)으로 인해 아시아 제1항을 자부하던 고베

2011년 3월 11일에 발생한 동일본 대지진으로 인한 후쿠시마 원자력 발전소 사고 때문에 오염수 문제 등 심각한 2차 재해가 발생했습니다.

항이 부산항에 그 지위를 내주게 된 사례가 대표적입니다.

2차 피해 복구에서는 재난이 인간의 신체나 정신에 가한 충격과 회복에 대한 관심도 중요합니다. 재난으로 파괴된 건물을 복구하는 데는 보통 4~5년이면 충분하지만, 사람이 겪는 심각한 재난 후유증은 평생 동안 치유하기 어렵기도 합니다.

지진 2차 피해의 심각성은 지금도 완전히 해결되지 않은 동일본 대지진의 사례를 보면 알 수 있습니다. 2011년 3월 11일에 발생한 동일본 대지진은 규모 9.0의 역대 가장 강력한 지진입니다. 이 지진은 동일본 해안 근처에서 발생했으며, 최고 높이 10미터에 이르는 쓰나미가 발생하는 등 엄청난 파괴력 보여 주며 많은 인명 피해와 큰 재산 피해를 입혔습니다. 게다가 주택과 건물의 붕괴, 도로와 다리의 파괴, 화재, 후쿠시마 원자력 발전소 사고로 인한 오염수 문제 등 심각한 2차 재해가 이어졌습니다. 이처럼 자연재해의 2차 피해는 초기 피해보다 규모가 더 커질 수 있으며, 이를 복구하고 재건하는 데도 상당한 시간과 비용이 들 수 있습니다. 그러므로 자연재해의 2차 피해 대비에도 결코 소홀해서는 안 될 것입니다.

폭염과 산불
_산불의 규모는 왜 점점 더 거대해질까?

2023년 여름, 새만금 일대에서 열린 세계 스카우트 잼버리가 극심한 폭염과 미흡한 대처로 많은 우여곡절을 겪으며 막을 내렸습니다. 무엇보다 폭염으로 인한 온열 질환자가 무더기로 발생해 남은 일정을 운영하기가 어려워졌습니다. 이 대회가 하필 우리나라에서 가장 더운 시기에 개최되기도 했지만, 기후 변화로 점점 더워지는 여름을 실감하게 된 사건이기도 했습니다.

폭염은 사람만 힘들게 하는 것이 아닙니다. 보통 선인장은 더위에 아주 강한 식물이라고 알고 있지요. 하지만 미국 애리조나주의 명물인 선인장들이 폭염 때문에 극심한 스트레스를 받아 질식과 탈수 증세를 보이며 죽어가고 있다고 합니다. 폭염으로 인한 가뭄 때문에 목말라 죽어가는 가축들 소식도 종종 전해지지요. 폭염은 이제 동식물은 물론 인류 전체를 위협하는 심각한 재난으로 인식되고 있습니다.

실제로 기후 변화로 인해 세계 곳곳에서 매년 유례없는 이상 폭염이 발생하고 있습니다. 폭염은 그 자체로도 심각하지만 대형 산불의 원인으로 꼽히면서 더 중요한 문제가 되고 있습니다. 게다가 앞으로 산불 발생 기간이 점점 길어지고 규모도 커질 수밖에 없다는 것도 큰 문제입니다. 실제로 대형 산불은 이제 미국 서부, 오스트레일리아, 지중해 연안에서 빈번하게 발생하고 있습니다.

숲에서 산불이 발생하면 화재로 인한 이산화 탄소가 배출됩니다. 현재 전 세계 이산화 탄소 배출량의 약 25퍼센트가 바로 산불 때문에 발생한다고 해요. 2019년에 발생한 오스트레일리아 산불은 발생한 지 3개월 만에 오스트레일리아 전역에서 한 해 동안 배출되는 이산화 탄소 양에 맞먹는 양이 배출되었습니다. 또 산불로 나무가 타버리면 이산화 탄소를 흡수하고 산소를 공급하는 기능도 상

2019년 9월에 발생한 오스트레일리아 산불은 6개월 동안 지속되어 한반도 면적의 85퍼센트에 이르는 숲이 불에 타버렸습니다.

실하게 되지요. 이런 악순환이 계속되면 지구는 더 뜨겁고 건조해질 수밖에 없습니다. 게다가 폭염에 따른 가뭄으로 불을 끌 물이 부족한 지역은 산불에 의해 더 심각한 피해를 입기도 합니다. 또 산불은 심각한 대기 오염을 일으킬 뿐만 아니라 산불로 발생한 수많은 재가 강과 호수에 흘러들어 식수를 오염시켜서 주변 지역의 식수 공급에 심각한 타격을 줍니다.

문제는 여름철이 건기인 지중해성 기후나 사바나 기후에서만 폭염으로 산불이 발생하는 것이 아니라는 점입니다. 1년 내내 바다의 영향을 고르게 받아 여름이 선선하고 연중 강수량도 일정한 서안 해양성 기후 지역이나 시베리아 같은 냉대 습윤 기후 지역에서도 폭염과 산불 발생 횟수가 늘어나고 있습니다. 최근 몇 년 동안 이어진 서유럽 지역과 캐나다 브리티시컬럼비아주에서 폭염으로 발생한 산불이 서안 해양성 기후 지역의 대표적인 사례입니다. 안타깝게도 세계 기상 기구World Meteorological Organization, WMO는 앞으로 서안 해양성 기후 지역에서 더 강한 폭염과 호우가 발생할 것으로 예상합니다. 이제는 정말 확실한 대책이 필요한 때입니다.

9장

환경과 지리

- ☑ 파리 협정
- ☐ 미세먼지
- ☐ 사막화
- ☐ 열대 우림 파괴
- ☐ 그린워싱
- ☐ 환경 발자국
- ☐ 신재생 에너지
- ☐ 에코 반달리즘
- ☐ 탄소중립
- ☐ 패스트 패션

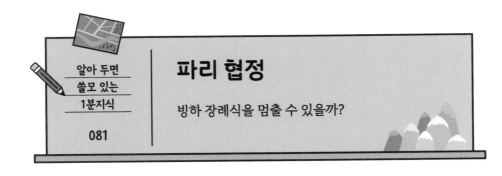

파리 협정

빙하 장례식을 멈출 수 있을까?

세계 곳곳에서 '빙하 장례식'이 치러지고 있습니다. 빙하 장례식은 기후 변화로 인한 빙하와 만년설의 붕괴를 죽음으로 정의하고 이를 애도하는 의식입니다. 그런데 이런 기후 위기를 맞을 때까지 인류는 아무런 노력도 하지 않았을까요?

사실 기후 위기를 극복하기 위한 전 지구적인 노력은 1988년 기후 변화에 관한 정부 간 협의체IPCC를 설립하며 본격적으로 시작되었습니다. 1992년 브라질 리우데 자네이루에서 열린 유엔 환경 개발 회의UNCED에서 196개국이 참여한 가운데 유엔 기후 변화 협약UNFCCC이 채택되고 1994년에 발효되었지요. 유엔 기후 변화 협약에는 선진국이 2000년까지 1990년 수준으로 온실가스를 감축하고 개발 도상국에 재정과 기술을 지원해야 한다는 의무 사항 등이 담겨 있습니다.

이 협약 내용을 이행하기 위해 1997년에 만들어진 국가 간 이행 협약이 교토 의정서Kyoto Protocol입니다. 교토 의정서의 주요 내용은 선진국이 이산화 탄소를 비롯한 온실가스 배출량을 1990년 수준보다 평균 5.2퍼센트 줄이는 것이었어요. 당시 온실가스 배출량 세계 1위 중국을 비롯해 3위 인도, 6위 이란, 8위 인도네시아, 9위 우리나라는 개발 도상국으로 인정되어 온실가스 감축 의무 대상국에서 제외되었습니다.

교토 의정서는 최초로 국제 사회에서 개별 국가의 온실가스 감축 의무 목표를 규정하고 이를 이행하지 않으면 제재할 수 있는 조치를 마련했으며, 감축 목표를 효율적으로 달성하기 위해 온실가스 배출권 거래제를 도입했다는 의미가 있습니다. 하

구분	교토 의정서(1997)	파리 협정(2015)
대상 국가	주요 선진국 37개국	195개 당사국
적용 시기	2020년까지 기후 변화 대응 방식 규정	2020년 이후 신기후 체제
주요 내용	• 온실가스 총 배출량을 1990년 수준보다 평균 5.2퍼센트 감축 • 선진국에만 온실가스 감축 의무 부여	• 지구 평균 온도의 상승폭을 산업화 이전과 비교해 섭씨 1.5도 이하로 제한 • 선진국은 2020년부터 개발 도상국의 기후 변화 대처 사업에 1,000억 달러(약 140조 원) 지원 • 2023년 첫 이행 점검 이후 5년마다 상향된 감축 목표 제출, 이행 여부 검증
대한민국	감축 의무 없음	2030년 배출 전망치 대비 37퍼센트 감축안 제출

파리 협정이 교토 의정서와 대비되는 점은 지구 평균 기온 상승을 섭씨 1.5도 이내로 제한하는 것을 목표로 하는 전 지구적이고 법적 구속력 있는 국제 조약이라는 사실입니다.

지만 선진국에만 온실가스 감축 의무를 부여해 오히려 참여국의 참여 의지를 저해하는 결과를 낳았지요. 특히 온실가스 배출량 세계 2위이자 유엔 기후 변화 협약을 주도하던 미국은 상원의 비준을 받지 못하고 자국 산업을 보호한다는 이유로 교토 의정서에서 탈퇴했습니다. 이후 일본과 러시아, 캐나다마저 탈퇴하며 교토 의정서에는 EU와 동유럽, 오스트레일리아만 남게 되었어요.

이후 2020년 만료 예정이었던 교토 의정서를 대체할 새로운 협정을 2015년에 채택하게 되었습니다. 이때 채택한 파리 협정Paris Agreement은 교토 의정서와 달리 다수 국가의 자발적 참여로 선진국, 개발 도상국을 포함한 총 195개국이 참여했습니다. 이는 전 세계 온실가스 배출량의 90퍼센트에 해당하는 규모이지요.

파리 협정이 교토 의정서와 대비되는 점은 지구 평균 기온 상승을 섭씨 1.5도 이내로 제한하는 것을 목표로 하는 전 지구적이고 법적 구속력 있는 국제 조약이라는 점이에요. 또 선진 37개국이 주로 떠맡았던 온실가스 배출량 감축 행동을 모든 국가로 확대해서 적용했습니다. 또 5년마다 상향된 감축 목표를 제출하고 이행 여부를 검증하며 개발 도상국에 대한 자금 지원 확대 등을 포함하고 있습니다.

미세먼지

팬데믹 시기의
미세먼지 감소 현상이 남긴 교훈은?

2020년 초부터 전 세계로 퍼져 나간 코로나19로 우리나라 역시 3년이 넘는 시간 동안 마스크를 쓰고 답답함과 두려움을 느끼며 살았습니다. 하지만 팬데믹 시기를 보내며 생산과 소비를 줄이고도 삶을 영위할 수 있다는 가능성을 보기도 했습니다. 인간의 활동량이 줄어들자 이산화 탄소 발생량이 현격히 줄어들었다는 점은 시사하는 바가 큽니다. 실제로 '사람이 멈추자 자연이 돌아왔다'를 실감하게 되었지요. 예를 들어 대기 오염이 심각한 것으로 유명한 지역에서 그동안 스모그에 가려져 있던 경관이 보이기 시작한 곳들의 소식이 SNS로 알려지기도 했습니다. 특히 인도 주변 히말라야산맥에 쌓인 눈이 더 하얗게 빛나게 되었다고 합니다. 평소처럼 공기 오염이 심할 때는 눈 위에 먼지와 그을음 등이 쌓여 색이 탁했는데 인도의 공기 오염이 줄면서 눈도 깨끗해진 것이지요.

우리나라도 코로나19 기간 동안 그전보다 미세먼지 발생 일수가 줄고 공기 질이 확연히 좋아졌습니다. 미세먼지란 황사, 화산재 등 자연 물질에서부터 인간의 산업 활동 결과로 발생하는 다량의 미세한 오염 물질로 이루어진 모든 것을 통틀어 가리키는 말입니다. 간혹 미세먼지와 황사를 혼동하는 경우가 많은데요. 중국이나 몽골에서 모래바람이 불어와 발생하는 황사와 달리 미세먼지를 발생시키는 요인에는 국내에서 발생한 물질도 큰 비중을 차지합니다. 미세먼지는 공장의 매연, 자동차 배기가스, 공사장이나 광산에서 배출되는 각종 분진, 중금속 물질 등 인간이 만들어 내고

미세먼지는 황사, 화산재 등 자연 물질에서부터 인간의 산업 활동 결과로 발생하는 다량의 미세한 오염 물질로 이루어진 것을 통틀어 가리키는 말입니다.

확산한 물질이 대부분이므로 자연 현상이라기보다는 사회 재난 성격이 강합니다. 우리나라는 좁은 국토 면적에 비해 많은 인구, 즉 높은 인구 밀도와 도시화, 산업화로 인해 다량의 미세먼지 원인 물질이 발생합니다.

또한 지리적 입지에 따른 국외 요인도 무시할 수 없습니다. 중위도에 위치하는 우리나라는 연중 상층 편서풍의 영향을 받습니다. 그래서 중국의 제철소, 석탄 화력 발전소, 중국 내륙의 사막화 현상에서 발생한 미세먼지가 편서풍을 타고 우리나라로 들어와 대기질에 큰 영향을 미치지요. 산업 시설이 적은 백령도, 제주도에서도 미세먼지 농도가 높게 나타나는 현상을 통해 국외 요인도 큰 영향을 미친다는 것을 알 수 있습니다. 그런데 중국이 '제로(0) 코로나'라는 봉쇄 정책을 펼치면서 오염 물질을 배출하는 제조업 공장 등의 가동을 중단하고, 2022 베이징 동계 올림픽을 앞두고는 강력한 미세먼지 저감 정책을 펼치자 이전보다 미세먼지 농도가 낮아졌습니다.

하지만 팬데믹이 종료되면서 빠른 속도로 오염 물질 배출량이 증가하고 있습니다. 그 영향이 우리나라에서도 곧바로 나타나고 있지요. 우리나라 전체 미세먼지 중 국외 요인이 약 40~70퍼센트 정도를 차지하는 만큼 이 문제를 해결하기 위해서는 개개인의 노력뿐만 아니라 정부와 국제 사회의 협력도 필요할 것입니다.

사막화

캐시미어가 몽골 사막화의 원인이라고?

고급 섬유인 캐시미어cashmere는 본래 인도와 파키스탄 사이에 위치한 카슈미르 지방의 산양이나 염소의 속 털로 짠 고급 모직물을 말합니다. '캐시미어'라는 단어도 카슈미르Kashmir를 영어식으로 발음한 것입니다. 산양이나 염소가 털갈이를 할 무렵에 속 털만 모아 가공해서 만든 캐시미어는 가벼우면서 보온성이 좋고 촉감이 부드러울 뿐만 아니라 광택이 아름다워 점점 더 인기가 높아지고 있습니다.

하지만 산양 한 마리에서 얻을 수 있는 양은 고작 장갑 하나 짤 수 있는 정도입니다. 게다가 생산 공정도 까다로워 캐시미어 공급량은 전 세계적인 수요를 따라가지 못하며 가격 역시 높아 양모의 10배 이상 높은 가격으로 거래되고 있습니다. 오늘날 캐시미어 생산은 분쟁 중인 인도 북부 카슈미르 지역을 제치고 중국이 1위를 차지하고 있습니다. 전 세계 캐시미어 생산량 중 48퍼센트는 중국에서, 40퍼센트는 몽골에서, 나머지 12퍼센트는 그 밖의 지역에서 생산되고 있지요.

전 세계적으로 캐시미어의 수요가 늘어나자 몽골은 캐시미어 산업을 국가 중요 산업으로 육성했습니다. 이에 따라 방목하는 염소의 수도 급증하기 시작했지요. 그 결과 최근 20년 동안 몽골에서 사육하는 염소 수가 이전보다 네 배 이상 증가했습니다. 또 몽골에서는 전국의 24만 가구 중 약 40퍼센트가 캐시미어 산업에 종사하고 있을 정도로 경제적으로도 중요도가 매우 높습니다.

그런데 급격히 늘어난 캐시미어 염소의 유별난 식성이 문제가 되기 시작했습니

염소가 지나간 자리에서는 풀이나 나무가 다시 자랄 때까지 오랜 시간이 걸립니다. 이 때문에 캐시미어 염소가 몽골 사막화의 가장 큰 원인으로 지목됩니다.

다. 염소는 양이나 소와는 달리 먹을 것이 부족하면 뿌리까지 먹어 버리는 습성이 있습니다. 그래서 염소가 지나간 자리는 풀이나 나무가 다시 자랄 때까지 무척 오랜 시간이 걸립니다. 결과적으로 캐시미어 산양과 염소가 몽골의 사막화를 유발함으로써 몽골과 주변 국가의 환경까지 위협하는 것이죠.

사막화는 왜 문제가 되고 주변국에는 어떤 영향을 미치는 걸까요? 먼저 사막화는 자연적 요인 또는 인위적 요인으로 인해 기존에 사막이 아니던 곳이 점차 사막으로 변해가는 현상입니다. 사막화 현상은 주로 아프리카 사하라 사막 남쪽의 사헬 지역 같은 건조 지대와 반건조 지대에서 나타납니다. 사막화는 극심한 가뭄과 장기간에 걸친 건조화 현상 같은 자연적 요인으로도 발생합니다. 하지만 인위적 요인에 해당하는 과도한 경작과 방목, 관개 시설, 삼림 벌채 등이 더 큰 문제입니다. 이 같은 자연적, 인위적 원인으로 숲과 초원이 점차 사라지면 지표면의 태양 에너지 반사율이 증가하고 지표면이 흡수하는 에너지가 줄어들면서 지표 온도가 낮아집니다. 차가워진 지표면에는 건조한 하강 기류가 형성되고 강수량이 감소해 토양의 수분이 적어지면서 사막화가 가속화되는 악순환이 시작됩니다. 중국과 몽골의 사막화는 두 국가의 동쪽에 위치한 우리나라에도 황사나 미세먼지 같은 심각한 피해를 가져오므로 더욱 외면할 수 없는 문제입니다.

열대 우림 파괴

휴대 전화와 고릴라, 라면과 오랑우탄은
무슨 관계일까?

열대 우림은 그 이름처럼 열대 우림 기후 지역에 분포하는 숲입니다. 열대 우림의 우거진 숲은 대기 중의 이산화 탄소 농도를 낮추고 산소를 생산하는 중요한 역할을 합니다. 또 주요 원목 공급지이며, 지구촌 생물 다양성을 지키는 유전자의 보물 창고이기도 하지요. 우리가 사용하는 약품의 원료 물질 상당수도 열대 우림의 식물에서 얻고 있답니다. 이 밖에도 열대 우림 지역만의 지리적 환경 덕분에 형성된 천연자원이 풍부하기에 더 많은 관심을 받고 있습니다.

하지만 안타깝게도 이렇게 중요한 열대 우림은 그 분포 지역 국가들의 정치·경제적 이유로 빠른 속도로 파괴되고 있습니다. 단순히 숲만 파괴되는 것이 아니라 숲을 보금자리 삼아 살아가는 다양한 동식물들의 생존까지 위협받고 있지요. 열대 우림 파괴로 멸종 위기에 처한 대표적인 동물이 고릴라와 오랑우탄입니다.

현대인의 필수품, 휴대 전화의 필수 원료가 되는 광물이 열대 우림과 고릴라의 적이라는 사실을 아시나요? '콜탄coltan'은 휴대 전화나 컴퓨터를 만들 때 필요한 금속 물질입니다. 콜탄을 가공해서 만든 탄탈럼tantalum은 우리가 사용하는 첨단 기기를 만드는 데 필수적인 재료입니다. 문제는 콜탄의 세계적인 생산지인 콩고민주공화국의 동부 지역이 고릴라의 주요 서식지라는 점입니다. 오랜 내전으로 피폐해진 이 지역에서 콜탄을 채굴하여 큰 이익을 얻게 되었지만, 자원 개발로 인해 열대 우림이 파괴되고 수질 오염이 심화되어 고릴라들이 멸종 위기에 처했어요. 우리가 사용하고

지구 전체 생물종의 50퍼센트 이상이 살고 있는 열대 우림은 생물 다양성 핵심 지역이지만, 해마다 약 1퍼센트씩 사라지고 있습니다.

있는 휴대 전화와 전자 기기를 만들기 위해 고릴라들의 생존을 위협하고 있는 것이지요. 더군다나 휴대 전화는 다른 가전제품과 달리 평균 사용 기간이 2.5년 정도로 짧아서 신제품 생산을 위한 콜탄 수요는 더 많아지고 그에 따라 고릴라 서식지도 더 파괴될 수밖에 없습니다.

아시아의 적도 주변에 위치하는 말레이시아와 인도네시아의 열대 우림도 빠르게 사라지고 있어요. 두 국가는 기름야자에서 생산하는 팜유palm oil(팜오일)의 주요 생산국입니다. 팜유는 단위 면적당 생산량이 많아 가격이 저렴해서 라면, 과자 등 식품의 원료로 널리 사용되지요. 세계적으로 팜유 수요가 늘어나자 두 국가는 열대 우림의 나무를 베어내고 그 자리에 기름야자를 빼곡히 심었습니다. 팜유가 많이 쓰일수록 기름야자를 심는 면적도 넓어질 수밖에 없지요. 그러자 열대 우림과 함께 약 15만 마리의 오랑우탄도 사라졌어요. 지금도 하루 평균 25마리씩 줄어들고 있다고 합니다.

열대 우림과 그곳에 살아가는 동물들이 사라지는 것도 문제지만 열대 우림을 파괴하는 방식 또한 심각한 문제로 지적됩니다. 개발 도상국은 기름야자 농장을 만드는 과정에서 산불로 숲을 개간하는 저렴한 방법을 택합니다. 이 산불은 대기 오염을 발생시키고 사막화와 지구 온난화의 또 다른 원인이 되고 있습니다.

그린워싱

텀블러는 정말 친환경적일까?

전 세계적으로 ESG(환경Environment, 사회Social, 지배 구조Governance) 경영의 중요성이 커지면서 많은 기업이 친환경 이미지 만들기에 주력하고 있습니다. 하지만 친환경적인 것처럼 위장해 제품을 광고하는 사례가 많아 기업들의 그린워싱greenwashing 행위가 큰 비판을 받기도 합니다. 그린워싱은 녹색, 환경을 뜻하는 '그린green'과 '세탁white washing'의 합성어로, 실제로는 친환경 제품이 아님에도 친환경 제품인 것처럼 위장해 소비자를 속이는 것을 뜻하며, '위장 환경주의'라고도 하지요.

우리나라에서도 몇 년 전 다국적 기업인 커피 전문점에서 일회용 컵 사용을 줄이고 친환경 메시지를 전한다는 목적으로 '리유저블reusable 컵 데이' 행사를 진행했습니다. 하지만 리유저블 컵은 스무 번 정도만 사용할 것으로 권장되는 제품이라 문제가 되었습니다. 리유저블 컵을 생산하기 위해 오히려 플라스틱 사용량만 늘렸다며 환경 단체로부터 비판을 받았습니다. 게다가 이 컵을 다회용으로 사용하는 사람도 많지 않았지요.

최근 유럽에서는 기업들의 그린워싱 사례를 조사하고 이에 대한 규제를 강화하고 있습니다. 스위스에서는 과장되고 근거 없는 친환경 광고를 하는 것으로 판단한 기업들을 제소하기도 했지요. 해당 기업들이 소비자들을 속이고 있다고 판단했기 때문입니다. 유럽과 미국 등에서는 기업 활동을 하면서 그린워싱한 것으로 확인되면 판매 이익을 회수하고 과태료 등을 부과하는 각종 규제를 시행하고 있습니다.

그렇다면 그린워싱은 제품을 생산하는 기업에게만 책임이 있는 걸까요? 그린워싱을 줄이려면 물건을 소비하는 소비자들의 올바른 판단과 실천도 중요합니다. 최근 많은 소비자들이 환경 보호를 위해 에코 백, 텀블러 등 다회용 제품을 사용하고 있습니다. 문제는 환경을 보호하기 위해 만들어진 다회용 제품이 오히려 환경 파괴의 새로운 원인이 될 수 있다는 것입니다. 이처럼 환경을 위해 실천한 행동이 오히려 환경에 나쁜 영향을 끼치는 것

국내 한 화장품 대기업이 종이 용기를 사용한 화장품이라고 홍보했지만 실제 용기는 플라스틱이었던 그린워싱 사례도 있습니다.

을, 환경 분야에서는 공이 어떤 것을 치고 다시 튀어 오르는 현상에 빗대어 '리바운드 효과rebound effect'라고 합니다.

다회용품을 사용하는 것이 실질적으로 환경에 도움이 되려면 스테인리스stainless 텀블러는 최고 200번 이상, 에코 백은 130번 이상 사용해야 한다고 합니다. 이를 '친환경 손익 분기점'이라고 하며 쉽게 말해 환경적으로 손해를 보지 않는 횟수를 의미합니다. 하지만 실제 사람들의 제품당 평균 사용 횟수는 20~30회에 지나지 않는다고 해요. 이런 소비자들이 대부분이라면 다회용품을 만들어 내고 폐기하는 과정에서 일회용품을 사용할 때보다 더 많은 온실가스가 발생하는 결과를 낳게 됩니다. 지금 가지고 있는 에코 백과 텀블러 수를 한번 생각해 보세요. 환경을 생각한다면 개인 차원에서 소비 습관을 점검하고 실질적으로 환경에 도움이 되는 생활을 하고 있는지 스스로를 돌아볼 필요가 있습니다.

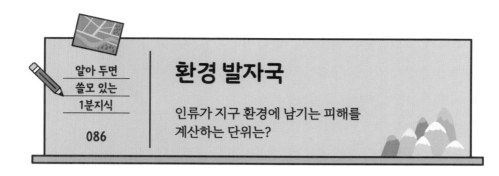

환경 발자국

인류가 지구 환경에 남기는 피해를
계산하는 단위는?

사람은 살면서 수많은 발자국을 남깁니다. 그중에서 환경 발자국은 인간이 환경에 남긴 '흔적'입니다. 생태 발자국ecological footprint, 물 발자국water footprint, 탄소 발자국 carbon footprint 등 세 가지 환경 발자국은 우리가 환경에 어떤 영향을 얼마나 미치고 있는지를 보여 줍니다. 환경 발자국은 모두 그 수치가 클수록 환경에 피해를 많이 주는 것을 의미합니다.

먼저 생태 발자국은 지구에서 사람이 살아가는 동안 필요한 자원의 생산과 폐기에 드는 비용을 토지의 면적(글로벌 헥타르global hectar, gha)이나 지구의 개수로 나타낸 것입니다. 그래서 생태 발자국은 우리 인류가 지속 가능한지에 대해 알 수 있는 중요한 지표이지요. 인류의 지속 가능한 발전을 위해서는 생태 발자국이 지구의 생태적 수용력과 같거나 작아야 합니다. 하지만 인구가 증가하고 산업이 발달함에 따라 생태 발자국 수치는 빠르게 커지고 있습니다. 특히 소득 수준이 높은 지역일수록 1인 당 생태 발자국 수치가 높게 나타납니다. 참고로 지구가 기본적으로 감당해낼 수 있는 생태 발자국 면적은 1인당 1.8헥타르라고 합니다. 하지만 우리나라는 1995년부터 일찌감치 이 기준치를 넘어섰고, 현재는 6.18헥타르(2017년 기준)라고 하니 우리는 지구 환경에 큰 빚을 지고 살아가고 있는 셈입니다.

물 발자국은 우리가 일상생활에서 사용하는 제품을 생산하고 이용한 후 폐기하는 모든 과정에 사용되는 물의 총량을 의미합니다. 즉 제품을 생산하고 소비하고 버

탄소 라벨링 제도는 제품 겉면에 탄소 발자국을 표시해 소비자가 구매에 참고할 수 있게 하는 제도입니다.

리는 과정에서 얼마나 많은 양의 물이 사용되는지를 확인할 수 있는 지표이지요. 참고로 사과 1개의 물 발자국은 210리터, 쌀 1킬로그램의 물 발자국은 3,400리터, 청바지 한 벌의 물 발자국은 9,000리터에 이릅니다.

탄소 발자국은 개인 또는 단체가 직간접적으로 발생시키는 온실가스, 특히 이산화 탄소의 총량을 뜻합니다. 가정에서도 전기, 가스, 수도, 교통 수단 사용량이나 요금을 탄소 발자국 계산기에 입력하면 탄소 발자국을 계산할 수 있어요. 나의 탄소 발자국을 알면 탄소 배출량을 줄이기 위해 노력하게 될 것입니다.

대표적인 노력 사례로 탄소 라벨링(탄소성적표지) 제도가 있습니다. 탄소 라벨링 제도는 기업이 생산한 제품에 탄소 발자국을 제품 겉면에 표시해 온실 가스 배출량을 줄이고자 유도하는 제도입니다. 탄소 발자국을 상품에 표시함으로써 소비자가 구매에 참고할 수 있도록 하지요. 소비자들은 제품에 표시된 탄소 소비량을 확인하며 탄소를 보다 적게 배출해서 만든 제품을 선택하게 될 것이고, 이에 따라 기업은 제품을 생산할 때 탄소 배출량을 줄이기 위해 노력하게 될 것입니다. 소비자 개인의 환경 발자국을 종류별로 확인해 보고 개선할 점이 있다면 적극적으로 탄소 배출량을 줄이기 위한 노력도 필요합니다.

신재생 에너지

신재생 에너지는 장점만 있을까?

산업이 발달하고 인구가 증가하면서 전 세계적으로 석탄, 석유, 천연가스 같은 화석 연료의 소비량은 꾸준히 증가해 왔습니다. 현재의 소비 속도라면 머지않아 화석 연료가 고갈될 것입니다. 이에 따라 세계 여러 지역에서는 고갈되지 않고 지속적으로 사용할 수 있는 에너지원을 개발하고 있습니다. 신재생 에너지란 태양광 에너지, 바이오 에너지, 풍력 에너지, 조력 에너지, 지열 에너지처럼 자연으로부터 얻을 수 있는 재생 에너지와 연료 전지, 수소 에너지처럼 새로운 기술로 개발된 신 에너지를 의미합니다.

신재생 에너지는 이산화 탄소 같은 온실가스 배출량이 적거나 없어서 환경 오염이 적습니다. 또 원자력처럼 방사능 유출을 걱정할 필요도 없지요. 무엇보다 필요한 장소와 가까운 곳에서 에너지를 생산할 수 있어 연료나 전기 운반에 드는 비용을 절감할 수 있어요. 특히 에너지 공급원이 태양열, 바람, 지열 등으로 고갈될 걱정 없이 지속적으로 사용할 수 있다는 장점이 있습니다. 신재생 에너지 사용 비중이 높아지면 우리나라처럼 화석 연료의 해외 의존도가 높은 국가에서는 해당 자원을 수입하지 않아도 되므로 에너지 자급률과 에너지 안보에도 도움이 되지요.

그러나 신재생 에너지가 장밋빛 미래만 보장할까요? 신재생 에너지는 아직 경제적 측면이나 기술적 측면에서 부족한 점도 많습니다. 특히 화석 연료를 이용하는 기존의 발전 방식보다 개발 연구비용 등 초기 비용이 많이 들며 저장과 수송이 쉽지 않고 대량 생산이 어려워 경제성이 낮습니다. 또한 신재생 에너지 개발은 지형과 기후

신재생 에너지를 이용한 발전 방식은 개발 연구 비용 등 초기 비용이 많이 들어가며 저장과 수송이 쉽지 않고 대량 생산이 어려운 단점이 있습니다.

의 제약을 많이 받고, 안정적인 전력 생산이 어려운 측면도 있지요.

태양광 발전은 발전 단지를 조성하기 위해 삼림을 파괴하는 문제가 발생합니다. 우리나라에서도 태양광 발전소 설치로 자연이 훼손되고 발전소에서 유해한 전자파가 발생할 수 있다는 우려가 있습니다. 또 풍력 에너지 발전 시설은 주변 지역에 소음 문제를 발생시켜 근처 거주민의 삶의 질을 떨어트리기도 합니다. 바이오 에너지를 개발하는 과정에서는 농지 면적이 확대되면서 삼림이 파괴되고 벌목 후 나무를 태우는 과정에서 많은 이산화 탄소가 발생하기도 합니다. 게다가 바이오 연료는 생산 과정에서 콩과 옥수수를 대량 생산하기 때문에 식량 부족 문제를 일으킬 수도 있지요. 연료용으로 이용하려는 콩과 옥수수의 재배 면적이 넓어지면 식량 생산을 위한 농경지가 줄어들어 식량 생산량이 감소하기 때문입니다. 예를 들어 식용 옥수수 생산량이 줄어 가격이 오르면, 여전히 옥수수가 주식인 아프리카와 남아메리카 대륙의 저개발국은 심각한 식량 부족 문제를 겪을 수밖에 있습니다.

따라서 신재생 에너지를 개발하고 이용하려는 지역에서는 본격적인 개발에 앞서 발생할 수 있는 여러 가지 결과를 고려해야 합니다. 무엇보다 각 지역의 지리적 특성을 고려해 기존 자연환경을 훼손하지 않는 지속 가능한 발전이 가능할 수 있도록 철저히 연구한 후에 개발해야 합니다.

에코 반달리즘

환경 단체는 왜 〈모나리자〉에
케이크를 던졌을까?

최근 2~3년 사이 유럽 주요 도시에서 환경 보호를 명분으로 미술품과 유적지를 훼손하는 에코 반달리즘eco vandalism 시위가 반복적으로 발생하고 있습니다. 이런 시위를 하고 있는 환경 단체는 루브르 박물관에 전시된 〈모나리자Mona Lisa〉에 케이크를 던지고, 클로드 모네Claud Monet의 작품에 으깬 감자를 던지기도 했습니다. 또 빈센트 반 고흐Vicent van Gogh의 〈해바라기sunflowers〉에 토마토 수프를 던지는 등 주로 잘 알려진 명화를 대상으로 시위를 펼쳤습니다. 다행히 테러 대상 작품들은 유리나 액자로 보호되어 있어 크게 훼손되지 않았다고 합니다.

그런데 왜 환경 단체는 환경에 아무런 해를 끼치지 않는 명화에 이런 일을 하는 걸까요? 그들은 예술품을 훼손하는 방식을 통해 이목을 집중시켜 현재의 심각한 환경 파괴 상황을 알리는 데 목적이 있다고 주장합니다. 또한 환경 파괴로 인류가 사라진다면 예술품은 전혀 중요하지 않다는 메시지도 함께 전하는 것이라고 합니다. 하지만 이들의 시위 방식에 대해 대중들은 지지하기보다는 비판을 더 많이 합니다. 이런 비판적인 여론에도 환경 단체들은 기후 위기의 심각성에 대한 경각심을 일깨우려면 평범한 방식으로는 부족하다며 자신들의 극단적 시위 방식을 합리화하고 있지요.

심지어 최근에는 유럽의 관광 명소 곳곳에서도 시위를 이어가고 있습니다. 이탈리아 로마의 유명 관광지인 트레비 분수에 식물성 먹물을 뿌려서 온통 검은색으로 바꿔 놓거나 베네치아 운하에 플루오레세인이라는 염료를 풀어 녹색으로 물들이기

에코 반달리즘 활동가들이 제28차 유엔 기후 변화 협약 당사국 총회 기간에 기후 변화 대응을 촉구하기 위해 이탈리아 베네치아 운하에 녹색 염료를 풀었습니다.

도 했지요. 이들의 시위 방식은 시간이 지날수록 언론의 주목을 끌기 위해 점점 더 과격해지는 양상입니다.

　그러면 이런 환경 단체가 추구하는 것은 도대체 무엇일까요? 다소 이해하기 어려운 극단적인 시위 방식과는 달리 그들은 사실 기후 변화를 극복하는 데 필요한 상식적인 주장을 하고 있습니다. 예를 들어 고속도로 속도 제한, 저렴한 대중교통 이용권 제도 도입 등을 주장하지요. 환경 단체는 각종 시위를 통해 기후 위기에 대한 경각심을 일깨우고, 강력한 지지층을 확보해서 기후 위기 정책을 이끌겠다는 계획입니다. 하지만 지지층 확보는커녕 일반 대중에게 반감만 사고 있는 상황이지요.

　하지만 에코 반달리즘 시위에 대한 반감으로 '불편한 진실'을 외면해서는 안 됩니다. 현재 우리는 환경 단체가 극단적인 시위를 벌일 만큼 파괴되고 있는 환경과 심각한 기후 변화 속에서 살아가고 있습니다. 사실 환경 문제를 해결하기 위한 노력은 이미 국가 차원에서도, 국제 협약 체결을 통한 전 세계 연대를 통해서도 이루어지고 있습니다. 또 그린피스Green Peace, 지구의 벗Friends of Earth 등과 같은 비정부 조직의 활동도 이어지고 있지요. 하지만 적극적이고 의미 있는 제도를 마련하고 실천하기 전까지 에코 반달리즘은 쉽게 사라지지 않을 것 같습니다.

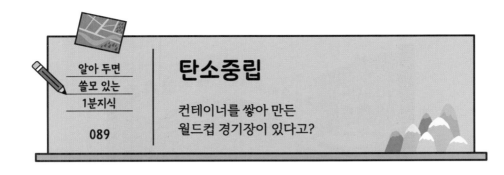

탄소중립

컨테이너를 쌓아 만든
월드컵 경기장이 있다고?

월드컵 역사 최초로 겨울에 개최된 2022년 카타르 월드컵은 다양한 기록을 남겼습니다. 우리나라도 16강에 진출하며 좋은 기억으로 남은 월드컵이지요. 또 카타르 월드컵은 국제축구연맹FIFA가 탄소중립carbon neutral을 선언한 최초의 월드컵이기도 합니다.

먼저 탄소중립은 기업이나 개인이 발생시킨 이산화 탄소 배출량만큼 이산화 탄소 흡수량도 늘려 실제 이산화 탄소 배출량을 '0(zero)'으로 만든다는 개념입니다. 탄소 제로 또는 넷제로Net Zero라고도 합니다. 현재 우리나라를 비롯한 미국, EU, 일본 등 25개국이 탄소중립을 선언했지요.

카타르 정부는 탄소중립을 실천하고 지속 가능한 대회의 모범이 되고자 노력했습니다. 카타르 월드컵은 지구 환경 보호를 기반으로 지속 가능한 대회 개최를 위한 열 가지 항목을 제시하고 실천했습니다. 열 가지 실천 항목 중에 다섯 가지는 기후 변화 대응과 관련된 것이었지요. 재활용 촉진, 친환경 건물 건설과 운영 시스템, 탄소 배출 최소화, 기후 변화 대응을 위한 환경 보호 교육 실시 등 탄소중립 대회 실천을 경기장 안팎에서 이행했습니다.

특히 카타르 월드컵이 진행된 8개 경기장 중 월드컵 개최 전부터 가장 화제가 된 974 스타디움은 월드컵 이후 경기장을 유지하면서 발생하는 탄소 배출을 줄이고자 지속 가능성에 중점을 두고 건설된 경기장입니다. 카타르 국가번호인 974에서 이름

974 스타디움은 우리나라와 브라질의 16강전을 마지막 경기로 치른 뒤 철거되었습니다. 건축 자재는 아프리카나 동남아시아 등 개발 도상국에 기부되었습니다.

을 따온 이 경기장은 지을 때부터 철거할 계획으로 설계되었어요. 그래서 쉽게 해체할 수 있도록 974개의 재활용할 수 있는 건설 자재와 선적 컨테이너를 활용해서 조립식으로 만들었습니다. 아울러 974 스타디움은 카타르 월드컵 경기장 중 유일하게 에어컨을 설치하지 않고 해풍을 이용한 공기 순환식 모델이 적용된 냉방 시스템을 가동했습니다. 실제로 카타르 월드컵에서 우리나라와 브라질의 16강전을 마지막 경기로 치른 후 경기장은 철거되었습니다. 해체한 건축 자재는 아프리카나 동남아시아 등 개발 도상국에 기부했습니다.

　카타르뿐만 아니라 세계 여러 나라들은 산업 경쟁력을 유지하면서도 지속 가능한 성장을 위해 탄소중립 달성을 목표로 한 정책을 발표하거나 시행 중입니다. 탄소중립을 달성하기 위해서는 화석 연료를 기반으로 한 에너지원 대부분을 신재생 에너지 등으로 전환해야 합니다. 하지만 에너지 밀도가 높고 생산과 공급이 용이한 화석 연료에 비해 생산과 공급이 불안정한 신재생 에너지를 활용하려면 넓은 설비 면적과 설비 용량을 확보해야 하는 어려움이 있지요. 우리나라에서도 현실적으로 재생 에너지만 쓰기는 어렵다는 지적이 많아 원자력 발전 같은 '무탄소 에너지'까지 활용하자는 의견이 많습니다. 중요한 것은 개인, 정부, 국제 사회가 선언적인 친환경 활동에서 벗어나 탄소중립 계획을 진짜 행동으로 실천해야 할 때라는 것입니다.

패스트 패션

아타카마 사막에는
헌 옷 쓰레기 산이 있다?

스웨덴의 환경 운동가 그레타 툰베리Greta Thunberg는 10대 때부터 등교 거부 운동 등 각종 환경 운동을 이끌어온 유명인입니다. 몇 해 전에는 패션 산업이 전 세계적 기후와 생태계 파괴에 큰 원인이 된다며 자신은 앞으로 새 옷을 구입하지 않겠다고 선언하기도 했지요.

툰베리는 패스트 패션fast fashion을 이끄는 거대 의류 기업들이 그린워싱을 통해 소비자들을 속이고 있다고 비판하기도 했습니다. 특히 소비자들의 즉각적인 요구와 최신 유행을 반영한 디자인, 저렴한 가격, 빠른 상품 회전율이 특징인 패스트 패션 산업이 유발하는 환경 문제를 지적했지요. 통계에 따르면 연간 의류 산업을 통해 전 세계 방출 폐수의 20퍼센트, 전 세계 배출 이산화 탄소의 10퍼센트가 발생한다고 합니다.

실제로 유행에 맞춰 빠르게 소비되고 쉽게 버려진 의류 폐기물이 대자연을 파괴하고 있다는 것이 사실로 확인되고 있습니다. 대표적인 곳이 세계에서 가장 건조한 곳으로 알려진 아타카마 사막입니다. 아타카마 사막은 칠레 수도 산티아고에서 북쪽으로 약 1,800킬로미터 떨어져 있으며 특이한 건조 지형으로도 유명한 곳입니다. 하지만 최근에는 우리나라를 비롯한 전 세계인들이 몇 번 입다 버린 헌 옷 쓰레기가 산처럼 쌓여 거대한 '옷 무덤'이라는 오명을 쓰게 되었습니다. 아무렇게나 버려진 옷 쓰레기는 이제는 위성 사진으로도 보일 만큼 거대한 쓰레기 산을 이루고 있습니다.

옷은 대체로 중국과 방글라데시의 공장에서 생산되어 미국과 유럽, 아시아 등 소

전 세계 사람들이 입다 버린 헌 옷 쓰레기가 한곳에 모여 거대한 옷 무덤을 만들고 있습니다.

비 국가를 거쳐 중고 의류의 큰손으로 불리는 칠레에 도착합니다. 이렇게 매년 약 6만 톤의 헌 옷이 칠레로 유입됩니다. 이 중에서 일부는 의류 상인에게 재판매되지만 대부분은 아타카마 사막에 그대로 버려집니다. 인공 섬유 생산에 사용되는 화학 물질들은 플라스틱만큼 독성이 강해 합법적으로 매립할 수도 없습니다. 그래서 이 옷들은 자연 분해되는 데 수백 년이 넘는 시간이 걸리지요. 게다가 이 쓰레기들이 오랜 시간 방치되면서 공기와 지하수로 독성 물질이 침투해 심각한 대기 오염과 수질 오염을 유발합니다.

　의류 산업은 항공 산업 다음으로 오염 물질을 많이 배출하는 산업입니다. 게다가 해양의 1차 미세 플라스틱 오염의 35퍼센트 이상이 의류 산업에서 발생하는 것으로 알려져 있습니다. 전 세계적으로 빠르게 성장하는 의류 산업은 앞으로 더 많은 환경 오염을 발생시킬 것으로 예상됩니다. 하지만 패스트 패션의 반대 개념인 슬로 패션 slow fashion이 우리의 희망이 될 수 있습니다. 유행을 따르지 않고 친환경적으로 옷을 생산하고 소비 방식을 바꾸는 것이지요. 가장 빠르고 쉬운 대안으로 우리 각자가 의류 소비 습관을 되돌아보고 반성하며 새 옷을 무턱대고 사지 않는 태도가 변화의 출발점이 될 수 있습니다.

오존층 파괴
_전 세계의 노력으로 남극 오존층 구멍이 작아졌다고?

조금만 관심을 갖고 보면 겨울철에는 유독 '미세먼지 주의보', 여름철에는 '오존 주의보'라는 문구가 자주 보일 겁니다. 그런데 '오존층 파괴'가 심각한 환경 문제라는 것만 알고 있었던 사람은 왜 '소중한' 오존을 조심해야 하는지 바로 이해하기 어려울 수 있습니다.

오존(O_3)은 산소 분자(O_2)와 산소 원자(O)가 결합한 투명한 기체입니다. 오존은 주로 여름철에 많이 생성됩니다. 자동차 배기가스 등에 포함된 질소 산화물이 뜨거운 자외선으로 인해 분해되면 산소 원자를 배출하는 것으로 알려져 있습니다. 이 산소 원자들이 주변 산소 분자와 화학 반응을 일으켜 오존 분자로 결합하지요. 그런데 지표면의 오존은 호흡기를 자극하고 두통을 유발하는 등 건강에 해롭습니다. 특히 폐기능 손상을 초래해 기관지가 약한 사람에게는 치명적입니다. 결국 지표 근처에 있는 오존은 대기 오염 물질인 것이죠.

반면 성층권(11~50킬로미터)에 있는 오존은 우리에게 유익합니다. 오존층은 지표에서 높이 20~30킬로미터 지점에 0.3센티미터 두께로 형성되어 있습니다. 오존층은 태양에서 오는 유해한 자외선으로부터 인류와 생태계를 보호하는 막입니다. 그런데 1980년대 후반부터 오존층의 오존 농도가 낮아져 남극 상공에서부터 구멍이 관찰되기 시작되었지요. 오존층이 사라지면 피부암이나 백내장 같은 질병의 발병률이 높아지고 면역력도 떨어집니다. 이 때문에 오존층 파괴 소식은 인류에게 큰 위협이 되었습니다.

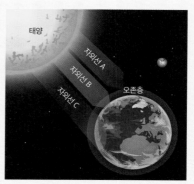

지표에서 20~30킬로미터 떨어져 있는 오존층은 태양에서 오는 유해한 자외선으로부터 인류와 생태계를 보호해 줍니다.

본격적으로 오존층 파괴의 원인을 찾던 과학자들은 냉장고나 에어컨에 사용하는 냉매와 스프레이 등에서 나오는 프레온 가스 Freon gas(염화 불화 탄소Chlorofluorocarbon, CFC)를 지목했습니다. 그래서 세계 여러 나라는 프레온 가스나 할론 가스halon gas 등 지구 대기권의 오존층을 파괴하는 물질을 사용 금지하고 규제해야 한다는 사실을 깨달았지요. 또 오존층 파괴로 인한 인체와 동식물에 대한 피해를 최소화하기 위해 1989년 1월 '오존층 파괴 물질에 관한 몬트리올 의정서Montreal Protocol on Substances that Deplete the Ozone Layer'를 발효했어요. 현재 몬트리올 의정서에는 197개국이 가입했으며 우리나라도 1992년 2월에 가입해 함께 오존층 보호에 힘쓰고 있습니다.

이렇게 전 세계가 힘을 모은 덕분에 1989년 이후 세계 CFC 사용량은 99퍼센트나 줄어들었습니다. 국제 사회의 노력으로 남극의 오존층에 생긴 구멍이 2000년대에는 회복세에 접어들었지요. 이런 추세라면 2040년경에는 오존층이 완전히 회복될 것으로 예상합니다.

이처럼 긍정적인 결과를 만들어낸 몬트리올 의정서는 역사상 가장 성공적인 국제 협약 중 하나로 꼽힙니다. 또 오존층을 회복하는 과정은 인간이 적극적으로 노력한다면 심각한 환경 문제도 해결할 수 있다는 희망을 제시하지요.

10장

지도와 지리

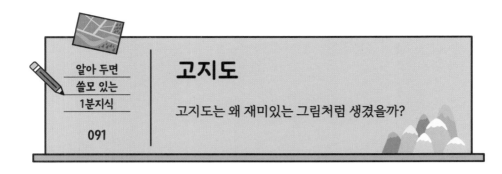

고지도

고지도는 왜 재미있는 그림처럼 생겼을까?

지도는 문자보다 더 먼저 발명되어 오랜 인류의 역사와 함께해 왔습니다. 지금 사용하는 지도처럼 과학적이고 정밀하게 만들어지기 전까지 지도의 형태는 그 지도가 만들어진 문명과 국가에 따라 제각각이었습니다. 과거 지도 제작자들은 당시 세상에서 가장 뛰어난 상상력을 가진 인물이었고, 그들이 만든 지도는 사람들의 또 다른 상상력을 자극했지요.

대표적인 사례로 로마 시대에 만들어진 프톨레마이오스Claudios Ptolemaeos의 세계지도가 있습니다. 이 지도는 당시 최고의 수학, 과학, 천문 기술이 반영된 뛰어난 지도입니다. 또 이 지도를 통해 프톨레마이오스가 당시 세상을 어떻게 바라보고 상상했는지도 알 수 있지요. 그리고 이 지도는 15세기에 크리스토퍼 콜럼버스Christopher Columbus가 인도로 가는 새로운 경로를 발견할 수 있을 것이라는 믿음을 갖게 된 계기가 되기도 했어요. 실제로 콜럼버스가 도착한 곳은 새로운 대륙인 아메리카 대륙이기는 하지만요.

지도는 단순히 땅의 형태뿐만 아니라 그 시대의 관심사와 분위기 등도 담아내는 시대의 상징입니다. 그래서 다양한 고지도에는 당대 사람들의 지배적인 세계관, 종교관, 사상 등이 뚜렷하게 반영되어 있어요. 잘 알려져 있듯이 중국인들은 오랫동안 중화사상中華思想을 바탕으로 세상을 바라보았습니다. 중화사상은 중국의 한족이 갖고 있는 민족 우월주의 사상으로 중국 문화만을 최고로 여기고 이민족을 천시하는 관

넘이 깔려 있어 화이사상華夷思想이라
고도 하지요. 그래서 그들은 자신들이
사는 지역을 세계의 중심에 놓고 이민
족의 영역을 주변에 놓는 〈화이도華夷
圖〉를 그렸습니다. 이러한 중화사상은
서양의 지리적 지식이 도입된 16세기
까지도 그대로 유지되었습니다.

　　중화사상은 천원지방天圓地方을
중심으로 우리나라에도 전파되었어
요. 천원지방은 하늘은 둥글고 땅은

천하도는 조선 중기 이후 민간에서 제작된 세계 지도로 중화사
상과 도교 사상, 천원지방 사상의 영향을 받았습니다. 천하도에
는 실제 세계뿐만 아니라 상상의 세계도 그려져 있습니다.

네모나고 평평한 것으로 인식했던 사상입니다. 조선 시대에 제작된 대부분의 세계
지도에는 중국의 영향을 받은 세계관이 반영되어 있습니다. 조선 중기에 제작된 〈천
하도天下圖〉는 천원지방과 중화사상을 토대로 제작된 지도입니다. 지도의 중심에는
중국과 조선, 일본 등 실제 세계가 그려져 있고, 지도의 바깥쪽을 이루는 외대륙에는
상상의 세계가 그려져 있어요.

　　조선 시대 사람들 사이에서 오간 정보는 문서보다는 사람들의 입에서 입으로 전
해지는 경우가 많았습니다. 처음 이야기에 사람들의 상상이 더해지고 재미있는 이야
기와 전설로 발전했고 이런 이야기가 지도에도 반영되었지요. 〈천하도〉에 표시된 지
명은 『산해경山海經』의 영향이 큽니다. 중국에서 전해진 이 책에는 신기한 사람들이
사는 나라가 많이 나옵니다. 대부분 사람이 상상으로 만들어 낸 나라들이지요. 머리
가 3개인 사람이 모여 사는 삼수국三首國, 온몸에 털이 난 사람이 사는 모민국毛民國,
여자들만 사는 여인국女子國 등 재미있는 나라들이 한가득입니다. 이 재미있는 나라
들이 〈천하도〉에 고스란히 담겼지요.

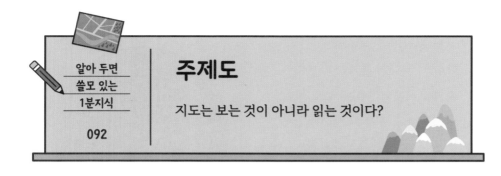

주제도

지도는 보는 것이 아니라 읽는 것이다?

지도란 지표면의 여러 가지 지리적 현상을 일정한 비율로 줄여서 약속된 기호로 평면에 표시한 그림입니다. 지도는 옛날 사람들에게는 다른 세계로 나아가는 발판이 되었고 오늘날에는 우리의 일상을 편리하게 해 주는 도구로 활용되고 있지요. 지도를 이용하면 좁게는 우리가 사는 지역을 좀더 잘 이해할 수 있고, 넓게는 전 세계를 한눈에 살펴볼 수도 있어요.

지도에는 교통로, 토지 이용 상황, 주요 시설 등 다양한 지표면의 모습을 축척, 방위, 기호 등으로 표시합니다. 이 규칙을 잘 이해하면 지도를 보고 다양한 정보를 얻을 수 있습니다. 이 밖에도 산맥, 하천, 호수, 바다, 사막, 평야, 기후, 식생 같은 자연환경과 인구, 도시, 산업, 교통, 문화 등의 인문환경에 관한 다양한 정보를 표시하지요. 그래서 우리는 지도를 '본다'고 하지 않고, '읽는다'고 합니다.

지도는 사용 목적에 따라 크게 일반도와 주제도로 구분할 수 있습니다. 일반도는 지역의 자연환경과 인문환경을 종합적으로 나타낸 지도이며 세계 전도, 우리나라 전도 등이 대표적입니다. 또 지도는 특정 정보만을 위치 정보와 결합해 나타내기도 하는데 이를 주제도라고 합니다. 여러 지역의 복잡한 정보를 파악하고 비교하는 데 활용되지요. 주제도는 자료의 성격에 따라 점묘도, 등치선도, 유선도, 단계 구분도, 도형 표현도 등으로 나눌 수 있습니다. 또 주제도는 해당 지리 정보의 속성에 따라 각종 통계 정보를 점, 선, 면, 색 등 적절한 표현 방식을 선택해서 다양하게 표시할 수도 있어요.

현재 우리는 일상생활에서 인터넷, SNS, 책 등 여러 매체를 통해 다양한 형태의 지도를 볼 수 있습니다. 인터넷 전자 지도, 관광 안내도, 지하철과 버스 노선도, 일기 예보 지도 등이 대표적이지요. 특히 지하철 노선도는 도시민들에게 큰 편리함을 주는 소중한 지도입니다. 서울 지하철 노선

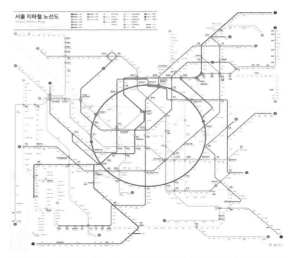

서울시가 40년 만에 바꾼 서울 지하철 노선도입니다. 그동안 늘어난 노선과 환승역을 쉽게 알아볼 수 있도록 디자인을 변경했습니다.

도가 40년 만에 새로운 디자인으로 재탄생했다는 소식을 들었나요? 새로운 디자인은 그동안 증가한 노선과 역 정보를 누구나 쉽게 읽고 파악할 수 있도록 더 신경 쓴 것이랍니다. 지하철 노선도는 영국의 전기 공학도인 해리 벡Harry Beck이 1933년에 처음 만든 이후 오늘날까지도 가장 널리 쓰이는 지도 중 하나입니다.

최근 많이 활용되는 인포그래픽infographics은 정보 또는 지식을 시각적으로 표현하는 것을 가리키는 말입니다. 인포그래픽에서 분포나 이동 등 공간과 관련된 정보를 전달할 때는 지도를 주로 사용합니다. 인포그래픽에 사용되는 지도는 정확도가 상대적으로 낮지만, 한눈에 알아보기 쉽고 미적 효과도 커서 다양한 주제를 표현하는 데 활용됩니다. 표현하고자 하는 주제와 내용을 효과적으로 전달하기 위해서는 지도의 형태를 적절하게 선택해야 하는 것이 중요하겠지요?

달 지도

달에도 국경이 생길 수 있을까?

2045년까지 우주 최강국이 되겠다는 중국의 '우주 굴기宇宙崛起'가 속도를 내며 미국, 러시아와 기술 격차를 빠르게 좁히고 있습니다. 중국은 세계 최초로 달 뒷면에 탐사선을 성공적으로 착륙시키고 자체 기술로 개발한 우주 정거장까지 운영하며 우주 강국으로 우뚝 섰습니다.

우주 탐사와 자원 개발에 대한 관심은 전 세계적으로 확대되고 있습니다. 현재 미국이 주도하는 달 탐사 프로젝트인 '아르테미스 프로젝트Artemis project'에는 우리나라뿐만 아니라 33개국이 참여하고 있습니다. 중국과 러시아가 주도하는 '국제 달 연구 기지International Lunar Research Station, ILRS' 프로젝트에는 파키스탄, 이집트 등 8개국이 참여하는 등 세계 각국의 달 탐사 경쟁이 치열해지고 있습니다.

그런데 달을 특정한 나라가 소유하는 게 가능할까요? 먼저 깃발을 꽂는 나라가 차지할 수 있는 곳일까요? 달에서 가져온 자원을 팔아도 될까요? 현재 국제법에 따르면 달에서 얻은 자원으로 경제적인 이익을 얻는 것은 금지 사항입니다. 1967년 유엔은 '외기권 우주 조약Outer Space Treaty'을 통해 특정 국가의 우주에 대한 소유권은 없으며 개발 과정에서 발생하는 이익 역시 독점할 수 없음을 규정했습니다. 1972년에는 달을 인류 공동의 유산으로 정의하는 '달 조약'도 채택했지요. 하지만 미국, 러시아, 일본 등 대부분 우주 선진국들은 이 조약에 가입하지 않아 달 조약의 실효성에 의문이 듭니다. 게다가 2020년 미국 정부는 "미국은 우주를 세계 공동 자산으로 보

가까운 미래에 달의 소유권을 표시하는 국경이 만들어지고 자원 채굴권을 둘러싼 분쟁이 발생할 가능성도 배제할 수 없습니다.

지 않는다"며, 자국 기업이 달을 비롯한 우주 자원을 자유롭게 채굴하는 것을 돕겠다는 행정 명령을 발표하기도 했지요.

현재 달 남극 일대에는 풍부한 얼음과 핵융합 발전의 원료가 되는 헬륨-3(^{3}He)가 풍부하게 매장되어 있는 것으로 알려져 있어요. 이런 자원을 선점하기 위해 각 국가는 달 탐사 역량을 키우고 우주 자원을 활용할 수 있는 기술 개발에 매진하고 있습니다. 미국은 달 남극에 기지를 세울 예정이며 룩셈부르크, 아랍에미리트 등에서는 이미 자국법을 통해 달에서 자원을 탐사하고 채굴하는 활동을 허가하고 해당 자원에 대한 소유권을 부여하기 시작했습니다. 이에 질세라 중국과 러시아도 달에 무인 기지와 유인 기지를 건설하는 계획과 달에서 자원을 채굴하겠다는 계획을 잇따라 발표하고 있지요. 우리나라는 2022년 대한민국 최초의 달 탐사선인 다누리가 성공적으로 발사되어 국내 최초로 달 뒷면을 촬영하고, 달 천체 지도를 만드는 임무를 수행하고 있습니다. 또 2032년에는 달 착륙선을 쏘아 올릴 계획이지요.

이렇듯 세계 각국의 본격적인 달 탐사 경쟁 양상을 보면, 19세기 제국주의가 등장하면서 유럽 열강, 미국, 일본이 아시아와 아프리카를 침탈하고 분할했던 것처럼 우주에서도 비슷한 경쟁이 시작된 것 같습니다. 가까운 미래에 달의 소유권을 표시하는 국경이 만들어지고 자원 채굴권을 둘러싼 분쟁이 발생할지도 모르겠습니다.

지리 정보 기술

지리 정보 기술로 잃어버린 고향과
가족까지 찾을 수 있다?

우리는 하루 동안 얼마나 많은 지리적 질문을 하고 지낼까요? 많은 사람이 잘 의식하지 못하지만 우리는 끊임없이 지리 정보를 원하고 이용하고 있습니다. "그 맛집 어디야?", "이 영화는 어디서 촬영했을까?", "다음 버스는 몇 분 뒤에 도착할까?", "더 빠른 길로 갈 수는 없을까?"처럼 다양한 질문을 하며 많은 지리 정보를 얻고 있을 겁니다. 이처럼 우리는 일상생활에서 지리 정보를 자주 이용합니다. 특히 가장 적당한 장소를 결정할 때 다양한 지리 정보를 활용하고 있어요.

그렇다면 지리 정보에는 어떤 것들이 있을까요? 지리 정보란 지역의 지형, 기후 등의 자연적 특성과 정치, 사회, 문화, 경제 등의 인문적 특성처럼 우리가 살아가는 공간과 지역에 관련된 모든 지식과 정보를 말합니다. 과거에는 주로 종이 지도에서 지리 정보를 얻었지만, 최근에는 지리 정보를 다룰 수 있는 도구와 정보 통신 기술이 발달해 누구나 원하는 정보를 편리하게 얻고 공유할 수 있는 환경에서 살고 있습니다.

우리는 일상생활 곳곳에서 다양한 지리 정보 기술의 혜택을 누리고 있습니다. 지리 정보 기술은 지리 정보를 수집하고 이용하는 기술로서 과학과 정보 통신 기술의 발달로 크게 성장한 원격 탐사, 위성 위치 확인 시스템global positioning system, GPS, 지리 정보 체계geographic information system, GIS 등을 포함합니다. 먼저 원격 탐사는 항공기나 인공위성을 이용해 지리 정보를 수집하는 방법입니다. 또 GPS는 인공위성을 이용해 사용자의 위치를 경도와 위도 좌표로 정확하게 알려 주는 시스템이지요. 그리고

목적지로 가다가 길을 잃어도 지리 정보 기술을 이용하면 금세 길을 다시 찾을 수 있습니다.

GIS는 지리 정보를 수집해 컴퓨터에 입력하고 저장한 뒤 사용자의 요구에 맞춰 가공·분석해 다양하게 표현해 주는 종합 정보 시스템입니다. 우리가 낯선 곳을 찾아갈 때 자주 사용하는 내비게이션이나 스마트폰의 길 찾기 애플리케이션 등이 GPS와 GIS를 결합한 대표적 사례입니다.

지리 정보 기술은 잃어버렸던 가족과 고향을 찾아 주기도 합니다. 2012년 인도에서 다섯 살이었던 사루 브리얼리Saroo Brierley가 오스트레일리아로 입양된 지 25년 만에 고향 집을 찾아 어머니와 극적으로 상봉했다는 소식이 영국의 한 뉴스를 통해 알려졌어요. 이 일이 크게 화제가 된 이유는 그가 집을 찾은 방법 때문이었지요. 사루가 집을 찾는 데 사용한 것은 구글의 위성 지도 구글 어스Google Earth였습니다. 그는 구글 어스로 한반도의 15배에 이르는 인도 전역을 5년 동안이나 샅샅이 뒤졌고, 결국 어렴풋하게 기억하고 있던 자신의 고향과 집을 찾아냈습니다. 이 이야기는 영화 〈라이언Lion〉으로 만들어지기도 했지요.

우리나라에서도 사루의 사례처럼 위성 지도 프로그램을 활용해 이산가족들이 북한에 있는 고향의 현재 모습을 찾아볼 수 있는 '고향 집 위치 찾기 프로그램(NK-Finder)'이 개발되기도 했습니다.

생태 지도

지도 만들기로 생태 전환 교육을 한다고?

2022 개정 초중등 교육과정(2025년부터 시행)에서는 이전보다 '생태 전환 교육'이 강화되었습니다. 생태 전환 교육이란 기후 위기 시대에 대응해 생각과 관점을 바꾸는 교육이지요. 기존의 인간 중심적 사고에서 벗어나 생태 중심적 사고로 생각을 전환한다는 점에서 '생태 전환'이라고 합니다. 즉 생태 전환 교육은 그동안 당연하게 여겼던 삶의 방식을 되돌아보고 인간과 자연의 공존, 지속 가능성을 위한 삶의 양식에 변화를 추구하는 교육입니다.

생태 전환 교육은 우리가 사는 지역에 대한 관심을 갖는 것에서 출발합니다. 그러면 생태 중심적 사고를 하기 위해서는 어떤 일들이 선행되어야 할까요? 변화를 만들기 위해서는 현재 상황과 해결해야 할 문제점을 잘 파악하는 것이 중요합니다. 아는 만큼 보이고 알아야 바꿀 수 있기 때문이지요. 그래서 생태 전환을 위해서는 무엇보다 생태 지도를 작성하는 것이 중요합니다. 생태 지도는 생태학적 관점으로 지도를 그린 것입니다. 생태학적 관점이란 인간과 주변 생명체가 어우러져 살아간다는 것이며, 이런 관점으로 그린 생태 지도는 지형지물보다는 그곳에 사는 생명체들을 우선적으로 표시합니다. 그래서 생태 지도는 주변 자연환경에 서식하는 식물과 동물을 파악하고 공존하는 방법을 찾기 위한 첫 번째 도구가 되지요.

대표적인 생태 지도로는 2013년에 제작된 '백두대간 생태 지도'가 있습니다. 이 지도는 산림청 홈페이지에서 확인할 수 있는데, 백두산에서부터 지리산에 이르는

2024년 울산광역시 남구 여천천 동식물을 한눈에 볼 수 있는 생태 환경 지도가 공개되었습니다. 시민들이 여천천 생태 환경을 이해하는 데 많은 도움을 줄 것으로 기대하고 있습니다.

1,400킬로미터의 백두대간 중 남한 지역에 해당하는 강원 고성군 향로봉에서 지리산 천왕봉에 분포하는 동식물 생태계와 생물 다양성을 시각적으로 보여줍니다. 백두대간 생태 지도를 통해 한반도 멸종 위기종과 천연기념물의 서식지를 파악할 수 있지요. 이렇게 작성된 생태 지도는 환경 보전 정책 수립, 생태계 관리와 복원, 생물 다양성 보전 등 다양한 분야에서 활용됩니다. 생태 지도를 통해 효과적인 자연 보전 계획을 수립하고 지속 가능한 자원 관리를 할 수 있습니다.

최근 몇몇 지방 자치 단체에서는 생태지도 작성에 관심을 갖고 지역 사회 생태 환경을 파악하고 있으며 학생들의 생태 교육에도 활용하고 있습니다. 특정 지역의 지리적 정보와 생물학적 데이터를 결합해 제작하므로 지역 사회 생물종의 분포, 서식지의 위치, 생태적 연결성 등을 한눈에 보여 줌으로써 지역 생태계에 관심을 갖고 이해하는 데 큰 도움을 줍니다. 생태 지도는 생태 전환 교육에서 추구하는 기후 위기와 환경 문제에 대한 관심과 참여를 위한 의미 있는 시작입니다.

날짜 변경선

세계 지도에서 날짜 변경선이
삐뚤삐뚤하게 그어진 이유는?

우리나라가 1월 1일 아침 9시일 때 영국은 1월 1일 0시, 미국 뉴욕은 12월 31일 저녁 7시입니다. 이는 지구가 자전하기 때문이지요. 지구는 24시간 동안 서쪽에서 동쪽으로 360도 회전하므로 경도 15도마다 1시간씩 차이가 납니다.

각 지역의 시간 차이가 중요하게 인식된 것은 산업화와 관련되어 있습니다. 산업 혁명이 일어나고 교통 수단이 발달하면서 지역 간 교류가 활발하게 이루어졌어요. 그런데 이전에는 생각하지 못했던 문제가 발생하기 시작했지요. 다른 국가로 이동하는 열차 시간이 지역마다 달라 대형 사고가 발생할 수 있다는 우려가 있었습니다. 이렇게 시간 차이로 지역 간 교류가 불편해지자 1884년에 워싱턴 D. C.에서 국제 자오선 회의가 열렸습니다. 이 회의에서 영국의 그리니치 천문대를 지나는 경선을 본초 자오선(0도)으로 정하고 이를 기준으로 지구의 시간대를 정하기로 합의했습니다. 이에 따라 해가 뜨고 지는 순서와 동반구(동경 180도) → 본초 자오선(0도) → 서반구(서경 180도) 순서에 따라 시각이 정해진 것이지요.

각 국가는 본초 자오선을 기준으로 표준 경선을 정하고 그 경선의 시각을 자국의 표준시로 사용하고 있습니다. 일반적으로 표준 경선은 그 지역을 지나거나 그 지역에서 가까운 경선으로 정합니다. 우리나라의 표준 경선은 동경 135도입니다. 우리나라는 일본과 동일한 표준 경선을 사용해 일본과 시차가 없는 것이랍니다. 또 우리나라는 영국보다 9시간 빠른 시간대이며, 지구에서 해가 가장 빨리 뜨는 동경 180도

본초 자오선과 달리 날짜 변경선은 국가의 상황에 따라 정해졌기 때문에 매우 삐뚤삐뚤합니다.

와는 3시간 차이라 다른 국가들에 비해서도 시간대가 빠른 편입니다.

그런데 세계 시간대를 표시한 지도를 살펴보면 일직선으로 생긴 본초 자오선과 달리 동경 180도선과 서경 180도선이 만나는 날짜변경선은 들쭉날쭉합니다. 그 이유는 날짜 변경선 인근에 위치한 나라 대부분이 태평양의 작은 섬나라들이기 때문이지요. 그래서 한 나라 안에서 24시간의 시차가 나는 불편을 줄이기 위해 각 나라의 편의에 맞게 시간대를 조정한 것입니다. 그 결과 날짜 변경선은 매우 삐뚤삐뚤한 모습이 되었습니다. 앞으로도 각 국가의 정치, 경제적인 사유로 날짜 변경선의 모양이 바뀔 가능성은 남아 있습니다.

실제로 사모아는 기존의 날짜 변경선을 건너뛰면서 2011년 12월 30일이 사라지고 곧바로 31일로 넘어가게 되었습니다. 경제적으로 더 긴밀한 아시아, 오세아니아 지역과 같은 시간대가 되도록 표준시를 조정했기 때문이지요. 이로써 사모아는 '세계에서 가장 늦게 해가 지는 나라'에서 '세계에서 해가 가장 빨리 뜨는 나라'가 되었습니다. 한편 사모아의 동쪽으로 125킬로미터 떨어진 위치에는 미국령 사모아가 있습니다. 그래서 생일이나 크리스마스를 이틀 동안 즐기고 싶은 관광객들은 사모아와 미국령 사모아를 넘나들기도 한답니다.

커뮤니티 매핑

사용자들이 모여
직접 만드는 지도가 있다고?

'커뮤니티 매핑community mapping'(공동체 참여 지도 만들기)은 지역 사회를 뜻하는 '커뮤니티'와 지도를 제작한다는 뜻의 '매핑'의 합성어입니다. 커뮤니티 매핑은 여러 사람이 특정 주제와 관련된 지도를 만들기 위해 직접 정보를 수집해 제작하는 참여형 지도라고 할 수 있어요. 이는 많은 사람과 공유하기 위해 만든 지도이므로 사람들이 많이 사용하면 할수록 더 좋은 지도로 발전할 수 있는 가능성도 크다는 장점이 있습니다.

커뮤니티 매핑은 평범한 일상생활 속 주제로 다양한 형태로 만들 수 있습니다. 겨울철 인기 간식인 붕어빵 판매 장소를 전국의 시민들이 의기투합해 만든 '대동풀빵여지도'가 대표적 사례입니다. 이 지도는 붕어빵 가게의 위치와 정보를 공유함으로써 사람들이 붕어빵 가게를 쉽게 찾을 수 있게 해서 편리하게 구입할 수 있도록 도움을 줍니다. 그야말로 실생활 참여형 지도의 표본이지요. 이처럼 커뮤니티 매핑은 사람들이 지역의 자원과 정보를 공유하면서 크고 작은 도움을 주고 받고 서로 협력하고 소통하며 지역 사회의 발전에 기여할 수 있습니다.

더 나아가 지역 문제를 해결하고 더 나은 방향으로 발전할 수 있는 방안을 제시하기도 한답니다. 예를 들어 어린이들의 보행 안전에 관심이 있다면 교통 신호등, 보행자 횡단보도, 보행로 등을 찾아서 지도에 표시하고, 어떻게 보행 안전을 지킬 수 있는지 함께 고민해 볼 수 있습니다. 이처럼 문제를 해결하고 싶거나 개선하고 싶은 부분이 있다면 커뮤니티 매핑을 통해 해결할 문제나 개선해야 할 부분을 찾아서 매핑

커뮤니티 + 지도 만들기 = 커뮤니티 매핑

커뮤니티 매핑은 지도를 만드는 과정에서 지역 사회 구성원들의 관심을 유도해 집단 지성의 힘을 보여 줍니다.

할 수 있습니다.

또 커뮤니티 매핑을 통해 사회적 약자가 겪는 문제 해결에 도움을 줄 수 있습니다. 예를 들어 우리 주변에 장애인을 위한 편의 시설이 부족하다고 생각한다면 커뮤니티 매핑을 통해 장애인이 편리하게 이용할 수 있는 장소들을 찾고 이를 개선하기 위해 노력할 수 있지요. 이를 통해 사회적인 평등과 인권을 존중하는 지역 사회를 구축할 수 있습니다.

마지막으로 커뮤니티 매핑으로 지속 가능한 개발과 환경 보호를 위한 기반을 마련할 수도 있습니다. 자연환경 매핑을 통해 지역의 지형, 수자원, 천연자원 등을 시각화하고 분석함으로써 지역의 환경을 이해할 수 있게 돕고, 이를 통해 지속 가능한 개발을 위한 환경 보호와 조화로운 발전을 추구할 수 있습니다.

이처럼 커뮤니티 매핑은 다양한 측면에서 사회 발전에 기여할 수 있는 강력한 도구입니다. 앞으로 커뮤니티 매핑 기술이 적용될 수 있는 분야는 의료, 관광, 교육 등 무궁무진하게 확장될 것입니다. 또 커뮤니티 매핑은 연령과 상관없이 쉽게 이해하고 참여할 수 있습니다. 그렇기에 내가 사는 곳을 더 잘 이해하고 문제점을 해결하며 발전시킬 수 있는 주체가 될 수 있는 좋은 기회이자 경험이 될 수 있겠지요.

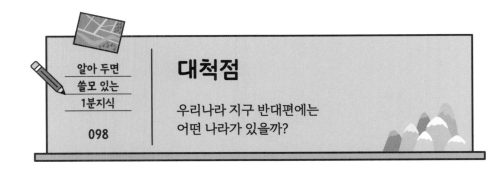

대척점

우리나라 지구 반대편에는
어떤 나라가 있을까?

2010년에 열린 남아프리카 공화국 월드컵은 우리나라 축구 대표팀이 월드컵에서 원정 최초로 16강에 진출한 대회였습니다. 그런데 16강전에서 안타깝게 지면서 8강 진출이 무산되었지요. 그때 상대국은 어느 나라였을까요? 바로 우리나라와 대척점對蹠點에 위치한 남아메리카의 우루과이입니다. 우루과이는 2022 카타르 월드컵 조별 예선 첫 경기에서 우리나라와 다시 만나기도 했습니다.

그러면 구체적으로 대척점은 어떤 곳일까요? 대척점이란 지리적인 의미로는 지구 표면의 한 지점에서 지구의 중심을 지나 반대편에 해당하는 곳을 말합니다. 그래서 거리상으로 가장 먼 곳이지요. 우리나라 한 지점의 위도와 경도를 알면 대척점의 위도와 경도를 쉽게 구할 수 있습니다. 먼저 대척점이 되는 두 지점의 위도는 절댓값은 같지만 북위와 남위가 다릅니다. 우리나라 북위 37.5도에 해당하는 지점의 대척점은 남위 37.5도인 것이지요. 위도의 차이 때문에 계절이 정반대로 나타납니다. 우리나라가 여름일 때는 겨울, 우리나라에서 가을 단풍이 보일 때 대척점에서는 봄꽃이 피기 시작하는 것처럼요. 또 대척점을 이루는 두 지점의 경도는 서로 180도 차이가 납니다. 이로 인해 12시간의 시차가 나지요. 즉 대척점에 놓인 두 지역은 밤낮이 반대입니다.

이처럼 대척점인 두 지역에서는 같은 시기, 같은 시점에 정반대 특징이 나타납니다. 이 때문에 '대척점'은 종종 비유적인 표현으로도 많이 쓰입니다. '어떤 사물이나 현상을 비교해 볼 때 서로 정반대가 됨'을 뜻하는 '대척對蹠'의 의미를 담아 '대척점에 있는 미·중 관계', '정치적 대척점에 있는 두 사람 드디어 만남' 등으로 '대척점'을 사용해 표현할 때가 있지요.

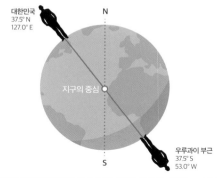

우리나라와 대척점인 곳은 남아메리카의 우루과이와 그 부근 지역입니다.

대척점은 항공 교통 기술이 발달하기 전에는 한 번에 가기 어려울 정도로 멀어서 교류하기 어려웠지만 최근에는 교통·통신 수단의 발달로 대척점의 지리적 이점을 활용할 수 있게 되었습니다. 계절이 정반대인 대척점은 관광과 농업 분야에서도 서로에게 매력적인 곳입니다. 우리나라가 겨울일 때 여름 휴가를 즐기러 갈 수 있는 휴양지가 될 수 있지요. 또 대척점끼리는 농산물의 파종과 수확 시기가 서로 달라 농산물 교역에 활용할 수 있는 지리적 장점도 있습니다. 실제로 우리나라가 우루과이와 함께 남아메리카에 속한 태평양 연안국 칠레와 첫 번째 FTA를 체결한 배경에도 농업 분야의 지리적 이점이 크게 작용했습니다.

또 12시간의 시차는 다국적 기업이 활동하는 데 유리하게 활용할 수 있습니다. 미국 IT 산업의 중심지인 실리콘밸리는 정확한 대척점은 아니지만 인도와 12시간 시차가 납니다. 그래서 24시간 소프트웨어를 개발하려는 미국 다국적 기업의 입장에서 인도는 지리적으로 매력적인 곳입니다. 최근 우리나라 대기업들이 활발하게 남아메리카에 진출하는 데도 대척점 효과로 인한 경제적 기대가 크게 작용하고 있습니다.

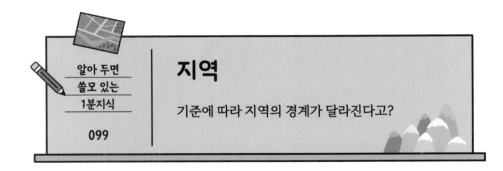

지역

기준에 따라 지역의 경계가 달라진다고?

지역이란 지리적 특성이 다른 곳과 구별되는 공간적 범위를 의미합니다. 대륙이나 국가 같은 넓은 범위에서부터 마을 단위의 좁은 범위에 이르기까지 다양한 규모로 표현할 수 있습니다. 여러 가지 기준으로 지역을 구분해 보면 세계를 다양한 관점으로 이해하는 데 도움이 됩니다.

일반적으로 가장 많이 활용하는 기준은 대륙을 중심으로 세계의 지역을 나누는 지리적 구분입니다. 세계를 아시아, 유럽, 아프리카, 아메리카, 오세아니아 등으로 구분하게 됩니다. 그리고 필요에 따라서 각 대륙을 작은 지역으로 세밀하게 구분할 수 있지요. 예를 들어 유럽 대륙은 서유럽, 동유럽, 남유럽, 북유럽으로, 아시아는 중앙아시아, 서남아시아, 남부아시아, 동남아시아, 동아시아로 나눌 수 있습니다. 구분한 지역 내에서도 다시 국가, 도시 등 더 좁은 지역으로 나눌 수 있지요.

이런 다양한 지역 구분 중에서 세계를 큰 규모로 나눈 공간 단위를 권역이라고 합니다. 세계의 권역은 여러 가지 지표를 활용해 얼마든지 다양하게 구분할 수 있어요. 최근에는 쟁점을 중심으로 세계의 권역을 구분하기도 하지요. 또 지표를 서로 다른 접근 방식으로 결합해 통합적으로 권역을 구분하는 방법도 생각할 수 있어요. 대표적으로 세계 지역은 기후, 지형, 식생 등의 자연환경 요소나 종교, 언어, 민족 등의 문화 요소를 기준으로 구분할 수도 있고, 인구, 산업, 소득 수준 등 사회 경제적 요소를 기준으로 구분할 수도 있습니다. 종교, 언어, 민족 등 어떤 문화적 요소를 기준으로

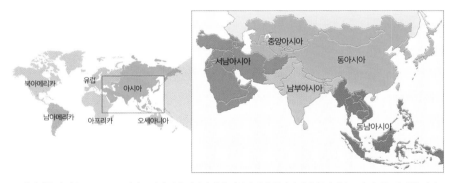

아시아를 더 작은 규모로 구분하면 중앙아시아, 서남아시아, 남부아시아, 동남아시아, 동아시아로 다시 나눌 수 있습니다.

하는지에 따라 문화 지역의 경계가 달라지기도 합니다. 즉 어떤 지표를 중요하게 생각하는지에 따라 권역의 경계가 달라질 수 있는 것입니다. 지역을 구분할 때 서로 다른 두 지역이 맞닿는 경계에는 두 지역의 특성이 혼합되어 나타나는 점이지대漸移地帶가 형성되기도 합니다.

이처럼 지역은 어떤 기준으로 나누느냐에 따라 구분하는 경계가 달라집니다. 예를 들어 아메리카 대륙은 지리적 기준으로 파나마 지협을 경계로 해서 북아메리카와 남아메리카로 나뉩니다. 언어, 종교 등의 문화적 기준으로 구분하면 리오그란데강을 경계로 앵글로·색슨 문화의 영향을 받은 앵글로 아메리카와 라틴 문화의 영향을 받은 라틴 아메리카로 나뉩니다. 또 다른 예를 들어 볼까요? 튀르키예도 구분 기준에 따라 소속되는 지역이 달라지는 대표적인 국가입니다. 튀르키예는 이스탄불 주변을 제외하면 국토 면적의 90퍼센트가 아시아 대륙에 자리 잡고 있어 일반적으로는 아시아 지역으로 분류합니다. 하지만 때에 따라 유럽 지역으로 분류하기도 합니다. 또 역사적인 기준에 따라서는 중앙아시아 지역으로 구분하고, 기후 조건을 기준으로는 건조 문화 지역, 문화적인 기준으로는 이슬람 문화 지역으로 구분하지요.

흔히 지역이라고 하면 지리적 구분을 먼저 떠올리지만 이처럼 관점과 규모 등의 기준에 따라 다양하게 구분되는 점이 흥미롭습니다.

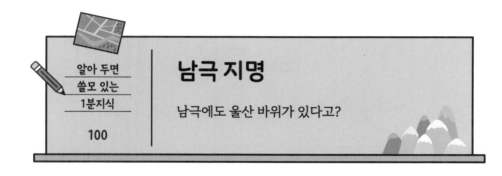

남극 지명

남극에도 울산 바위가 있다고?

이름은 인간이 어떤 대상을 다른 것과 구별하기 위해 사람이나 사물, 현상 등에 붙이는 말입니다. 특히 땅의 이름인 지명은 그 땅의 정체성을 나타내는 경우가 많습니다. 우리는 지명을 통해서 그 땅의 생김새, 전설과 이야기, 역사, 주요 산업 등 다양한 정보를 얻을 수 있어요.

그런데 남극에도 우리말로 된 지명이 있다는 사실을 알고 있나요? 실제로 우리나라의 첫 번째 남극 과학 기지인 세종 과학 기지 주변에는 우리말 지명들이 있습니다. 이 지명들은 우리끼리만 부르는 것이 아니라 국가 지명 위원회에서 논의를 한 다음 등록 여부를 결정하는 과정을 거쳐 『남극 지명 사전Composit Gazetter of Antarctica, CGA』에 등재된 것입니다. 2011년에 등재된 17개의 지명에는 고구려봉, 백제봉, 신라봉, 발해봉, 세종봉처럼 우리의 역사를 상징하는 이름과 아리랑봉처럼 민족을 대표하는 이름들이 등재되었습니다. 2012년에는 추가로 우리 말 지명 10개가 『CGA』에 올랐지요. 이 중에는 인수봉과 울산바위봉처럼 우리나라 지명과 동일한 이름이 꽤 포함되었습니다.

실제로 위버반도에 위치한 남극 인수봉은 북한산 인수봉의 모습을 쏙 빼닮았습니다. 그동안 남극 과학기지 대원들이 남극 인수봉이라고 불러오던 것을 공식화한 것이지요. 또 병풍처럼 둘러 있는 봉우리가 특징인 설악산의 울산바위와 유사한 남극의 울산바위봉도 있습니다. 이 밖에 아우라지 계곡, 부리곶, 우이동 계곡, 삼각봉

등도『CGA』에 이름을 올렸습니다. 아
마도 극한 환경에서 연구 활동을 하고
있는 남극 과학기지 대원들에게 우리
나라와 비슷하게 생긴 남극의 지형 경
관은 향수를 불러일으키고 위로가 되
어 주었을 겁니다. 그래서 우리나라
지형과 닮은꼴 지형에 우리말 이름을
붙여 불렀지요.

남극에서는 20여 개 나라가 지명을 등록하기 위해 경쟁 중입니다. 이미 남극에는 3만 7,000개가 넘는 지명이 등록되어 있고 우리나라는 모두 27개의 남극 지명을 보유하고 있습니다.

현재 남극에서는 우리나라 외에도
20여 개 나라가 '이름 붙이기' 경쟁을
하고 있습니다. 이미 남극에는 3만 7,000개가 넘는 지명이 등록되어 있습니다. 각 국
가는 자국의 지명을 남극 고유의 지명으로 등록하는 것을 남극에서 영향력을 확대하
는 방법 중 하나로 여깁니다. 남극에 분포하는 지명 중에는 미국이 1만 3,000여 개로
가장 많고 영국, 러시아 등 주요 8개국이 올린 이름이 93퍼센트에 이릅니다.

더불어 남극 탐사도 계속 이어지고 있습니다. 남극 탐험은 19세기 이후 로알 아
문센Roald Amundsen과 로버트 스콧Robert Scott을 시작으로 남극 탐사 선도국이라고 일
컬어지는 나라들이 남극에 기지를 건설하고 고유의 육상 경로를 확보해 다양한 연구
를 수행하고 있습니다.

우리나라도 세종 과학 기지에 이어 두 번째 남극 과학 기지인 장보고 과학 기지를
설립했습니다. 이를 통해 남극점을 향한 독자적인 내륙 진출로를 확보하며 남극 대
륙 개척을 향한 도전을 이어나가고 있습니다. 2017년에는 우리 고유의 육상 경로인
'코리안 루트Korean Route' 확보에 나선 탐사대원들이 임무를 완수하고 모두 안전하게
귀환하면서 남극 지도에 대한민국이 개척한 새로운 길을 기록하기도 했습니다.

지명
_터키가 튀르키예로 나라 이름을 바꾼 속사정은?

2022년부터 튀르키예 공영 방송에서 방영 중인 1분짜리 동영상이 있습니다. 튀르키계 유적지와 문화가 소개될 때마다 관광객들이 "헬로 튀르키예Hello Türkiye"를 외치는 내용입니다. 특정 관광지를 홍보하는 것이 아니라 '튀르키예'로 영문 국명이 바뀌었음을 알리는 정부 캠페인이지요. 이렇듯 튀르키예 정부는 단순히 국명이 변경된 것을 알리는 홍보뿐만 아니라 유엔에도 공식적으로 기존 터키라는 국명을 'Turkiye(튀르키예)'로 변경해 줄 것으로 요청했고 유엔도 이를 승인했습니다. 이에 따라 유엔을 비롯한 국제기구에서는 터키의 정식 국명을 튀르키예로 쓰게 되었습니다.

터키라는 국명은 '터키인의 땅'이라는 뜻으로, 1923년 공화국 수립을 선포했을 때부터 써왔습니다. 문제는 영어식 국명인 '터키Turkey'가 칠면조와 철자가 같고 일반 명사로 멍청이, 패배자라는 의미를 담고 있다는 점이었습니다.

지명은 그 자체로 중요한 상징으로 작용하며, 여러 가지 의미와 가치를 내포하고 있습니다. 또한 특정 지리적 위치나 장소를 가리키며, 해당 지역의 역사와 전통, 문화, 특정 지역의 정체성과 소속감 등 다양한 측면을 반영합니다. 또한 여행과 관광에서도 중요한 역할을 합니다. 그래서 국명 변경을 알리며 레젭 타입 에르도안Recep Tayyip Erdogan 튀르키예 대통령은 "국명은 문화와 문명, 국가의 가치를 가장 잘 보여 준

정부는 유엔에 영어 국명을 'Turkiye(튀르키예)'로 변경할 것으로 요청했고 유엔도 이를 승인했습니다.

다"고 말했습니다. 덧붙여 나라의 가치는 이름뿐만 아니라 실제 국력과 국격이 뒷받침될 때 올라간다는 점도 함께 되새기면 좋겠다는 당부도 잊지 않았습니다.

역사적, 정치적, 문화적인 변화 그리고 권력의 이동 등의 이유로 국가의 이름을 바꾼 사례는 종종 있었습니다. 스리랑카는 식민지 시대에 사용됐다는 이유로 '실론'이라는 기존 국명을 버렸습니다. 스와질란드Swaziland는 'Switzerland(스위스)'와 혼동하지 않도록 독립 50주년이 되던 2018년 '에스와티니'라는 새로운 이름을 택했지요.

튀르키예가 국명을 변경한 것도 국가의 대외 이미지를 리브랜딩rebranding(기존 브랜드의 이미지를 새롭게 창출하는 것)하는 작업입니다. 이런 시도는 외교적 영향력을 확대하려는 움직임과 관련 있어 보입니다. 실제로 우크라이나와 마주 보고 튀르키예는 러시아-우크라이나 간 평화 협상 중재자를 자처하면서 정치적 목소리를 키우고 있습니다. 더불어 국명을 변경함으로써 무역 경쟁력을 향상하고 경제가 회복될 것으로 기대하고 있지요. 특히 튀르키예 기업들은 수출품에 '메이드 인 튀르키예Made in Türkiye' 표기를 시작하며 본격적인 튀르키예 알리기에 나서고 있습니다.